매력만점
철거농성장

이 도서의 국립중앙도서관 출판시도서목록(CIP)은
e-CIP홈페이지(http://www.nl.go.kr/ecip)와
국가자료공동목록시스템(http://www.nl.go.kr/kolisnet) 에서 이용하실 수 있습니다.
(CIP제어번호:CIP2012004952)

::: 실천과 사람들

유채림 펑크록錄

매력만점 철거 농성장

실천문학사

차례 •••

1부 | 펜스를 떼어냈다

기억 • 9
펜스를 떼어내던 밤 • 12
전기가 끊겼다 • 15
노적봉 작전 • 17
경찰이 왔다 • 18
새해 • 21
눈 내리는 새벽 • 23
요새화 • 25
전철련의 투쟁 방식 • 26
헌법 제10조 • 28
작가의 방식 • 30
자전거가 노트북을 갖고 왔다 • 34
첫 기고문 • 37
엄보컬 김선수 • 41
종종 있는 불화 • 44
촛불을 켜는 그리스도인들 • 47
처음 찾아간 마포구청 • 49
그들이 찾아온 이유 • 52
집에 간 날 • 54
다큐멘터리를 찍기로 했다 • 58
품격 없는 용역깡패 • 61
두리반을 치러 와야 하는데 • 66
축! 점술인 출현 • 69

2부 | 매력만점 철거농성장

상계동 올림픽 • 75
별명은 기억의 수단 • 79
정동민과 한밭 • 83
사막의 우물 두리반 • 85
위원장단 회의 • 91
구렁이 구청장 • 95
촬영장 두리반 • 98
칼국수음악회 • 103
CBS TV 김동민 피디 • 105
상상력은 놀라워 • 111
100일 잔치 • 113
어디까지 왔나 • 119
두리반은 바빠졌다 • 122
두리반대책위원회 • 125
'51+ 두리반' 전야 • 128
51+ 두리반 • 131
이제 돌아갈 곳이 없어졌으니! • 136
가자, 사당동 정금마을로! • 139
원정 하늘지붕음악회 • 143
켕기긴 켕겼나 • 146
정금마을 협상 타결 • 151
대원군이 두리반에 온 까닭 • 155
목포의 눈물 • 162
각국 대사들, 안녕하쇼? • 165
접두사 '개' • 170
자전거의 입대 • 173

3부
전기가 끊겼다

느낌이 안 좋아 • 179
조짐이 안 좋아 • 182
1절 8조 5항 • 185
두리반 문학포럼 • 187
돌아온 답 • 191
그렇게 될 것은 결국 그렇게 된다 • 199
두리반상회 • 202
어둠을 타고 오는 것들 • 207
구청에 들어가다 • 209
농성이 별거야 • 212
딸들이 소리쳤다 • 218
노래는 팔색조 • 225
전철련 대집회 • 227
물러서지 않는 졸리나 • 233
600킬로그램의 경유발전기 • 236
괜히 구렁이 구청장이라고 했겠어? • 240
의견광고를 내자 • 244
경향신문 의견광고 • 250

4부
야드바셈박물관

국가인권위원회 • 263
어쨌든 두리반은 굴러간다 • 268
두리반 후원 주점 • 271
카를레스와 길 • 273
드럼을 쳤다 • 277
비상이 걸렸다 • 287
장기 • 289
그들이 왔다 • 292
그들이 다시 왔다 • 297
협상 • 301
합의문 조인식 • 308
계속되는 두리반 • 313

후기 • 318

1부 (펜스를 떼어낸다)

영상 63도,

　　　대한민국은 사막이다.

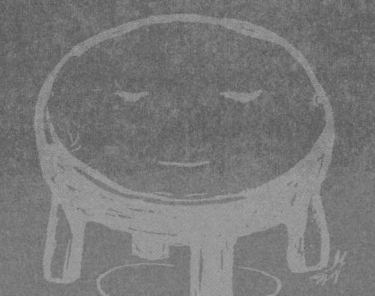

네 장의 펜스를 떼어냈다.

1부 펜스를 떼어냈다

기억

한 가지 말해둘 게 있다. 내가 그 소식을 듣고 제일 먼저 떠올린 게 뭐였는지. 갑자기 나는 열 살 아이 적으로 돌아갔다. 인천 북성동과 만석동에서 쫓겨난 철거민들이 우리 집 뒤로 구름처럼 몰려왔을 때였다. 철거민들은 자신들이 살 집을 산기슭에 다닥다닥 올려붙였다. 비가 오면 물이 새고, 눈이 오면 눈 무게에 무너져 내릴 것 같은 판잣집들이었다. 철거민들은 곧 떠날 것처럼 그곳에서 살았다. 안 그러고서야 그렇게 허술한 집을 지을 리 없었다. 그러나 내가 고향을 떠나기까지 그들은 한 번도 그곳을 떠난 적 없었다. 덕분에 칠십여 명이었던 우리 반은 구십 명이 넘고 말았다. 그건 우리 동네 건너편에 용광국민학교가 들어서게 된 5학년 1학기까지 계속되었다.

철거민 아이들이 몰려오자 우리 동네와 학교는 아수라장이 되었다. 내가 그 아이들의 동네인 공원촌에 가서 노는 일은 거의 없었다. 한 사람 지나다니기에도 좁은 골목, 가파른 계단은 우리가 놀 수 있는 '꺼리'를 제공하지 않았다. 비위가 약한 나로서는 공원촌에서 풍기는 특유의 냄새와 구정물을 밟고 놀아야 하는 것도 받아들일 수 없었다. 심지어 장마철이 되면 공원촌은 변소를 치우는 대공사까지 횡횡했다. 똥차가 없던 시절, 그동안 우리 동네 변소는 거제도 박 씨가 책임져왔다.

그는 우리 동네 거의 모든 똥을 책임져왔다. 그러나 같은 값으로는 공원촌까지 책임질 생각이 없는 모양이었다. 실제로 공원촌 사람들이 거제도 박 씨에게 똥을 퍼달라고 했을 때, 술 취한 박 씨는 번번이 V자를 그었다. 그건 승리의 V자가 아니라 두 배를 달라는 뜻이었다. 그러니 공원촌 사람들은 장마철만이라도 똥값을 아끼려고 난리였다. 비가 내리기 시작하면 그들은 대대적인 변소 청소를 했다. 골짜기를 타고 흘러내려오는 똥물로 인해 우리 동네 사람들은 진저리를 쳤다.

학교는 어땠을까. 어차피 가난한 동네 아이들이 모인 곳이 우리 학교였다. 그런데도 한꺼번에 몰려든 공원촌 아이들과는 쉽게 어울리지 않았다. 우리가 구슬치기를 할 때 공원촌 아이들은 양지바른 곳에서 쪼그리고 앉아 있었다. 우리가 좆박기 놀이를 할 때 공원촌 아이들은 뒤에서 히죽히죽 웃기만 했다. 우리가 유리창 청소를 하는 척할 때 공원촌 아이들은 열나게 교실 바닥을 쓸고 닦았다.

나의 이중성은 그때 키워진 셈이다. 동네에서는 공원촌 아이들과 담방구나 오징어가이상 놀이를 하면서도 학교에서는 그 아이들의 접근을 철저히 차단했다. 그래야만 된다는 것을 나는 본능적으로 알고 있었다.

내 기억 속 철거민은 그런 것이었다. 추레하고 힘없고 비굴한! 그건 상계동 철거민들이 명동성당에서 천막을 치고 살 때의 심정과도 다르지 않다. 한번은 기자가 상계동 철거민에게 가장 힘든 게 뭐냐고 물은 적 있었다. 상계동 철거민은 무척 망설이다가 입을 열었다.

"이 나라가 이렇게 만들었어요. 그런데도 성당을 오가는 사람들 속에서, 왜 저렇게 사나, 하는 눈빛을 느낄 때가 많아요. 그게 가장 힘들어요."

수유리 북한산 기슭 깊숙한 곳에 한국기독교장로회 총회와 선교교육원이 자리하고 있다. 총회와 선교교육원은 재단 건물인 아카데미하우스 호텔과 부속 건물을 세놓고 붉은 벽돌로 된 2층 건물만 쓰고 있었다. 나는 그곳 출판부의 책임자였다. 한국기독교장로회 소속 교회들에서 사용하는 모든 교재는 내 손을 거쳤다.

2009년 12월 24일, 그 즐거운 공간에서 『사순절 묵상집』을 다듬고 있을 때 한 통의 전화를 받았다.

"가게가, 지금, 깡패들이 몰려와서, 다 들어내요!"

졸리나가 운영하는 두리반 식당 주방장이었다. 어지간히 놀랐는지 말을 잇지 못했다. 침이 마른 메마른 목소리였기에 나도 덩달아 침이 말랐다.

가방을 챙겨 들고 사무실을 나서는데 막막했다. 택시를 잡기 위해 아래로 내려가는 동안 머릿속에는 엉뚱한 게 스쳐 갔다. 화염에 휩싸인 용산참사가 아니었다. 용역깡패들의 폭력도 아니었다. 기억이 끌어올린 것은 놀랍게도 추레하고 힘없고 비굴해 보이던 유년 시절의 공원촌 사람들이었다. 삶에 앞서 체면, 내게는 그게 먼저였던 것이다. 그러니 내가 두리반으로 달려간들 무얼 할 수 있겠는가.

나는 아무것도 할 수 없을 거라는 걸 알면서도 택시를 탔다. 홍대 앞 두리반에 닿았을 때는 오후 5시가 넘어 있었다. 두리반 안으로 들어서자, 세상에! 홀에 있던 집기는 이미 깡그리 치워져 있었다. 소목수가 짠 열두 개의 식탁 세트는 물론 두 대의 천장 에어컨, 냉장고와 정수기 따위도 치워져 있었다. 바닥은 어지러웠다. 화분이 깨져 있고, 칼국수 그릇과 보쌈접시 따위가 뒹굴었다. 졸리나와 주방장, 주방보조는 깡패들에게 둘러싸여 카운터 안쪽에 갇혀 있었다. 이런 젠장, 이게 뭐야!

그중 몇 놈이 멍청히 서 있는 나를 잡아끌었다. 이런 젠장, 나는 소리 한번 못 지르고 그대로 끌려가 졸리나 곁에 얌전히 서 있어야 했다.

철거용역들은 30명쯤 돼 보였다. 집기를 들어내는 인부가 열대여섯 명이었고, 나머지는 집기를 모두 들어낼 때까지 우리를 꼼짝 못 하게 감시하는 어깨 벌어진 깡패들이었다. 그들은 불과 서너 시간 만에 모든 일을 끝냈다. 마지막으로 그들은 주방장을 포함해 나와 졸리나를 길바닥으로 패대기쳤다. 그리고 어, 할 새도 없이 두리반 현관 앞을 펜스로 막았다. 두리반을 잊어달라는 어마어마한 절벽 같은 펜스를 보고서야 졸리나는 통곡했다.

졸리나는 여섯 시간 넘게 펜스를 두드리면서 통곡했다. 가슴이 터질 듯, 사방으로 피가 튀는 듯, 도대체 졸리나의 울음을 받아낼 수가 없었다. 나의 체면은 표표히 날아가버렸다. 건너편 LG전자에선 징글징글 징글벨이 흘러나오고 있었다. 때는 성탄 이브였다.

펜스를 떼어내던 밤

성탄절 아침이었다. 까치가 얼어 죽고 장항아리가 깨질 정도로 추웠다. 졸리나는 없었다. 새벽에 집을 나선 모양이었다. 급히 두리반으로 갔다. 졸리나는 펜스로 둘러쳐진 두리반 앞을 왔다 갔다 하면서 눈물을 떨구고 있었다. 다 잊자, 그냥 집으로 가자, 그 말 말고는 할 말이 없었다.

"나 없는 걸로 쳐. 회사 잘 다니면서 애들 뒷바라지 잘해. 난 죽었어."

넋이 나간 듯한 목소리였다.

2005년 3월에 오픈한
두리반의 원래 모습.
두리반이 재오픈한 뒤에도
전화번호는 바뀌지 않았다.

오후에 출판사에서 일하는 후배 호가 웅을 데리고 왔다. 호는 펜스를 뜯어내고 두리반 옥상으로 올라가 농성하자고 했다. 끔찍한 소리였다. 이 엄동설한에, 그리고 철거민이 되어 용산처럼! 난 몸을 떨었다. 내가 고개를 젓자 호는 강하게 말했다. 미선이효순이 사건 때는 촛불을 들고 거리로 나서지 않았나, 용산참사 때는 남일당 앞으로 달려가 말없이 연대하지 않았나, 정작 내 일이 되니까 왜 발뺌하려 드나? 나는 무섭고 부끄럽고 엄두가 나지 않는다고 말하고 싶었지만 그냥 입을 다물었다. 그러나 호의 얘기를 듣던 졸리나의 눈빛이 빛났다.

"나 펜스 뜯고 두리반으로 들어갈 거야. 옥상엔 올라가지 않아. 내가 왜 두리반 놔두고 옥상에 올라가서 농성해?"

졸리나와 호는 죽이 맞았다. 호는 밤에 만나자는 약속을 남기고 어디론가 사라졌다.

드디어 밤!

살을 에이는 칼바람이 불었다. 시계는 새벽 두 시를 가리켰다. 낮 동안 호와 웅은 농성 장비를 준비한 모양이었다. 펜스 앞에 짐을 쌓아두고 있었다.

졸리나는 호에게서 절단기를 받아들었다. 호와 웅은 망을 봤다. 졸리나는 펜스를 묶은 철사를 끊기 시작했다. 영하 17도의 추위에 손이 얼어붙는지 그녀는 한없이 더뎠다. 결코 내키지 않는 일이었으나 이만큼 왔다면 인정해야 했다. 나는 받아들였다. 뿐만 아니라 졸리나한테 내가 끊어보겠다는 말까지 했다. 졸리나는 이건 내 일이라고 하면서 저쪽에 가서 망이나 잘 보라고 했다.

하나, 둘, 셋, 넷…… 넉 장의 펜스를 떼어내자 두리반 현관 유리가 나타났다. 무너지고 없어진 것만 같던 두리반이 거기 그대로 있었다.

기적이었다. 졸리나는 주머니에서 열쇠를 꺼내 현관문을 열었다. 두리반 주인은 여전히 자신이라는 것을 보여주는 것만 같았다. 안으로 들어서자 졸리나는 환호성을 내질렀다. 볼 위로 눈물이 흘러내렸다. 응어리, 원망, 치 끓는 분노, 모멸감 같은 게 한순간에 녹아내리는 것만 같다고 말했다.

보쌈접시와 대접, 사기 컵 따위가 깨져 있는 실내는 난장판이었다. 현관 유리문과 전면 유리에 구호를 써 붙이고 부랴부랴 바닥을 치웠다. 라면상자를 깔고, 그 위에 스티로폼을 깔고, 그 위에 호와 웅이 준비해온 침낭을 펼쳤다. 내 인생이 이렇게 될 줄 상상도 못 했던 끝 모를 철거농성의 시작이었다.

전기가 끊겼다

눈이 내렸다. 바깥은 영하 16도, 살벌하게 얼어붙었다. 두리반 안도 만만치 않았다. 컵라면을 끓이느라 수도꼭지를 돌렸지만 얼어붙었다. 토치로 녹이고서야 찔찔 물이 흘러나왔다.

허기지고 몸이 얼어붙으니 컵라면만 찾았다. 전기가 끊겼으니 달리 어떤 것을 해 먹을 방도를 찾지 못하고 있다. 돌파구는 엉뚱한 데서 생겼다. 애저녁에 백운사진관 주인이 두리반을 찾았다. 라틴댄스클럽처럼 알몸으로 쫓겨날 걸 염려한 그는 사진관을 정리하고 기어이 떠났다. 그는 전기장판 두 장을 사들고 왔다. 전기가 없는 두리반으로선 그림의 떡이었다. 백운사진관 주인은 전기장판을 내려놓고 어두운 실내를 낭패한 얼굴로 둘러보았다.

"혹시 차단기 확인하셨나요?"

나는 보나 마나일 거라고 말했다. 그는 랜턴을 들고 차단기가 있는 화장실 쪽으로 갔다. 잠시 후 뭔가 탁 소리가 나더니 실내에 불이 들어왔다. 기막히게 환했다. 돌다리도 두드려봤어야 하는 건데, 멍청하긴!

전기장판 덕에 그날 밤은 정말 따뜻했다. 철거용역들이 언제 들이닥칠지 모른다는 불안감조차 스르르 녹아내렸다. 불침번이고 뭐고 그냥 푹 자고 싶었다. 이튿날 아침엔 쌀을 씻어 밥도 지어 먹을 수 있었다. 하지만 오래가지 않았다. 점심 먹을 준비를 하는데 갑자기 실내가 어두워졌다. 졸리나와 호가 뛰쳐나갔다. 건설사 직원과 전기기술자가 놀이터 쪽으로 내빼고 있었다.

"거기 서!"

호가 불렀으나 두리반 안에 수십 명이라도 대기하는 줄 알았는지 그들은 더욱 열심히 달렸다. 허탕 치고 두리반으로 돌아오는 길에 도시공항철도 역사공사를 맡고 있는 전기담당을 만났다.

"무슨 일 있어요?"

"건설사에서 보낸 자들이 전기를 끊고 도망가잖아요."

전기담당은 얼어 죽으라는 얘긴가, 팀장이랑 얘기해서 어떻게 해볼게요, 하고 말했다.

두리반이 영업할 때는 원수 같던 곳이 도시공항철도 공사팀이었다. 공사팀은 영업 중인 두리반 앞에 H빔을 박고 홍대입구역 환승로 공사를 시작했다. 2008년 10월 3일부터였다. 당시 공사팀은 두리반으로 오는 길을 자유자재로 옮겨가며 공사를 강행했다. 오늘은 두리반 코앞으로 길을 냈다가, 내일은 두리반 바깥 먼 쪽으로 길을 냈다. 오늘은 사람 하나 겨우 지나다닐 진흙 길에 구두가 빠져도 나 몰라라 하더니, 내일은 그 길에 부직포를 깔아 진흙 대신 흙물에 빠지도록 했다. 1년 넘게 두리반 앞은 늘 공사 중이었다. 늘 시끄러웠고 늘 지저분했다. 손님도 줄 수밖에 없었다. 졸리나는 열 받았다. 지하철공사 팀장을 찾아가 퍼부어댔다. 공사 금방 끝나니 며칠만 참아달라는 말을 입에 달고 살던 팀장은 직원들 회식을 두리반에서 여는 식으로 슬쩍 넘어가고는 했다. 그때마다 졸리나는 파전이나 만두를 서비스로 내놓았다. 그랬던 공사팀한테 어떤 기적을 바라겠는가. 그런데 기적이 일어났다. 저녁부터 지하철공사장에서 전기를 끌어다 주었다. 그냥 원수만 같더니 미운 정도 정인 모양이었다.

하지만 그게 독이었다.

노적봉 작전

또다시 밤새 발목을 덮을 만큼 눈이 내렸다. 지겨운 눈이다. 현관 밖에서 눈을 쓸자니 철거용역들 들이닥치기 좋으라고 길 내주는 건 아닐까 싶은 불안이 스쳤다. 긴장한 채로 눈을 치우고 막 돌아서는데, 누군가 팔을 잡아끌었다. 어휴! 그린비출판사 노 부장이었다. 그는 도로가에 주차한 차를 가리키며 물품을 사왔다고 말했다. 승용차의 앞좌석, 뒷좌석, 트렁크에 짐이 가득했다. 컵라면 열 박스, 일반 라면 다섯 박스, 20킬로그램 쌀 다섯 포대, 소화기 열다섯 개, 일회용 가스 두 상자였다. 이걸 어떻게 다 실었나, 눈이 휘둥그레질 정도였다.

그 많은 양이 필요한 건 아니었다. 먹더라도 몇 달은 걸릴 테니 전시용이었다. 최대한 천천히 물품을 옮겼다. 전시용이니 두리반에 있는 이들이 모두 나와 잽싸게 옮기는 것처럼 바보 같은 짓은 없었다. 목포 앞바다 고하도高下島에서 유달산 노적봉을 바라보듯, 두리반 동태를 파악하고 있을 자들에게 우리는 위력 시위를 하는 거였다. 이 엄청난 물품들을 보라, 두리반에는 사람이 많다, 상상 그 이상이다, 철거용역들이 들이닥친다면 언제든 맞붙을 준비가 돼 있다, 그렇다는 얘기였다.

전시용이라면 그 밖에도 몇 가지가 더 있었다. 두리반 안에 몇 명이나 있는지 도대체 알 수 없도록 밖에다 쓰레기를 내놓지 않는 것도 하나였다. 쓰레기는 3층에 쟁여 두고 있었다. 한겨울이어서 아직 냄새가 나거나 물이 생기지는 않았다. 밤이면 두리반 건물 2층과 3층, 옥탑방까지 촛불을 밝혀놓는 것도 하나였다. 층마다 사람이 있는 것처럼 보이게 하는 잔수였다. 드나드는 사람 수로 봐서 어렴풋이 짐작이야 하겠지만, 정확히 알 수 없다는 것은 결정적인 행동을 주저하게 만드는 법이니까.

경찰이 왔다

농성을 시작한 지 나흘째 되는 날 제복을 입은 경찰이 찾아왔다. 점심 준비를 하고 있을 때였다. 문을 여느냐 마느냐로 옥신각신하다가 열어주기로 했다. 웅이 현관문을 따주자 안으로 들어선 경찰은 천천히 주위를 살폈다.

"점심 준비하시는 모양이네요?"

빤한 걸 묻는 그에게 찾아온 이유를 물었다. 그는 대답 대신 여기 계신 네 분이 다냐고 되물었다. 2층에도 사람이 있다고 사실 같은 거짓말을 했다.

"2층에도요?"

경찰은 놀라면서 2층엔 몇 명이나 있느냐고 다시 물었다. 갑자기 긴장이 엄습했다. 애써 태연한 척 그에게 되물었다.

"언제 치려구요? 오늘인가요? 오늘이면 몇 시쯤인가요?"

"아, 아녜요! 용산사태가 엊그젠데 치긴 뭘 치겠어요."

"그러지 말고 몇 시쯤에 용역들 들어올 건지 얘기 좀 해줘요! 그래야 오히려 큰 사고 없지요."

경찰은 망설였다. 한 번 더, 두 번 더, 세 번 더 사정하자 경찰은 마지못해 오늘 네다섯 시경에 올 것 같다고 말했다.

"얼마나 온대요?"

"그거야 모르죠. 건설사가 알아서 데려오겠죠."

"오고 간 얘기가 있을 테니 경찰은 알 거 아녜요?"

그는 에이 참, 이것 참, 하면서 한참 뜸을 들였다. 담배를 피워도 되느냐고 물은 뒤 불을 붙였다. 그러고는 천천히 한 삼십 명쯤 올 것 같다고 말했다. 그는 2층엔 몇 명이나 있느냐고 다시 묻는 것도 잊지 않았다. 주는 게 있으면 받는 것도 있어야 한다는 투였지만, 나는 그때부터 입술이 타들기 시작했다. 그가 뭔가를 더 물었지만 하나도 귀에 들어오지 않았다. 밀어내다시피 경찰을 보냈다. 의무적으로 밥상에 앉았으나 밥이 먹힐 리 없었다. 자리에서 일어나 그냥 멍한 채로 서성이다가 화장실 쪽으로 갔다. 붉은 소화기들이 눈에 들어왔다. 이걸로 용역들을 막아야 하나, 막을 수는 있을까, 막을 수 있다면 1층에서 막아야 하나, 2층 계단에서 막아야 하나? 이건 전쟁이다, 함께 싸울 사람이 더 필요하다, 하면 누굴 부르나? 아니야, 아니야, 용산참사가 다시 터질지도 모르는데, 지옥 구덩이에 도대체 누굴 부르겠어?

아무도 부를 수 없었다. 그냥 멍청히 소화기만 만지작거리고 있는데 졸리나가 다가왔다.

"한용걸 신부를 불렀어."

성공회 강릉성당 주임신부다. 대학 시절, 나와는 룸메이트였다.

"강원도에서 여기가 어디라고 불러?"

"오신대!"

퉁명스런 반응을 보였지만 대답을 듣고 나자 머릿속에서 불빛이 반짝거렸다. 성직자가 있다면 적어도 참사는 일어나지 않겠다는 절박한 희망이 머릿속을 맴돌았다. 충분히 위로가 되었다. 아무도 부를 수 없다던 생각은 온데간데없고 한 사람 더 부를 마음까지 생겼다. 물론 성직자였다. 목정평_{목회자정의평화위원회} 부의장인 김종수 목사한테 전화를 걸었다. 그 역시 오겠다고 했다.

석유난로를 현관 쪽으로 옮기고 소화기를 그 뒤에 늘어놓았다. 어쨌든 용역들이 쳐들어온다면 기어이 목숨을 걸겠다는 심사였다. 시간이 흘렀다. 목이 타서 벌써 여러 차례 목을 축였다. 두어 시간쯤 지나자 김종수 목사가 먼저 왔다. 한용걸 신부는 오후 4시가 다 돼서 왔다. 이제부터 한 시간 내에 용역들이 들이닥칠 것이다. 다시 침이 말랐다.

누군가 현관을 두드렸다. 인쇄소 주인이었다. 그는 어제 부탁했던 성명서 인쇄가 끝났다며 그걸 가져왔다. 한국작가회의 자유실천위원회와 인천작가회의 공동 명의로 된 "유채림의 생계 터전 두리반을 빼앗지 말라"는 제하의 성명서였다. 그걸 테이블 위에 올려놓고 불안 속에서 건성건성 읽고 있는데, 또다시 현관문 두드리는 소리가 들렸다. 양복을 입은 중년 남자였다. 누군지 알 수 없었다. 호가 어떡할 거냐고 물었다. 열어주자고 했다. 안으로 들어선 그는 명함을 건넨 뒤 낮에 왔던 경찰처럼 구석구석을 살폈다. 마포경찰서 정보과 형사였다. 올 것이 왔구나 싶어선지 심장이 뛰었다. 머리로 피가 몰려 터질 것만 같았다. 긴장한 침묵이 흐르는데 김종수 목사가 침묵을 깼다.

"작가들이 썼다는 성명서 좀 볼까요?"

정보과 형사의 눈이 빛났다. 그런 게 있느냐며 자기도 보고 싶다고 했다. 형사에게 한 장을 건네고, 두 성직자에게도 건넸다. 상기된 얼굴로 성명서를 훑어보던 정보과 형사는 한 장 더 줄 수 있느냐고 물었다. 그는 성명서를 접어서 안주머니에 넣고 잠시 나갔다 오겠다고 했다. 삼십 분쯤 지났을까? 아니 어쩌면 한 시간쯤 지난 것도 같다. 형사가 다시 문을 두드렸다. 이번엔 혼자가 아니었다. 정보과장을 대동하고 왔다.

"무얼 도와드릴까요?"

정보과장은 뜻밖에도 서비스센터 안내원 같은 물음을 던졌다. 당황해서 우물쭈물하자 그는 한 번 더 물었다.

"관에서 녹 먹는 사람이라 한계는 있지만 진심으로 돕고 싶습니다."

"폭력사태를 원치 않아요. 하도 억울해서 무작정 농성하고 있는 거예요. 사태 해결을 위해 경찰이 중재를 서주셨음 좋겠네요."

정보과장은 알겠다는 말을 남기고 두리반을 나갔다.

그날 철거용역들은 오지 않았다.

새해

2010년 1월 1일을 맞았다. 새해 첫날은 연휴의 첫날이기도 하다. 펜스를 뜯고 두리반으로 들어와 농성을 시작한 지는 일주일이 지났다. 현관 유리문 밖으로 보이는 동교동 삼거리 도로는 한산하다. 두리반은 아예 적막하다. 연휴를 맞아 다들 갈 만한 곳으로 떠난 모양이다. 사람 발길이 끊겼으니 이런 날은 더욱 불안하다. 드물게 인도를 따라 사람들이 오간다. 어둑시근한 실내가 보일 리 없겠지만 지나는 이들은 거의 모두 현관 유리문 쪽으로 눈길을 주고 간다. 강제 철거는 안타까운 일이지만 개발을 위해 어쩔 수 없는 일 아니냐는 눈길만 같다. 또는 돈 몇 푼 더 받겠다고 저 지랄하는 게 아니냐는 눈길만 같다. 그런가 하면 저렇듯 구차하게 철거농성을 하느니 나라면 새 출발하겠다는 눈길만 같다. 부끄럽다. 다시 유년 시절의 공원촌이 스쳐 지나간다.

그러나 두렵다. 두려움이 먼저다. 시커먼 유니폼을 입은 철거용역들, 그들은 인간이 아니다. 그들은 용산에서 이대로는 못 나간다던 칠십 노인네의 따귀를 쳤다. 노인네가 휘청 길바닥에 쓰러지자 발로 짓밟았다. 폭력을 견디다 못한 칠십 노인네와 철거민들이 끝내 용산 남일당 망루에 오르자 단숨에 질식시켜버리겠다고, 그 건물 3층에서 불까지 질러댔다. 그들은 두리반을 들어내던 날도 그랬다. 저녁 장사를 위해 빚어놓은 만두와 보쌈 고기, 칼국수 면발을 아무렇게나 흩뿌렸다. 그 흩뿌려진 바닥 위로 패대기쳐진 졸리나가 네놈들도 인간이냐고 절규하자 철거용역들은 말했다.

"밤길이나 조심해 이년아!"

그들이 언제 들이닥칠지 모른다. 특히 크리스마스이브나 설이나 한가위처럼 연휴가 시작되는 날은 곱으로 긴장된다. 낮일지 밤일지 새벽일지 전혀 모를 일이다. 모든 농성자들은 그 때문에 녹아난다. 견디다 못해 술을 마시다 보면 계속 마시게 된다. 견디다 못해 타협점을 찾게 되고, 견디다 못해 내부 분열이 시작된다. 하여, ~한 척도 중요하다. 두렵지 않은 척, 용역들이 오면 얼마든지 해볼 수 있는 척, 그리고 애써 유쾌한 척!

자리에서 일어나 점퍼를 벗고 몸을 움직였다. 침낭 속에서 쉴 새 없이 뒤척이고 있는 졸리나는 무슨 생각을 하는지 종잡을 수 없다. 원래 말이 없는 호는 조용히 커피만 마신다. 진종일 열댓 잔 이상 마셔댄 것 같다. 애써 웃지도 않았는데 쓴웃음이 흘러나온다. 별 개떡 같은 새해도 다 있지!

눈 내리는 새벽

새벽에 일어나 불침번을 섰다. 가로등 아래로는 눈이 내렸다. 차가 지날 때마다 도로에는 눈보라가 일었지만 아직 쌓이지는 않았다. 현관문을 밀고 밖으로 나서자 인도에는 엷게 눈이 쌓여 있었다. 홍대입구역과 동교동 삼거리 쪽을 살피고 두리반 뒷마당으로 걸음을 옮기는데 조심스럽다. 새벽에 들이칠 계획이라면 용역들은 어딘가에 모여 있을 것이다. 뒷마당에서 내려다보면 인근이 한눈에 들어온다. 다행히 조흥카센터 쪽이나 홍익지구대 건너편 쪽으로는 사람 그림자도 보이지 않는다. 조금 마음이 놓인다. 그제서야 눈이 눈으로 보인다. 일주일에 한두 차례씩 퍼부어대니 지겨울 법도 하지만 눈 속에는 기억이 있어 애틋하다. 두리반 뒷마당과 연결된 소방도로를 따라 드문드문 서 있는 보안등 아래서 맞는 눈이 더욱 그렇다. 가로등은 백색인데다 빛이 퍼져 감흥이 없지만, 보안등은 황색빛이 아래로만 향하고 있어 정취가 그만이다.

언제였던가? 추풍령에서 겨울을 날 때였다. 장편 『금강산 최후의 환쟁이』를 열나게 쓰다가 방문을 열어젖히면 언제부터 내렸는지 댓돌에까지 눈이 쌓여 있곤 했다. 그날도 그랬다. 새벽 한 시가 넘었을 무렵 커피를 타 들고 방문을 열었다. 방 안에서 쏟아져 나간 백열 빛이 하염

없이 반짝였다. 눈이 내리고 있는 거였다. 커피를 두어 모금 삼키고 나서 담배를 찾았지만 아뿔싸, 빈 갑이었다. 있으면 오히려 참을 수 있어도 없으면 못 견디겠는 게 담배였다. 랜턴을 들고 그 길로 눈 내리는 산길을 걸었다. 아랫마을 도치랑까지는 한 시간 거리였다. 후회를 골백번도 더하면서 벌벌 기다시피 내려가 잠든 영감님을 깨워 담배를 샀다. 하지만 그 새벽에 산길을 되밟을 염이 안 났다. 점방 추녀 끝에서 쏟아지는 눈을 무연히 쳐다보았다. 동이 트기까지 기다릴 생각이었으나, 하도 발이 시려 제자리 뜀을 하다가 별수 없이 산길을 올랐다.

돌아가고 싶다. 눈을 타고 내리는 기억 속의 일상으로 돌아가고 싶다. 두 아이와 놀다가 열 받으면 '개쌍놈의 새끼들'이라는 욕설을 퍼붓고, 그러면 두 놈은 '근데 왜 욕을 하고 그래요' 하면서 덤벼들던 집이 그립다. 퇴근해서 돌아와 파바박 청소를 끝내고 밤 11시 넘어 두리반에서 돌아온 졸리나와 조곤조곤 얘기하던 집으로 돌아가고 싶다. 틈틈이 소설을 쓰던 꿈같은 일상, 그 속으로 돌아가고 싶다. 하지만 이미 멀리 왔다. 그들은 졸리나를 단 한 차례의 협상도 없이 들어냈다. 그들은 졸리나를 사람으로 취급하지 않았다. 농성을 함으로써 졸리나가 사람임을 드러내고 있지만 그들은 여전히 반응하지 않고 있다. 이미 열흘이 지났다. 100일이 지날지, 200일이 지날지 전혀 알 수 없다. 날이 갈수록 돌아가는 길만 멀어질 뿐이다.

한 번 더 주위를 돌아보고 나서 두리반 현관을 열었다. 눈을 피할 수 있을 뿐 밖이나 안이나 기온 차는 거의 없다. 몸을 녹이느라 컵라면을 뜯고 물을 끓였다.

요새화

어떻게 해도 불안을 씻을 수는 없다. 그렇다고 앉아서 당할 수는 더욱 없는 일이다. 미술학원장인 웅은 옛날 학원생인 제자를 불러 철판을 사다달라고 부탁했다. 오후에 폭이 120, 길이가 190센티미터인 철판 열 장이 들어왔다. 둘이 들기에도 벅찬 강판이었다. 웅은 제자와 둘이서 2층으로 오르는 복도의 창과 1, 2층 화장실 창을 모두 막았다. 이제 2층에 오를 때는 불을 켜야 할 만큼 어두워졌다. 요새를 방불케 했다. 대포를 쏴도 끄떡없을 것 같았다. 이제 안전해졌는가? 그러나 방어하는 처지에 완벽한 안전은 없다. 요새화하면 할수록 폐쇄적이 되니 불안은 오히려 가중될 뿐이다.

다른 방법을 찾아야 하지만 방법이 없다. 두리반이 늘 사람들로 북적이면 되겠으나 강퍅한 철거농성장으로선 꿈같은 얘기다. 얼마 전 전철련 전국철거민연합 회원이 된 졸리나는 다른 철거민들이 익히 해온 대로 하자고 말했다. 용산이나 사당동 정금마을처럼 인분과 생선 썩은 물을 준비해놓고 그것으로 용역들과 맞서야 한다는 것이었다. 용역들이 접근하면 곰삭힌 똥물을 뿌려 막는다는 얘기인데 그건 방법이 아니었다.

"곰삭힌 물을 뿌리면 용역들이 기겁을 한대. 일당 10만 원짜리 용역들은 뒤도 안 돌아보고 줄행랑치고, 일당 30만 원짜리 용역들은 피하면서 다가오고, 일당 50만 원짜리 용역들은 똥물이 얼굴에 닿으면 그걸 핥으면서 전진한대."

결국 어떤 용역이 얼마짜리인가를 확인하는 것일 뿐, 용역들을 막아낼 방법은 아니었다. 오히려 설건드려 피곤죽이 되잖으면 다행일 법한 하치의 대안이었다. 실제로 용산의 경우 모든 방법으로 깡패용역들에 맞섰지만 더는 버텨낼 수 없었기에 남일당 옥상에 망루를 짓고 오르는 최후의 길을 택하지 않았던가. 어쩌면 목숨을 버릴 각오로 시너를 준비하지 않는다면 돈에 팔린 용역들을 막아낼 방법은 결코 없을지도 모른다.

전철련의 투쟁 방식

지금 두리반이 어떤 꼴인데 연민을 느낀단 말인가. 그런데도 전철련을 떠올리면 연민이 앞선다. 개를 패도 지탄받는 시대에 인간을 패는 야만의 폭력에 노출된 채 처참하게 철거농성을 하는 전철련의 투쟁력에 찬사를 보낸다면 그건 말도 안 된다. 그들은 늘 맞았고, 그들은 늘 쫓겨났다.

"파출부 나갔다가 오후에 전화 받고 무작정 택시를 탔어요. 학교에서 돌아온 아이들이 집 쪽으로는 가지도 못하고 골목 입구에서 훌쩍거리고 있는 거예요. 포클레인에 찍혔는지 집은 폭삭 주저앉았어요. 큰 짐은 어디론가 실려가버렸고, 아이들 유치원 때 사진, 아이들 교과서, 아이들 갈아입을 옷, 아무것도, 정말 아무것도 건질 수 없었어요. 돈에 눈먼 놈들에게 우린 인간이 아녔던 거예요."

서울 상도동의 한 철거민은 분노의 눈물을 훔쳤다.

"개발된다면 아쉽지만 받아들여야 하는 거라고 생각했어요. 처음엔 우리 가구점이 얼마를 들인 곳인지, 장소를 옮긴다면 몇 평 정도는 돼야 하는지, 가게 안에 있는 가구들 값은 대략 얼마나 하는지 그 정도는 알아보고, 적절한 보상이 있을 줄 알았죠. 그런데 이게 뭐예요? 어느 날 가구 거리에 시커먼 옷을 입은 깡패들이 쫙 깔린 거예요. 곧이어 트럭들이 몰려오더니 그 깡패들의 엄호를 받으면서 가구점마다 하나씩만 짐을 끌어내는 거예요. 실어가려면 차라리 다 실어가지 이게 뭐하는 짓들인가 싶었죠. 이튿날도, 그 이튿날도, 아마 한 열흘 이상 그런 식으로 했을걸요. 그런 어느 날 운반비용 청구서라는 걸 보내왔어요. 환장할 일이었죠. 멀쩡히 장사하던 사람을 말려 죽여도 유만부동이지! 상권 죽이느라 깡패들 풀어놓고, 하나씩만 가구 빼낸 뒤 청구서 날려 보내고, 순전히 겁박하느라 그 짓을 한 거예요. 세상에 그런 개 같은 개발업자 놈도 다 있더라구요."

성남 가는 길에 있는 헌인 철거대책위원장은 분노에 차서 입술을 떨었다.

전철련은 그렇게 농락당한 철거민들의 단체다. 억울함, 분노, 치 떨림을 해결할 길 없는 철거민들이 하나둘씩 모여서 꾸려가는 단체라는 얘기다. 그들은 투쟁한다. 쫓겨난 채로는 살길이 없어서 건설사에 맞선다. 쫓겨난 것이 하도 억울하고 암담해서 천막을 치고 농성한다. 용역깡패들이 몰려들어 그 천막마저 때려 부수려고 할 때, 다른 전철련 회원들한테 비상을 걸어 도움을 청한다. 비상이 걸리면 김포에서 천막을 치고 농성하든, 노량진에서 천막을 치고 농성하든, 두리반처럼 건물 안에서 농성하든 한결같이 비상 걸린 곳으로 몰려가 용역깡패들과 대치한다. 무참히 얻어맞거나 질질 끌려 나와 패대기쳐진다. 그래도 비상이 걸리면 어쨌든 가야 한다.

만약 비상이 걸렸는데도 무서워 회피하거나, 내 농성장 지키는 게 더 중하다고 빠진다면 내가 비상 걸 때 아무도 오지 않는다. 전철련은 결코 바주카포를 들었거나, 탱크를 탄 사람들이 아니다. 전철련은 결코 태권도, 킥복싱, 유도, 쿵푸, 검도까지 합쳐 10단은 족히 되는 무술 고단자들이 아니다. 전철련은 결코 오비파, 하이트파, 칭다오파, 아사

히파처럼 조직에 죽고 조직에 사는 열성적 혁명주의자들도 아니다. 그들은 한 맺힌 철거민들이고, 품앗이 투쟁을 유일한 무기로 아는 자들일 뿐이다.

용산 남일당에서 다섯 명의 철거민이 산화해갔을 때 한동안 의아했다. 왜 용산4구역 철거민들만이 아니라, 서울 중구 순화지역 철거민, 수원 신동지역 철거민, 신갈 신봉지역 철거민까지 섞여 있었을까. 그게 바로 품앗이 투쟁 때문이었음을 알게 된 건 훨씬 나중의 일이다.

졸리나는 두리반이 위기 상황을 맞으면 비상을 걸기 위해 전철련의 품앗이 투쟁에 열심이다. 하지만 늘 얻어맞고, 늘 쫓겨날 뿐이기에 전철련은 측은하다. 나는 전철련의 무력한 힘에 기대지 않을 참이다. 결코 얻어맞지도 쫓겨나지도 않는 방법을 찾고자 한다. 용역들한테 다시 질질 끌려 나와 천막을 치고 농성하는 일 없도록 다시는 두리반을 빼앗기지 않을 생각이다.

헌법 제10조

송파에서 흑마늘이 왔다. 택배로 온 게 아니라 직접 찾아왔다. 하고많은 아이디 중 흑마늘이 뭐냐고 묻자, 두리반 카페 가입하려고 이것저것 생각하던 중 흑마늘 광고가 눈에 들어와 그걸로 했다는 거였다. 그러면서 하는 말, 넌 최칠칠이잖아! 인터넷 바둑 둘 때 만든 아이디를 그가 기억하고 있었다. 퍽, 웃음이 터졌다. 최칠칠은 〈풍설야귀인風雪夜歸人〉을 그린 조선의 화가 최북崔北의 별명이다.

흑마늘은 휴대폰을 꺼내 들고 메모장 화면을 보여줬다. 사가살 불가욕士可殺 不可辱! 이걸 본 적 있느냐고 물었다. 고개를 갸우뚱하자, "선비는 죽일 수 있어도 욕보일 수는 없다"고 뜻을 풀어줬다. 음은 낯설어도 훈은 낯설지 않았다. 사마천 일대기에 나오는 얘기였기 때문이다.

한나라 무제 때 『사기史記』를 쓴 사마천은 오직 직선으로만 갔다. 『사기』에서 그는 한나라 태조 유방의 난적이 항우였음에도 불구하고, 「항우본기項羽本紀」를 유방의 「고조본기高祖本紀」보다 앞세워놓았다. 뿐만 아니라 항우에 대해선 불같은 성격이지만 순진하고 정이 많다고 묘사한 반면, 유방은 교활하고 음험하고 위선적이라고 묘사해놓았다. 목숨을 건 정직함이었다. 그런 사마천이었기에 간신배들 틈바구니에서도 바른말을 할 수 있었다. 그는 황제 앞에서 흉노에 생포된 이릉 장군을 두고, "비록 오랑캐에게 끌려갔으나 그의 충심은 변함없을 것"이라고 끝까지 장군을 옹호했다. 그 일로 사마천은 한 무제의 눈 밖에 났다. 사마천의 문재를 아까워한 무제는 고심 끝에 그를 주살시키는 대신 불알을 제거하는 궁형을 지웠다. 모욕의 형벌, 그건 죽음만도 못한 거였다.

궁형을 받고 감옥에 쓰러져 있는 사마천에게 둘도 없는 벗인 임안이 찾아왔다. 그는 소매 속에 감춰온 독약을 건네며 자살을 종용했다.

"선비를 때려죽일 수 있어도 욕보일 순 없는 거지!"

사마천 또한 죽음을 생각했다. 그러나 미완의 『사기』를 남겨둔 채 죽을 수는 없는 일이었다. 그는 목숨의 값인 양 임안이 건넨 독약을 평생 가슴에 품고 살았다. 모욕을 견디면서 끝내 『사기』를 완성했다.

사마천 같은 선비를 따르기엔 하도 볼품없어서 흑마늘에겐 묻지도 않았다. 그러나 각오는 다질 일이었다. 저 건설 자본의 안하무인, 용역들의 폭력, 관청의 힘이라는 삼각 편대에 맞서 모욕적으로 끌려다니지는 않을 참이다. "모든 국민은 인간으로서의 존엄과 가치를 가지며 행복을 추구할 권리를 가진다"는 헌법 10조의 권리를 되찾기까지 결코 굴하지 않을 참이다.

작가의 방식

꽃집에 부탁해놓은 스티로폼 다섯 장이 왔다. 꽃집 주인은 양재동 꽃시장 가는 길에 스티로폼 가게도 들렀다고 했다. 그는 스티로폼값을 굳이 받지 않았다. 건설사가 수도를 끊어 6개월 넘게 두리반에서 물을 길어다 썼던 꽃집은 백운사진관처럼 결국 떠나는 길을 택했다. 라틴댄스클럽이 알몸으로 쫓겨난 것을 본 세입자들에게 자신의 권리 주장은 더하고 자시고 할 것도 없는 공포와 수치였다. 용역들에게 두들겨 맞는 비참한 철거민, 그걸 뒤라서 감내하겠는가.

꽃집은 소공동 지하 꽃 도매상가에서 매대 하나를 얻어 영업을 재개했다. 두리반 곁에 있을 때와 달리 소매가 끊겨 힘들지만 몇 군데 단골 기업체가 거래를 끊지 않아 그러구러 견딘다고 했다. 커피 한잔하시겠느냐고 묻자 아직 가게 문도 안 열었다며 수일 내로 들르겠다는 말을 남기고 떠났다.

스티로폼은 바닥 냉기를 막고 소음도 막을 겸 부탁해놓은 거였다. 지하철 환승로 공사 때문에 두리반 앞 도로가 복공판으로 덮여 있어서 소음이 말이 아니었다. 침낭을 덮고 바닥에 누우면 복공판 위로 달리는 바퀴소리가 태풍에 제주 앞바다 뒤집어지는 소리보다 더 요란했다. 눈 내리는 날은 특히 심했다. 복공판을 치고 나가지 못하는 차들이 밤새도록 쌔액색거리며 헛바퀴를 굴렸다. 그런 날은 불침번을 서지 않더라도 잠들기 힘들어 몽롱한 상태로 새벽을 맞기 일쑤였다.

농성을

시작한 뒤

매일

일기를 썼다.

2층에 있는 웅을 불러 침낭과 요때기를 걷고, 바닥에 깐 라면박스도 걷어냈다. 라면박스는 흠씬 젖어 있었다. 체온과 바닥의 냉기가 박스를 적셔놓은 거였다. 편의점으로 달려가 새 박스를 얻어다 다시 바닥에 깔고 스티로폼을 그 위에 깔았다. 침낭까지 원래처럼 펼쳐놓고 나자 한결 상쾌해졌다. 바닥도 스티로폼 두께만큼 10센티미터가 높아졌으니 위생 면에서도 나무랄 데 없었다.

　내친김에 대대적인 변화를 주고 싶었다. 건물의 2층과 3층을 오르내리며 쓸 만한 것들을 찾았다. 그동안 무심히 지나쳐왔던 것들을 꼼꼼히 살폈다. 미대 대학원생들이 작업실로 삼았던 3층에서 두 개의 원탁과 대여섯 개의 의자, 책꽂이를 찾았다. 안 그래도 방문객이 늘어나면서 테이블과 의자가 필요한 터였다. 먼지만 털어내면 제법 쓸 만해 보였기에 농성장으로 갖고 내려와 자리 배치를 해놓았다. 두 개의 원탁은 실내 중앙에다 두었고, 책꽂이는 정면 강화유리벽 한쪽에다 세웠다. 그냥 바닥에 뒀던 책들과 연장, 커피, 필기구 등을 책꽂이에 진열해놓으니 웬만한 공부방 못지않았다. 이제 의자에 앉아 책도 읽을 수 있을 것 같았지만 그건 사실 꿈이었다. 이야기를 따라가는 재미로 한번 잡으면 좀처럼 놓을 수 없는 게 소설이지만, 그것조차 눈에 들어오지 않는 곳이 농성장이었다. 밤에 올지, 낮에 올지, 혹은 새벽에 올지 모를 철거용역들로 인한 긴장은 그 어떤 것에도 집중할 수 없도록 했다. 그렇다면 하루하루가 절망인가. 그렇지는 않았다.

바람은 딴 데서 오고

구원은 예기치 않은 순간에 오고

절망은 끝까지 그 자신을 반성하지 않는다

시인 김수영의 「절망」처럼 언제 그랬냐는 듯 다 잊고 일상으로 돌아갈 날이 오기는 올 거라는 믿음이 어쨌든 있었다. 그 같은 불확실성 안으로 그날 늦은 저녁, 불현듯 평론가 이명원이 찾아왔다.

그는 한국작가회의 대변인이다. 그는 추워서 얼어 죽을 판인데 음료수를 사들고 왔다. 그는 전에 두리반에서 칼국수 먹던 얘기부터 했다. 맛있었느냐고 물었더니, 칼국수가 다 그렇죠, 하면서 웃었다. 철거농성이 가장 밑바닥 농성인데 참 어려운 결정하셨네요, 라고 말할 땐 히죽 웃으면서 솔직히 얼떨결에 따라 들어온 거라고 대꾸했다.

"글은 좀 쓰세요?"

펜스가 바람에 흔들리기만 해도 초긴장하는 판에 글은 무슨 글이냐고, 책도 못 읽겠다고 답했다. 그때까지도 질문의 의도를 몰랐던 것이다. 그는 한참 뜸을 들이다가 불쑥, 노동자는 어떻게 싸우죠? 하고 물었다. 나는 물음의 뜻을 몰라 그냥 물끄러미 그를 바라보았다.

"노동자의 방식으로 싸우겠죠? 그럼 농민은 어떻게 싸우죠?"

대답대신 그의 눈을 쳐다보자 그가 다시 물었다.

"작가는 어떻게 싸우죠?"

'작가의 방식?' 그게 뇌리를 스치는가 싶더니, 홍두깨로 뒤통수를 호되게 얻어맞은 듯한 번개 같은 아픔이 전해졌다. '철거민 이전에 나는 작가였구나. 불안을 이겨내기 위해 날마다 농성장을 요새화해봐야 불안만 가중될 뿐 아닌가. 건설자본, 철거용역, 관청이라는 삼각 편대에 맞설 수 있는 유일한 길은 사람의 힘밖에 없지 않은가. 그러니 강제철거의 부당성과 건설자본의 도덕적 살인에 대해 알리는 일, 그 일을 할 때 한 사람 두 사람 모여들 게 아닌가.' 빠르게 그런 것들이 뇌리를 스쳐 갔다.

이명원은 자신도 두리반 사태를 알리는 일을 서두르겠다는 말을 남기고 현관문을 밀었다. 시간은 밤 10시를 넘어서고 있었다.

자전거가 노트북을 갖고 왔다

위원은 없고 달랑 위원장만 있는 대책위원회가 있다. 정식 명칭은 전국철거민연합 두리반철거대책위원회, 졸리나가 그 위원장이다. 오후에 전철련 사무실에서 위원장단 회의가 있다며 그녀는 아침부터 분주하다. 그런 졸리나에게 집에 좀 다녀올 수 있겠느냐고 부탁하려다가 그만두었다. 큰아들 '자전거'에게 부탁하는 게 낫겠다는 생각이 들어서였다.

자전거는 고2 가을 학기에 학교를 그만두었다. 청운의 꿈을 안고 그만둔 게 아니라 성적이 바닥을 쳐서 들러리 서는 기분만 드니, 차라리 새 출발해보고 싶다면서 그만둔 것이었다. 자전거는 수업이 끝나기도 전에 땡땡이 치고 밖으로 나가 PC방을 가거나 노래방을 가고는 했다. 그러니 바닥을 칠밖에! 한번은 담임선생이 부른다기에 회사를 조퇴하고 학교를 찾았다가 참 많이 쪽팔린 적 있었다.

"미안한 얘기지만 아버님은 자식 교육에 별 관심이 없으신 거 같아요."

세상 어느 부모가 자식 교육에 관심 없단 말인가. 자식 교육에 누구보다 관심이 높다고 말하고 싶었다. 하지만 참았다.

"아, 예, 좀 바쁘게 살다 보니……."

"아무리 바쁘셔도 그렇죠. 어제 아드님이 학교에서 담배 피우다 걸렸어요. 그 전부터 수업 빼먹고 농땡이 치는 문제로 몇 번이나 전화 드리려다 참아왔는데 이번엔 안 되겠더군요."

"아, 예, 면목 없습니다."

"하면 될 것 같은데 도대체 안 하네요. 집에 무슨 문제가 있는 건 아닌가요?"

"아, 예, 먹고살기 힘들어 부부가 맞벌이 해도 금슬은 좋은데요? 작은놈은 그래도 공부 곧잘 합니다. 아마 큰놈이 엄마 닮은 모양이에요."

담임선생은 히죽 웃었다.

"아버님은 공부 잘하셨나보죠?"

"아, 예, 저도 물론 바닥을 긁었죠."

그날 담임선생님한테 얼굴이 홧홧거릴 정도로 모진 조언을 들었다.

그 후로도 자전거는 6개월 정도 학교를 더 다니다가 끝내 그만두었는데, 학교를 그만둔 며칠 뒤였다. 퇴근해서 돌아와 녀석의 방문을 두드렸다. 자빠져 자던 녀석은 겨우 자리에 앉아 게슴츠레하게 눈을 떴다. 뭐예요, 하는 표정이었다.

"검정고시를 봐야 거 아니냐? 내일은 학원 알아보자. 충무로에 괜찮은 학원 있다더라."

"학원 천천히 알아보면 안 될까요?"

녀석은 늘어지게 하품을 한 뒤 아주 느긋한 목소리로 물었다.

"천천히는 횡단보도 건널 때나 쓰는 말이고. 후딱 등록하고, 후딱 시험 보고, 후딱 합격해야지 질질 끌면 되는 게 없는 거야, 인마."

"저도 좀 머리를 식히고 싶어서 그래요."

"머리를 식혀? 네가 인마 식힐 머리가 어딨냐? 뭐 공부를 했어야 식히지?"

"그래도 그런 게 아녜요."

밤늦게 두리반 영업을 끝내고 돌아온 졸리나까지 합세하여 아빠 말대로 학원 등록하자고 했지만, 녀석은 예의 머리 좀 식힌 뒤에 하겠다는 말을 반복했다.

사건은 다음 날 터졌다. 일찍 퇴근해서 검정고시학원이 있는 충무로에 가려고 집으로 전화를 넣었더니 녀석이 끝내 받지 않았다. 식식거리며 집으로 돌아와 녀석의 방문을 열었다. 어라? 녀석이 없었다. 그냥 없는 게 아니라 뭔가 짐을 꾸린 흔적이 있었다. '이것 봐라. 이놈이 가출을 했나!' 졸리나에게 전화했더니 좀 기다려보라고 했다. 여기저기 수소문해봤지만 돌아온 답 또한 한결같이 별무신통이었다. 기다려보라고 하더니 졸리나 역시 속이 탔던 모양이다. 다른 때보다 두어 시간 일찍 두리반 문을 닫고 들어왔다. 둘이서 별 오만 가지 생각을 다하면서 무작정 기다리고 있는데, 밤 12시경 졸리나의 휴대폰이 울렸다.

"걱정하실까 봐 전화했어요. 머리 식힐 겸 자전거 일주하려고 집 나왔어요. 한 달쯤 여행하고 돌아갈게요."

"돈은?"

"없어도 돼요. 잠은 경찰서 숙직실에서 얼마든지 재워줘요. 버너 갖고 왔으니까 라면 끓여먹으면서 여행할 거예요."

할 말만 하고 녀석은 전화를 끊었다. 통화를 하고 나니 그나마 안심이 되어 불쑥 농담이 튀어나왔다. "자전거가 웬수다!" 그때부터 큰놈은 자전거가 되었다.

자전거는 한 달이 아니라 한 달 보름 만에 기어들어왔다. 금의환향錦衣還鄕 대신 구릿빛 환향이었다. 자전거 일주를 하는 동안 돈 좀 부쳐달라고 한 적은 한 번 있었다. 부산에 도착했을 때였는데 자전거가 망가져서 수리해야 되니 10만 원만 보내달라는 거였다. 부부가 맞벌이하던 때였으므로 큰맘 먹고 20만 원을 보내줬다. 광주에 도착했을 때는 혹시 아빠 친구 중에 광주 사는 사람 있느냐고 물었다. 후배인 '털 태우는 삼촌'의 전화번호를 알려줬더니 그의 집에서 이박인가를 적절한 수위로 묵었다고 했다.

하여튼 오래지 않아 구릿빛으로 돌아온 자전거를 데리고 검정고시 학원을 찾았다. 사나흘에 한 번 꼴로 지각을 하거나 땡땡이를 치면서 6개월쯤 다닌 끝에 자전거는 용케 대입 검정고시에 합격했다. 차마 묻지는 않았지만 그게 좀 의심스러워 아무래도 커닝한 게 아닌가, 지금껏 고개를 갸웃거리고 있다.

그 자전거에게 전화를 걸었다. 철거용역들이 들이닥칠까 봐 입때껏 집에 두고 있던 노트북을 갖다달라고 했다. 자전거는 점심 무렵 자전거를 타고 왔다. 숨쉬기 힘들었을까. 자전거는 채 한 시간을 앉아 있지 못하고 두리반을 나섰다. 위대한 기둥이었을 부모의 추락, 긴장으로 농담을 잃었거나 추위에 떨고 있는 모습, 그것만으로도 사람 취급 안 하고 강제 철거를 단행한 건설사의 행태는 한 가정을 파탄 낸 거였다. 물론 그보다 더 나가떨어지는 경우도 있다. 철거용역들에게 두들겨 맞으면서 질질 끌려 나와 천막을 쳐야 하는 것 말이다. 두 아들에게 거기까지는 결코 보여주고 싶지 않다. 그래서 노트북을 켰다.

첫 기고문

그날부터 글쓰기를 시작했다. 작가의 방식을 찾은 것이다. 수고가 될지 헛수고가 될지는 모르겠으나 두리반 사태를 알리는 일 말고는 기대할 게 없었다. 처음 쓴 글이 '사막의 우물 두리반'이었다. 언론사에선

'아내의 우물 두리반'으로 고치자고 했다. 흔쾌히 동의했다.

사막의 우물 두리반

영상 63도, 대한민국은 사막이다. 그걸 누가 모르나. 다 안다. 말라죽지 않기 위해 쉼 없이 우물을 파거나, 하나의 우물로는 모자라 남이 파놓은 열 곳, 백 곳의 우물까지도 빼앗고자 발버둥 치는 곳, 대한민국은 그런 곳이다. 사막이니까.

아내는 네 식구의 목마름을 해결하기 위해 2005년 3월 서울 동교동 어름에 두리반이라는 식당을 차렸다. 있는 돈 없는 돈 긁어모은 데다 대출까지 받아 문을 열었지만, 네 식구 해갈에는 좀 모자라는 우물이었다. 나는 출판사 편집일이라는 우물을 하나 더 파야 했다. 사막에 내동댕이쳐진 인생이 다 그런 거지.

영업을 시작한 지 아직 3년도 안 됐을 때인 2007년 12월, 아내의 우물인 두리반을 빼앗으려는 자들이 불시에 나타났다. 도시공항철도 역사가 들어선다고 하여 졸지에 노다지가 된 동교동 167번지 일대를 건설사가 사들이기 시작한 것이다. 그들은 시세의 열 배를 주고 두리반 일대를 매입했다. 두리반이 들어 있는 3층 건물도 예외는 아니었다. 돈에 눈멀면 다 그런 거지.

2008년 봄부터 11세대 상가 세입자들은 변호사를 앞세워 법정 싸움을 시작했다. 세입자들의 변호사와 건설사 쪽 변호사는 서로 상가임대차보호법으로 맞섰다. 저쪽은 상가임대차보호법의 예외 조항을 들어 동교동 167번지 일대는 지구단위계획 지역으로, 3년 만에 쫓아내도 문제없는 곳이고, 영업 보상도 필요 없는 곳이라고 역설했다. 젠장, 국회의원들이 만든 법이 다 그런 거지.

일러스트레이터

김대중이 그려준

'사막의 우물 두리반'이

우측 벽을

장식했다.

판사는 건설사 측 손을 들어줬다. 세입자들은 항소했다. 항소심에서도 판사는 건설사 측 손을 들어줬다. 세입자들은 폭삭 망했다. 그때부터 건설사는 상가마다 돌기 시작했다. "봤냐? 너희는 끝났다. 이사 비용 300만 원 주겠다, 이사 비용 70만 원 주겠다……. 자 이제, 사막을 향해 앞으로 갓!"
우물 없이 무슨 수로 태양이 작열하는 사막에서 견딘단 말인가. 11세대 상가 세입자들은 회장을 뽑고, 전단지를 만들고, 세입자들의 주장을 담은 현수막을 내걸었다.

3개월쯤 지난 초가을, 한동안 조용하던 건설사가 다시 나타났다. 건설사는 내용증명을 통해 이렇게 말했다. "협상할 생각이면 전화로 하되 반드시 개별적으로 전화하라!"

뭉쳐서 대응하는 게 옳지만 사람 일이란 게 어디 그런가. 이발소가 제일 먼저 전화를 걸었다. 세입자 대책회장인 후닥식당도 후다닥 전화를 걸었다. 다 걸었다, 두리반만 빼놓고. '이러면 안 되는데, 내가 파놓은 우물을 빼앗기면 안 되는데, 사막으로 내동댕이쳐지면 어찌 살려고!' 그런데도 세입자들은 하나하나 도장을 찍고 빠져나갔다. 어떤 세입자는 달랑 물 한 바가지만 들고 빠져나갔다. 물론 항소를 포기함으로써 진즉부터 시달려온 라틴댄스클럽은 단 한 모금의 물도 못 들고 나갔다.

건설사는 이제 두리반만 들어내면 되었다. 그들은 두리반으로 왔다. "몇 바가지 줄까?" "몇 바가지는 필요 없다. 두리반의 반만 한 우물이라도 좋으니 우물을 파달라." "그건 안 된다." "그렇다면 너희가 가져온 협상안은 도대체 뭐냐?" "이사 비용 300만 원!"

2009년 12월 24일 오후 4시, 건설사는 용역 30여 명을 뒤세워 두리반을 덮쳤다. 모든 걸 들어내고 두리반 현관 앞에는 펜스까지 덧대어놓았다. 이런 젠장, 이사 비용 300만 원, 그거라도 받을 걸 그랬나? 한 바가지 물이라도 받을 걸 그랬나? 그러나 대한민국은 사막이고, 사막의 낮 기온은 영상 63도. 한 바가지 물로는 말라죽는 거지. 우물이 없다면 끝내 말라죽는 거지. 2009년 12월 26일 02시, 살갗을 에어내는 칼바람 부는 새벽에 아내는 절단기로 펜스를 뜯어내고 두리반으로 진입했다. 모교 민주동문회 식구들이 돌아가면서 번을 서겠다는 동지애를 보여주었다. 그런데도 우물쭈물하던 내게 민주동문회 식구들은 말했다. "왜 이렇게 나약한가? 두리반이 두리반 문제로만 그치는 게 아니잖은가? 오늘도 불안에 떨고 있는 모든 영세한 상가 세입자들의 문제가 아닌가? 용산참사로도 해결되지 못한 상가 세입자 보호법안 마련의 실 가닥 같은 역할이라도 해야 할 게 아닌가?"

그리하여 모든 집기를 들어낸 텅 빈 두리반에서 나와 아내는 농성 중이다. 빼앗은 우물을 돌려달라고!

엄보컬 김선수

'사막의 우물 두리반' 기고문과 상관없이 하루는 젊은 남녀가 두리반을 찾았다. 둘은 기륭전자 농성장에서, 용산 참사현장에서 매주 월요일마다 공연을 해왔다고 했다. 어쨌든 용산이 타결됐으니 이제는 두리반 농성을 응원하고 싶다고 했다. 생계를 꾸리느라 다른 요일은 힘들고 월요일마다 공연을 하겠다고 했다. 중키의 남자가 기타를 치면서 노래하는 엄보컬이고, 꼬맹이 여자가 아코디언을 켜는 김선수였다.

둘은 90년대 초반에 활동을 시작한 록밴드 '천지인'의 멤버였다. 그동안 멤버갈이가 몇 차례 있었고, 엄보컬 김선수는 90년대 후반부터 활동했다. 엄보컬은 보컬이었고, 김선수는 키보디스트였다.

두리반 옆 골목에서 진행한

두 번째 '하늘지붕음악회',

얼마나 추웠는지

엄보컬은 기타를 치면서

계속 삑사리를 날렸다.

1부. 펜스를 떼어냈다

한때 시장을 휩쓸었던 '산울림' 조차도 튕겨 나간 데가 우리나라 록 밴드 시장이고 보면 천지인 멤버들이 어떻게 살았을지는 말이 필요 없을 법하다. 산울림은 1977년 12월에 발표한 1집 앨범을 시작으로 13집까지 냈을 만큼 긴 호흡을 했다. 데뷔곡이자 히트곡인 〈아니 벌써〉가 들어 있는 1집은 40만 장이나 팔렸으니, 이 나라 록 시장에서 산울림은 전설이 되기에 충분했다. 그런데도 돈은 지구레코드사의 것이었고, 산울림은 매양 그 모양 그 꼴이었다. 하물며 시장 밖에서 살아남겠다고 고군분투한 천지인의 멤버들 생활이야 불 보듯 빤한 게 아닌가. 〈청계천 8가〉를 내놓았을 때 잠시 흥이 달아올랐으나, 제 돈 들여 공연해야 할 만큼 민중운동 진영의 척박한 풍토에서 살아남을 길은 없었다. 천지인은 해체되었다. 그나마 건진 것이 있다면 엄보컬이 김선수를 잡았다는 거고, 김선수가 엄보컬을 더욱 꽉 잡았다는 거였다. 결혼한 둘은 두리반으로부터 머잖은 마포구 연남동에서 산다고 했다.

두리반 공연은 농성을 시작한 지 보름째로 접어들던 2010년 1월 11일부터 시작했다. 살벌하게 추운 날인데 엄보컬 김선수는 두리반 옆 골목에서 공연하겠다고 했다. 손이 얼어붙을 거라고 했더니, 밖에서 해야 오가는 사람들이 관심을 갖게 될 것 아니냐고 했다. 두리반 현관 유리문을 열어놓고 하는 선에서 실내 공연을 하기로 했다. 첫 관객은 십여 명 남짓으로 볼품없었다. 그런데도 엄보컬 김선수는 별로 개의치 않고 헝겊가방을 열어 이십여 개의 캔을 꺼내 나눠주면서 박자에 맞춰 흔들어달라고 주문했다. 빈 캔이었는데 쌀알이나 콩알을 넣어 만든 일종의 셰이커였다.

흔들 준비를 했다. 두리반을 위해서가 아니라 엄보컬 김선수를 위해서 흥을 끌어올리고 싶었다. 그들은 연주곡으로 포문을 열었다. 〈쇼스타코비치Shostakovich 왈츠 2번〉이라고 했다. 왈츠라고 해서 무엇보다 밝을 줄 알았는데, 무엇보다 우울한 곡이었다. 국가에서 철거당하고 이 사회에서 철거당하고 삶의 마지막 보루에서 철거당한 인생을 담아놓은 것만 같아서 듣기에 벅찼다. 흔들 기회가 없어 셰이커는 가만히 무릎 위에 올려놓고 있었다. 두 번째 연주곡 〈리베르탱고Libertango〉는 달랐다. 언 것을 녹일 만큼 경쾌했다. 첫 곡 연주 때 흔들지 못한 것까지 보태어 따블로 흔들었다.

〈청계천 8가〉를 끝으로 그날 공연은 끝났다. 농성을 시작한 이래 처음으로 웃었고 처음으로 신 나게 박수를 쳤다.

종종 있는 불화

졸리나가 전철련 위원장단 회의에 다녀왔다. 몇 년씩 철거농성을 해온 베테랑들이 즐비한 위원장단 회의에서 얻어들은 얘기와 따끔한 충고는 늘 두리반의 불화였다.

"정당 사람들은 한계가 있대. 함께하다가도 선거철이 되면 우르르 떠난대."

옳으신 말씀이었다. 선거철이 됐는데도 농성장을 지켜주고 있다면 그게 온전한 정당이겠는가.

"절벽으로 내몰린 철거민들과는 토대가 다르니까 연대를 해도 한계가 분명하대."

틀림없는 말이었다. 철거민이 아닌데 어떻게 철거민과 같을 수 있겠는가.

그 외에도 전철련 방식 운운하면서 졸리나는 빚을 내서라도 빵빵이

차를 사자는 둥 농성장 두리반을 지키려고 연연해 할 필요가 없다는 둥 귀가 있어도 들을 수 없는 시답잖은 얘기들만 꺼내놓았다. 빵빵이 차는 라우드스피커를 지붕에 설치한 승용차를 말하는 것으로, 운동가요를 빵빵하게 틀어놓고 소음 시위를 하는 데 쓴다고 했다. 농성장 두리반에 연연하지 말라는 것은 용역들에게 질질 끌려 나오는 과정이 어쩌면 필연이니 천막 치고 농성할 각오를 다지라는 의미였다.

아무도 믿을 수 없다면 그 길 말고는 다른 길이 있을 것 같지도 않았다. 그러나 사람의 발길을 끊고서야 무슨 농성을 하겠는가.

"난 그렇게 못 해."

"그렇게 해야 이긴대."

"그건 이기는 게 아냐. 야만을 눈물겹게 감내한, 처참한 매값이야. 결코 전철련처럼 안 할 거야. 함께하는 사람들과 반드시 두리반을 지킬 거야. 진지를 지킬 거야. 건설자본의 탐욕을 폭로할 거고, 막개발의 부당성을 폭로할 거고, 용역깡패들의 폭력을 폭로할 거야."

"그렇게 한다고 지켜질 거 같아?"

"아마 지켜질 거야."

더는 모욕을 당하고 싶지 않다는 말을 하고 싶었지만, 목구멍에서 빠져나오지 않았다. 아무것도 자신할 수 없었기 때문이다.

대화가 끊기고 나면 무섭게 침묵이 흘렀다. 누군가가 와줬으면 하는 뜨거운 기다림 속에는 이미 불안이 깃들어 있었다. 그 참담한 불안을 졸리나에게 들키고 싶지 않았다. 2층으로 오르는 캄캄한 계단에 앉아 괜히 소화기만 만지작거리다가 메마르게 웃었다. 그동안 전혀 와 닿지 않던 제목들이 농성을 시작하면서 절실해졌기에 우스웠다. '삶이보이는창'에서 만든 르포집 『여기 사람이 있다』, 도종환의 『사람은 누구나

용산참사가 타결된 뒤

'촛불을 켜는 그리스도인들'은

두리반으로 왔다.

1부. 펜스를 떼어냈다

꽃이다』, 박노해의 『사람만이 희망이다』, 안치환의 〈사람이 꽃보다 아름다워〉 같은 게 얼마나 기막힌지!

촛불을 켜는 그리스도인들

아침 6시 반경이었으니까 불이 났을 때는 씻고 있었다. 출근해서 자리에 앉자 여직원이 달려왔다.

"용산 아세요? 남일당 망루에서 불이 났대요. 사람이 6명이나 죽었대요. 인터넷 들어가 보세요. 난리예요."

여직원은 하얗게 질린 채로 입술을 떨었다.

뭐지? 어떻게? 무엇 때문에?

직원들이 하나둘씩 모여들었다. 대기업 같으면 월드컵 16강전은 돼야 일을 멈추고 설레발칠 일이지만 그곳은 달랐다. 적어도 인권을 생각한다고 폼 좀 잡는 한국기독교장로회 선교교육원이니까. 출판부 일이 밀려서 그냥 푹 처박혀 편집 일을 해야 할 처지였으나, 어디 그런가. 불타고 있는 망루 동영상을 눈이 빠지게 반복해서 봤다. 공중에 매달린 컨테이너, 시뻘건 불, 화염에 휩싸인 망루, 난간에 매달린 어떤 사람, 절규! 저 안에 40명이 넘는 사람이 있다고 울부짖는 소리! 눈을 감을 수 없었다. 온몸이 부들부들 떨렸다.

2009년 1월은 그게 다였다. 정권과 조중동은 길이 아닌 곳으로 질주했다. 남일당 망루에 오른 철거민들이 왜 엄동설한에 거기 올랐는지 묻지 않았다. 철거민들에게 말할 기회조차 주지 않고, 벼락처럼 강제진압부터 서두른 이유에 대해서도 사과하지 않았다. 오직 여론을 돌려세우기에 바빴다. 그들은 전철련만 물고 늘어졌다.

무섭고, 떨리고, 죄스러워 발길하지 못하다가 3월이 되었을 때 겨우 용산 남일당을 찾았다. 그러나 퇴근길에 들렀다가 조용히 집으로 향했을 뿐이다. 작가들이 방문하기로 하여 남일당을 찾았을 때도 그저 멍하니 뒤쪽에 서 있다가 발길을 돌렸을 뿐이다. 아무것도 할 수 없었다.

늦여름이 되었을 때 겨우 할 일을 하나 찾았다. 매주 목요일 저녁마다 '촛불을 켜는 그리스도인들' 속에 파묻혀 예배드리는 일이었다. 보잘것없지만 예배라도 꾸준히 참석하겠다고 각오했다. 다행히 퇴근해서 남일당에 도착하면 늘 예배 시작 전이었다. 예배에는 보통 70~80여 명이 참석했다. 비가 내리는 날은 천막 안에서 드렸고, 추운 날은 대형 가스난로를 켜놓고 드렸다. 난로는 기분만 그럴듯했을 뿐 전혀 온기가 없었다.

어느 날, 그러니까 2009년 들어 가장 추운 날이었다. 기온은 영하 17도 이하로 곤두박질쳤다. 한 시간 넘는 예배시간 동안 노상에서 무슨 수로 버틴단 말인가. 사무실을 나서며 오늘은 그냥 집으로 가야겠다고 슬그머니 마음을 놓았다. 집으로 가기 위해 버스를 탔는데 그게 영 편치 않았다. 전부 나 같을 거 아냐, 하는 생각에 이르자 끝내 발길을 돌려 지하철로 갈아탔다. 용산 남일당에 이르자, 이런, 이럴 수가, 이렇게까지! 그날따라 150명이 넘는 사람이 발을 구르면서 예배시간을 기다리고 있었다.

용산문제가 타결된 뒤 촛불을 켜는 그리스도인들은 두리반으로 왔다.

처음 찾아간 마포구청

매일 밤 겪는 일인데도 매일 밤 새삼스럽다. 칼바람이 쉴 새 없이 펜스를 흔들어대는 게 익숙해질 만도 한데 그게 안 된다. 지난 새벽에도 펜스 떨어져나가는 소리에 놀라 세 번이나 나갔다 들어왔다. 근처에 관광버스가 세워져 있으면 용역들이 동원된 것이라는 얘기를 들은 적 있어 김대중도서관 가는 쪽 이면도로까지 다녀오기도 했다. 허탕 쳤지만 정말 다행한 허탕이었다.

바람은 아침까지도 야멸찼다. 오전 10시에 마포구청 도시계획국장과 면담하기로 했으나, 추위에 잔뜩 움츠린 채 뭉그적거리다가 아뿔싸 9시를 넘겼다. 머리를 감을지 말지 고민하다가 물을 한 냄비 데워 간신히 얼굴만 닦았다. 잘하고 와, 하는 졸리나의 목소리를 뒤로하고 두리반을 나섰다. 별로 잘할 게 없는 곳으로 가는 터여서 정류장으로 가는 걸음이 무거웠다. '두리반 철거농성에 구청이 자유로울 수 없잖아요? 사태 해결을 위해 적극 나서야죠!' 어쩌면 그 얘기가 다일지 몰랐다.

먼저 온 민노당 윤성일 위원장이 청사 입구에서 해바라기를 하고 있었다. 곧이어 진보신당 정경섭 위원장이 도착했기에 우리는 청사 4층으로 올랐다. 도시계획국장실 입구에서 여비서가 우리를 맞았다. 그녀는, 약속하고 오신 건가요, 하고 물었다. 그렇다고 하자, 국장님은 청장실에서 회의 중이니 밖에서 기다려달라고 했다. 약속을 어긴 국장에 대해 윤성일이 열을 좀 받았다. 그는 그냥 국장실로 들어가 기다리겠다고 했다. 그가 안으로 들어가고, 정경섭이 뒤따르고, 내가 뒤따랐다.

"밖에서 기다리시라고 했잖아요? 어딜 감히!"

여비서가 앞을 막아선 채 발끈했다.

"어딜 감히라니? 말을 그따위로 해도 괜찮아요?"

윤성일이 눈에 불을 켰다.

"그러니까 밖에서 기다리시라고 했잖아요. 뭐예요, 지금?"

"뭐긴 뭐요, 안으로 들어가려는 거지. 10시 정각에 국장실에서 국장을 만나기로 했으면 약속을 지켰어야 하고, 어겼으면 미안해서라도 안에서 기다려달라고 해야 옳지?"

윤성일의 반박에 잠시 주춤하던 여비서는 도시계획과 직원들이 몰려오자 다시 힘을 얻었다. 두 위원장은 더더욱 열 받았다. 빨갛게 달아오른 두 위원장의 얼굴에선 금방이라도 피가 튈 것 같았다. 아무래도 혓바닥 농사를 지어야 할 때가 온 것으로 보였으나, 나는 계속 입을 다물 수밖에 없었다. 그 순간 도시계획국장이 나타났기 때문이다. 그건 진짜 절묘한 타이밍이었다. 그는 뭐하는 사람들이야, 하고 여비서와 직원들에게 묻는 척했지만, 실은 우리 편을 힐난하고 있었다. 정경섭이 명함을 건네자, 그는 여비서의 남자 친구 대하듯 아래위로 훑어보다가 들어오라고 말했다.

"그래 방문 이유가 뭡니까?"

계속 기분이 안 좋아지고 있었다. 약속 시간을 어겼으면 먼저 사과를 해야 하는데 국장은 계속 여비서의 남자 친구 대하듯 우리를 가소롭게 여기는 투였다.

"최근 마구잡이 개발로 떠밀려난 두리반 아시죠?"

정경섭이 여비서의 오빠한테 퀴즈쇼 1번 문제를 던지듯 국장한테 물었다. 국장은 안다고 말하는 대신, 들어본 것 같다고 말했다.

"두리반이 철거농성을 하게 된 게 구청에서 무리한 개발계획을 내놓은 탓이죠. 개발계획만 마구잡이로 내놓고, 거기서 살던 사람은 죽거나 말거나 전혀 관심 밖이었다는 말입니다."

"무리한 건 아니고요, 결국 그렇게 가야죠."

국장은 참 당연하게도 말을 잘했다. 하지만 정경섭이 더욱 말을 잘했다.

"그렇게 가는 것도 문제지만, 그렇게 갈 때 생기는 비극에 대처방법이 없다는 게 더욱 큰 문제지요. 용산 좀 보세요! '개발할 거다', 일방적 통보만 해놓고 그냥 쓸어대더니 끔찍한 참사 일어났잖아요. 구청이나 시청은 뭐했어요? 건설사 뒤치다꺼리하면서 개발이익환수금 따먹을 생각뿐이었잖아요. 똑같은 일이 지금 마포에서도 반복되고 있어요."

"지금 시비하러 오신 겁니까?"

국장은 세게 나왔다.

"시비하러 오다니? 구청이 평지풍파를 일으켰으니 사태해결을 위해 애쓰라는 얘긴데, 시비하러 오다니?"

기분이 나빠진 윤성일이 테이블을 탁 쳤다. 국장 대신 내가 깜짝 놀랐다. 국장은 끄떡도 안 했다. 그때부터 서로 핏발을 곤두세운 채 10여 분간 격하게 맞받아쳤다. 먼저 목소리를 낮추자고 한 쪽은 국장이었다. 자신의 목소리보다 더 큰 목소리가 국장실 밖으로 흘러나가는 데 부담을 느낀 모양이었다. 그는 뭘 어떻게 도와야 하느냐고 무척 낮아진 목소리로 물었다. 두리반과 건설사 간에 중재 역할을 해달라, 두 위원장은 그렇게 말했다. 국장은 건설사가 아직 사업인가신청을 안 했기 때문에 그건 현실적으로 좀 어렵다고 말했다.

"그럼 행정지도를 하세요. 도로 쪽으로 튀어나온 펜스 버팀대를 안쪽으로 넣어라, 임의로 막아놓은 두리반 뒤쪽 소방도로를 당장 개방하라, 그런 거라도 하시라고요!"

내가 입을 열자 국장은, 저놈도 목소리 되게 크네, 하는 표정을 지었다.

구청을 나서기 전 두 위원장을 엘리베이터 앞에 세워두고 화장실에 들렀다. 거울을 봤더니 떡 진 머리에서 기름이 졸졸 흘렀다. 이틀을 안 감은 머리, 모자라도 쓸 걸, 뒤늦은 후회를 하며 머리에 물을 좀 발랐다.

그들이 찾아온 이유

구청을 다녀온 지 사흘쯤 지났다. 밤 11시가 넘고 있었다. 이십대 후반이거나 삼십대 초반쯤으로 보이는 금테안경이 현관 유리문을 두드렸다. 전혀 본 적 없는 낯선 얼굴이었다. 두리반 안에 사람이 많을 때 같으면 어쨌든 쉽게 열었을 텐데 좀 망설였다. 짜식이 자꾸 두드렸다. 자세히 볼수록 열어주고 싶은 맘이 싹 가셨다. 눈알이 쉴 새 없이 구르는데다 번들거리기까지, 눈알 주머니에 참기름을 칠해놓은 것만 같다. '안 열어주면 그냥 가겠나? 돌로 유리창이라도 깨고 들어오면 어떡할 건데? 사생결단? 그건 정말 끔찍해! 하지만 혹시 응원군인데 문전박대하는 건 아닐까? 인상이라도 좋든가? 아니면 야밤에는 집에 있든가?' 계속 주저하다가 웅이한테, 여차하면 소리 지를 테니 2층에 올라가 있으라고 했다. 문을 열어주자 금테안경이, 야 들어와, 하고 옆을 돌아보며 손짓했다. 현관 옆에 숨어 있던 두 명이 금테를 따라 안으로 들어왔다. 한 놈은 180센티를 웃돌 만큼 키가 크고 몸집도 좋았다. 뭐야, 이거? 순간 몸이 얼어붙는 기분이었다.

"두 분뿐입니까?"

금테는 눈알을 굴렸다. 그의 눈알은 주방 뒤쪽에 있는 좁은 통로 입구쯤에서 멎었다. 화장실을 가거나 복도를 통해 2층으로 오르는 통로였다. 입구에는 기름통 두 개가 놓여 있다.

"화장실은 저쪽으로 가나 보죠?"

금테는 기름통을 보기나 했는지, 아니면 그 정도는 아무것도 아니라는 건지 태연하게 물었다.

"화장실은 밖으로 나가 뒤로 돌아가면 됩니다. 하늘 보고 누면 그만이죠."

"아니 손 좀 닦으려고요."

이제라도 금테한테 누구냐고 묻고 싶었지만 그냥 안 묻기로 했다. 긴장이 되지만 꺼릴 게 없는 것처럼 행동하고 싶었다. 따라오라고 했다. 금테가 따라오자 180센티도 따라오려는 눈치였다.

"화장실이 좁아서 어차피 둘은 못 들어가니 그냥 여기서 기다려요."

180센티를 눌러 세우고 금테만 끌었다. 좁은 통로는 입구부터 캄캄했다. 통로 안쪽에는 두 개의 계단이 있지만 보이지 않았다. 칠흑이다. 일부러 불을 밝히지 않았다. 불편하지만 익숙해 있기 때문에 그냥 됐다. 계단을 지나 문을 열면 화장실과 마주한다. 화장실 옆에 2층으로 오르는 복도 계단이 있다. 물론 그곳도 칠흑이다. 금테는 쩔쩔맸다.

"어휴, 전깃불 좀 다시지."

겨우 계단까지는 통과했으나 화장실 앞 복도 역시 깜깜절벽이다 보니 금테는 한마디 했다. 금테의 손을 잡아끌면서, 화장실 안은 불을 밝힐 수 있다고 했다. 그때 금테가 기겁을 했다.

"저, 저건 뭔가요?"

어디를 보고 그러는지 알 수 없었다. 주변을 둘러보고서야 알았다. 2층으로 오르는 계단 중간쯤에서 담뱃불이 깜빡이고 있었다. 호 아니면

웅일 것이다. 걱정돼서 복도로 나와 있는 모양이었다. 금테는 내 팔을 끌어 1층 통로로 되돌아갔다. 손 씻겠다던 얘기는 쏙 들어갔다.

"2층에도 사람이 있었네요?"

"그러네요."

"몇 명이나?"

언젠가 경찰이 와서 물었던 것과 똑같았다. 하는 짓이 노련하지도 않고, 잔인하지도 않다. 오히려 어수룩하고 만만해 뵌다. 갑자기 금테가 누군지 궁금해서 미칠 지경이었다.

"어디서 왔수?"

"그냥 잘 아는 분이 찾아가보라고 해서요."

"그분이 누구신데?"

"모르실 겁니다. 오늘은 그냥 가고 담에 또 오겠습니다."

금테는 180센티와 다른 한 명을 데리고 쉽게 나가버렸다. 별 이상한 놈도 다 있다는 생각을 하다가 뒤늦게 밖으로 나가봤다. 금테는 다른 두 명이랑 동교동 삼거리 쪽으로 가고 있었다.

집에 간 날

40분 정도면 갈 수 있는 거리인데도 집은 너무 멀었다. 졸리나만 아주 가끔씩 다녀왔다. 위로받거나 쉬러가는 게 아니라 일하러 간다.

집에는 두 아이가 있다. 수능시험을 치른 자전거는 전문대를 가기로 했다. 비윤리적으로 살았는지 윤리 과목이 꽝이었다. 비사회적으로 살았는지 사회 과목이 꽝이었다. 희한하게도 국영수는 봐줄 만했다. 전문대 가자고 했더니 그러겠다고 했다. 그게 농성을 시작하기 전이었다. 부모가 철거농성을 하게 되자 안 가겠다고 생각을 바꿨다. 등록금이 가능할까 싶었던 모양이다. 집 근처 동굴숯불갈비집에서 알바를 한다는데 갈비 냄새를 풍풍 풍기면서 농성장을 찾은 적 있다. 스티로폼 바닥에 한 시간쯤 앉아 있다가, 갈게요, 하고 말한 뒤 농성장을 떠났다. 농성을 시작하면서 그때만큼 불안했던 적은 없었다. 자전거가 보는 앞에서 철거용역들에게 두들겨 맞는 장면을 상상하면 끔찍했다. 자전거가 펄쩍펄쩍 뛸 걸 생각하면 더욱 끔찍했다.

둘째인 산은 2학년 2학기 겨울방학을 건너고 있다. 자율학습까지 끝내고 밤 12시 다 돼서 집에 돌아온다. 이미 고3이 시작된 셈이다. 농성장에 갇혀 집에 갈 엄두를 못 내는 부모덕에 산은 밥을 해먹고 다닌다. 졸리나는 밑반찬 만들어주고 빨래하느라 가끔 집에 간다. 아이들은 돌봄의 대상이 아니라 눈물의 대상이 돼버렸다. 그리하여 건설사에 분노한다. 그들은 가정을 파괴시켰고, 일상을 파괴시켰다. 그들에게 공익을 위한 개발계획 같은 건 없다. 오직 개발로 얻게 될 순이익뿐이다. 건물주가 아닌 세입자라면 얼마나 공을 들였거나 말거나 그냥 내쫓기에 급급하다. 천하에 몹쓸 자들이다.

오늘밤엔 그 아이들에게 간다. 진보신당 마포당원들이 두리반을 지켜주겠다고 했다. 맡길 게 따로 있고, 믿을 게 따로 있지 철거농성장을 누구에게 맡긴단 말인가. 그런데도 가고 싶어 미치겠다. 가는 쪽을 타진하자 생각이 쭉 그쪽으로 밀려갔다. 부부가 지키고 있을 때보다 더 안전하지 않겠어? 새벽같이 돌아오면 될 거 아냐. 건설사는 발 뻗고 자는데 나는 왜 불안에 떨어야 하나? 내가 지킬 때보다 더 안전하다고 믿고 싶었다.

내일 아침에 일찍 오겠다는 말을 남기고 두리반을 나섰다. 걱정하지 마시고 내일 천천히 오세요, 라고 스킨헤드족인 나사못회전이 위로했다.

정류장으로 가는 동안 땅만 보고 걸었다. 두리반 안에 있을 때는 못 느꼈는데, 다시 유년 시절의 공원촌이 떠오른 거였다. 마치 무능해서 철거민이 된 것 같은 자괴감이 밀려들어 사람을 보고 걸을 수가 없었다. 딴 나라 사람들을 보는 것 같고, 딴 나라에 와 있는 것만 같았다. 두 아이에게는 무얼 해줄 수 있을까, 얼굴을 마주한들 마음만 아픈 거지, 그런 생각도 들었다.

버스는 다시 두리반으로 돌아가고 싶을 즈음 왔다. 졸리나의 엉덩이를 보면서 올랐고 졸리나의 뒤통수를 보면서 내렸다. 자주 가던 알뜰구판장을 피하고 싶어서 옆 골목으로 가자고 했다가 졸리나한테 무시와 천시와 질시를 한 몸에 받았다.

"그래서 나 혼자 농성한다고 했잖아. 철거민 된 게 그렇게도 부끄러우면 지금이라도 당장 직장으로 돌아가. 애들 뒷바라지 잘하고. 난 이대로는 절대 안 물러나. 살려고 그렇게 발버둥 쳤는데, 다 빼앗고 절벽 밑으로 굴려버려? 난 죽어도 두리반에서 죽고, 살아도 두리반에서 살 거야."

무서운 여자였다. 이걸 건설사 놈들이 들어야 하는 건데, 속으로만 궁시렁대면서 집으로 가는 긴 언덕을 올랐다. 물론 집에는 아무도 없었다. 하나는 동굴숯불갈비집, 하나는 학교에서 아직 돌아오지 않았다. 집은 눈 뜨고 볼 수 없을 정도로 아주 개판이다. 1960년대에 지어진 단열이 안 되는 집이라 우선 이빨이 딱딱거릴 정도로 추웠다. 그래도 그렇지. 양말이 이쪽저쪽, 빤스가 화장실 입구에 석 장 널려 있다. 이 놈들이 패션쇼를 했는지 옷이란 옷은 죄다 끄집어내 이 바닥에 티셔츠

일곱 장, 저 바닥에 바지가 넉 장 굴러다녔다. 주방 개수대는 온갖 냄비와 그릇이 층층이 쌓여 있다. 빨래 통은 빨래 통대로 손대면 툭하고 무너질 것처럼 빨래가 쌓여 있다. 존만한 놈들! 일단 욕설이 튀어나왔지만 고무장갑을 끼는 졸리나의 눈치를 보며 얼른 주워 담았다. 아, 불쌍한 놈들!

그 불쌍한 놈들과 된장찌개를 앞에 놓고 둘러앉기까지는 무려 세 시간 이상 걸렸다. 자정이 훨씬 넘어 있었다. 그동안 빨래도 청소도 모두 끝내놓은 상태였다. 자전거는 역시 별로 말이 없었다. 어인 일로 납시었느냐고 물어서, 네놈들 보고 싶어 숨 막히게 달려왔다고 했더니, "두리반은 어떡하구요?" 그게 다였다.

둘째 놈 산은 달랐다. 일단 끌어안았다. 가슴속으로 눈물이 죽죽 흐르는 느낌이었다. 그동안 학교에서 있었던 얘기, 거의 매일 지각한다는 얘기, 3월부터는 아무나 한 사람 집에 들어와 아침마다 깨워줄 수 없느냐는 얘기, 농성을 시작하면서 그만두게 된 학원 얘기 끝에 수학만이라도 다시 좀 보내줄 수 없느냐는 얘기를 했다. 그것만이라면 좋았는데 놈이 한다는 말이, 야상 점퍼 하나 사주면 안 돼, 하는 거였다. 살짝 돈 놈이었다.

또 언제 네 식구가 한자리에 앉을 수 있을까. 그리운 밤을 보내는 동안, 바람은 아주 심해 앞마당 단풍나무에 걸어둔 풍경이 연신 딸랑거렸다. 마음 한구석에선 두리반이 어떻게 될지 몰라 쉴 새 없이 부글부글 끓었다.

다큐멘터리를 찍기로 했다

집에 다녀온 지 며칠 지나지 않아서였다. 류수사가 왔다. 첫인상이 그냥 새카만 사람이었다. 검은색 빵모자를 눈썹 근처까지 눌러쓰고, 검은색 바람막이 점퍼를 입고 있었다. 카메라 가방이란 걸 메고 왔는데 그것도 검은색이었다. 체격까지 좋아 결코 좋은 인상이 아니었다. 용역깡패의 출현에 전전긍긍하는 철거농성장 두리반이 아닌가. 이리 보고 저리 보아도 딱 주먹으로 밥 빌어먹게 생겼다. 보조개를 패며 수줍게 웃는 낯이야 험악할 리 없었지만 그렇다고 마음을 열 만큼도 아니었다. 안으로 들어온 그는 현관 옆 기둥에 선 채 매우 조심스럽게 말했다.

"힘드시죠?"

몰라서 묻냐, 이놈아! 정체를 밝혀라! 그렇게 말하고 싶었지만 초면에 어디 그럴 수 있나. 그냥 고개만 끄덕였다.

"'푸른영상'에서 왔는데요. 두리반 농성을 다큐로 찍고 싶어서요?"

'푸른영상'이라? 듣느니 처음이었다. 다큐는 또 뭔가? 마치 불법농성 기록해서 증거물로 삼아 푸른 수의 입히겠다는 말로 들렸다. 어안이 벙벙한 표정을 짓자 그는 뜬금없이 〈상계동 올림픽〉을 보셨느냐고 물었다. 상계동에서 언제 올림픽 했나? 갈수록 모를 소리였다. 급기야 맥주가 어는 그 추운 겨울에 그는 진땀을 흘리기 시작했다. 악한 사람은 결코 아니구나, 그런 생각이 들 때쯤 다음에 다시 오겠다는 말을 남기고 그는 두리반을 나갔다.

류수사는 일주일쯤 뒤에 다시 왔다. 전보다 훨씬 편한 사이가 돼 있었지만 아직 카메라를 들이댈 정도는 아니었다. 둘 중 하나라도 화통하고 적극적인 성격이었다면 일은 쉽게 풀릴 수도 있었겠다. 불행히도 나와 류수사는 실수를 두려워하는 소심하고, 나서지 못하는 성격이었다.

주먹을 먼저 날리기보다는 얻어터지고 나서 반응하는 성격이었다. 중심을 찌르는 직접 화법보다는 변죽만 울리다가 후회하는 성격이었다.

그날도 류수사는 빙빙 돌았다. 다큐라고는 〈워낭소리〉와 TV에서 방영한 〈동물의 왕국〉을 본 게 전부인 내게 그는 다큐에 대해서 늘어놓았다. 다큐와 극영화의 다른 점도 얘기했다. 개인의 힘으로는 해결할 수 없는 일에 대해 문제를 제기함으로써 강렬한 인상을 줄 수 있다는 얘기도 했다. 거기까지는 좋았다. 왜 하필 두리반을 찍어야 하는가, 거기서부터 헷갈렸다.

철거농성은 아직 벗어날 수 없는 부끄러움이었다. 스티로폼 위에다 침낭을 펼쳐놓고 있는 추레한 꼴을 드러내고 싶지 않았다. 제대로 씻지 못해 개기름이 좔좔 흐르는 얼굴을 드러내고 싶지 않았다. 초긴장한 채 현관 유리문을 응시하고 있는 후진 모습도 드러내고 싶지 않았다. 의견 충돌 끝에 졸리나와 소리 지르는 쪽팔리는 장면도 드러내고 싶지 않았다. 그리고 가장 중요한 것 하나! 철거민임을 결코 알리고 싶지 않았다. '다섯 권의 소설을 쓴 작가일 뿐이야. 한 교단의 출판부장일 뿐이야. 졸리나는 철거민의 아내가 아니라 두리반의 주인이야. 소설가의 아내, 부장의 아내일 뿐이야.' 그렇게 절규하고 싶었다.

하지만 나는 철거민이었다. 용역깡패들에게 패대기쳐진 날, 나는 죽었다고 말한 졸리나를 살려내야 하는 남편 철거민이었다. 두리반을 되찾고 졸리나를 살려내는 것, 그게 남편 철거민이 할 일이었다.

다큐, 결코 내키지 않았지만 류수사에게 찍어도 좋다고 말했다. 패악질을 일로 삼는 건설사와 맞장을 뜨자면 다큐도 힘이 될 거라고 믿었다.

531일 동안

두리반을 촬영한

두 다큐멘터리 감독,

류수사와 정용택 감독.

스킨헤드가 류수사다.

1부. 펜스를 떼어냈다

품격 없는 용역깡패

농성을 시작한 지 한 달이 넘어가고 있었다. 건설사는 밖에서만 돌았다. 안에서 들을 수 있는 건 위협적인 얘기뿐이었다. 선례를 남기지 않기 위해 결코 협상은 없을 거라는 얘기, 두리반을 치기 위해 경찰에 입회요청을 했다는 얘기, 동절기 강제철거금지조례 때문에 지금은 놔두고 있지만, 입춘이 지나면 곧 들이닥칠 거라는 얘기들이었다.

안 그래도 동절기 강제철거금지조례 규정을 들어 국가인권위원회와 엠네스티 한국지부에 구제신청을 해놓은 상태였다. 12월 24일 두리반을 들어낸 것 또한 명백한 조례 규정위반이었음도 지적해두었다. 두 군데 모두 반응은 시답잖았다. 뚜렷한 구제책이 있을 거라는 기대도 하지 않았다. 만약 강력한 구제책이 있었다면 건설사가 동절기에 강제철거를 단행하지도 않았을 것이다. 그런데도 구제신청을 했다? 앉아서 당할 수는 없기 때문이었다. 쉴 새 없이 움직인다면 날아오는 화살도 피할 수 있는 법이니까.

바깥 세계가 늘 불안해 집중이 쉽잖았지만 그럴수록 머리를 쥐어짰다. 두리반을 알릴 수만 있다면 결코 마다하지 않았다. 한 줄 쓰고, 바깥 펜스 흔들리는 소리에 긴장했다. 한 줄 쓰고, 현관 유리문 밖을 응시했다. 한 줄 쓰고, 두리반 뒷마당으로 나가 주변을 살피기도 했다. 모든 게 더뎠지만 쉬지 않았다. 원고 청탁도 종종 들어왔다. 며칠 전엔 격월간지 『사람』에서 청탁이 들어왔다. 노트북을 열었을 때 가장 먼저 떠오른 게 언제나 근거리에 있는 용역깡패였다. 이번에는 그들에 대해서 썼다.

이상李箱, 야쿠자 두목, 철거용역

강제철거에 맞서 농성하는 동안 종종 「날개」의 작가 이상을 떠올렸다. 그의 문학과는 상관없는 어떤 일화를 떠올렸기에 약간 떨떠름하긴 하다. 이상은 1910년에 태어나 스물일곱 해인 1937년 4월에 생을 마감했다. 요즘처럼 명이 긴 시대에 스물일곱이면 에누리 없이 꽃다운 나이다. 안타까운 요절이라고 누군들 혀를 차지 않겠는가.

1936년 말이었다. 그때 이상은 동경에 있었다. 그는 폐결핵 말기 환자여서 바람만 불어도 날아갈 듯 앙상했다. 그런데도 신주쿠 거리에 있는 술집에서 술을 홀짝거리는 일이 잦았다. 어두침침한 홀에서 백구두에 때 절은 흰 양복을 입고 홀로 앉아 있는 모습이 어땠을까. 한껏 다리를 벌리고 앉아 입속으로 잔을 털어 넣는 그의 모습이 어땠을까. 지나치게 시건방져 보였던 모양이다. 신주쿠 거리를 휘젓는 야쿠자 두목이 조무래기들을 끌고 술집을 찾았을 때도 이상의 모습은 정히 그랬던 모양이다.

그날 야쿠자 두목은 이상의 발을 지그시 밟고 홀 안쪽으로 가서 앉았다. 발을 밟힌 이상은 아픔을 참는 대신 조용한 목소리로 야쿠자 두목을 불렀다. "내 발 밟은 자 이리 와!" 뒤따르던 조무래기 중 하나가 이상을 걷어찰 기세로 다가섰지만 이상은 개의치 않고 목소리를 높였다.

"내 발 밟은 자 이리 와!"

예사롭지 않은 놈이라고 여겼던지 야쿠자 두목은 조무래기를 뒤로 물렸다. 두목은 자리에 앉아 있는 이상을 맹렬한 눈길로 쏘아보았다.

"당신이 내 발을 밟았는가?"

이상의 물음에 야쿠자 두목은 그렇다고 말했다.

"사과하시게!"

두목은 어이없어 하는 눈길로, 그러나 야쿠자 두목한테 이만한 용기나마 보여주는 자라면 충분히 존중할 만하다고 여겼던지, 조용한 목소리로 사과하기를 거부했다.

이상은 탁자를 잡고 힘들게 일어났다. 몸이 휘청거렸다. 그러나 또렷한 목소리로 말했다.

"당신, 나한테 이길 수 있소?"

이쯤 되면 더는 기다릴 수 없는 법이다. 70여 년이 흐른, 모든 면에서 급해지고 난폭해진 오늘의 시대라면 충분히 그랬다. 그러나 야쿠자 두목은 이상을 결코 주먹으로 홀대할 상대가 아니라고 본 모양이었다. 그는 이길 수 있다고 짤막하게 대답했다.

이상은, 따라 나오시게, 하면서 야쿠자 두목을 밖으로 끌었다. 공터를 찾았고, 두목은 조무래기들을 공터 입구로 물렸다. 이상과 야쿠자 두목은 마치 서부영화의 결투 장면처럼 옷자락을 휘날리며 공터 가운데 마주 섰다. 서부영화와 다르다면 마주 선 두 사람 사이가 상대방 코털이 보일 만큼 가까웠다는 것뿐이다. 이상은 마지막으로 한 번 더 묻겠다며 야쿠자 두목을 향해 다시 입을 열었다.

"정말 나한테 이길 수 있소?"

야쿠자 두목은 다시 무겁게 고개를 끄덕였다.

이상과 야쿠자 두목 사이의 일화는 여기서 끝난다. 물론 뒷얘기가 아주 없는 건 아니지만 시답잖다.

"나한테 분명 이길 수 있다고 했으니, 싸움은 이미 끝났소. 사요나라!"

이상이 그렇게 말하자 야쿠자 두목은 그 길로 돌아섰다고 한다. 뒤늦게 화가 치밀어 오른 야쿠자 두목이 본때를 보여줬다는 얘기 같은 건 없다. 이상과 야쿠자 두목이 배짱이 맞아 한잔 더 했다는 얘기 같은 것도 없다.

모든 인생은 격이 있다. 아니다. 전혀 격이 없는 인생도 있다. 격이 없는 인생을 두고 우리 사회는 시러베자식이니 무뢰배니 깡패니 날건달이니 야쿠자니 하면서 극력 천시한다. 그런데 놀랍게도 이들보다 더 천시할 만한 무격의 군상이 버젓이 활보하고 있는 게 오늘의 한국 사회이다. 해괴하고 망측한 일이지만 사실이다. 그들, 무격의 군상은 가는 곳마다 승승장구한다. 헤비급은 헤비급끼리 붙는 것이고, 밴텀급은 밴텀급끼리 붙는 게 격이지만 그들에겐 급이라는 것도, 격이라는 것도 아예 없다. 20대 새파란 나이에 70대 노인네와 붙는다. 유도와 권투, 태권도로 단련된 딴딴한 몸으로 50대 아주머니와 붙거나 20대 처녀와 붙는다. 그도 모자라 열대여섯 명이 똘똘 뭉쳐 한두 명과 붙기도 한다. 심지어 무방비 상태로 있는 상대방에게 야구방망이나 쇠절구, 부엌칼까지 들이대며 붙는다. 그러니 오직 승리뿐이다. 늘 승리해서 좋겠수!

그 같은 무격의 군상을 우리 사회는 '철거용역'이라고 부른다. 검은 티셔츠에 검은 모자까지 눌러쓰고 철거현장마다 가차 없이 짓밟아대는 그들의 승리담은 놀랍기만 하다. 일산 덕이지구 철거현장에선 이런 일이 있었다. 어머니가 보는 앞에서 20대 여대생 딸의 머리채를 휘어잡고 지구 돌리기를 하다가 급기야 벽돌더미 위로 패대기쳤다. 힘이 넘친 그들은 그도 모자라 통곡하는 어머니의 옆구리를 걷어찬 뒤, 나머지 두 딸애까지 집어던졌다. 그때의 충격으로 뇌출혈을 일으킨 어머니는 요즘도 목발을 짚고 다니며 철거농성 중이다. 그런가 하면 용산4구역 남일당 앞에선 이런 일도 있었다. 열대여섯 명이 일흔두 살의 노인네에게 달려들어 통쾌하게(?) 따귀를 쳐서 쓰러뜨리고 절구질을 하듯 발로 짓밟았다. 이를 보고 달려온 아들까지 흠씬 두들겨 팬 뒤, 좆두 아닌 것들이 까라면 까 버티고 지랄이야, 하고 거품을 물었다. 치욕과 분노, 우리 사회의 무법에 몸을 떨던 부자는 끝내 남일당 옥상의 망루에 올랐다. 철거용역들은 그곳 3층까지 따라 올라가 폐타이어에 불을 지르고 물대포를 쏘아대면서 죽음을 재촉하는 포악을 떨었다. 뿐이랴! 마포구 동교동 167번지에선 이런 일도 있었다. 라틴댄스클럽이 있는 건물로 몰려가, 언제 나갈 거냐고 소리를 지르다가 클럽주인을 들어 올린 채, "이걸 내려? 달아?" 하면서 야만을 즐겼다. 견딜 수 없던 클럽주인이 발가벗고 나가자, 무격의 군상은 이제 두리반으로 달려왔다. "이사 비용 줄 때 나가, 나가라구!" 거부할 수밖에 없는 현실, 맨몸으로 두리반에서 쫓겨나면 빚만 짊어진 채 거리를 떠돌아야 하는 현실, 두리반의 졸리나는 뼈 속까지 시려오는 아픔을 참고 버티는 길을 택했다. 그러나 무격의 군상들이 누군가. 그들은 2009년 12월 24일 보쌈접시 하나 남김없이 두리반을 들어냈다. 가게 앞에 펜스까지 둘러치는 그들을 향해, 너희가 사람이냐고 울부짖자 그들은 툭 한마디를 던졌다. "이년아, 밤길이나 조심해!" 원 세상에, 똥 뀐 놈이 성을 내도 유만부동이지!

먹고사는 길은 여러 가지지만 무격의 군상들은 하필 악랄하게 먹고사는 길로 갔다. 건설 투기꾼이 던져주는 돈에 홀려 주먹 파는 것으로 모자라 영혼까지 팔았으니 그들의 인생은 가감 없이 무격이다. 하면 이상의 호기를 너그럽게 넘긴 야쿠자 두목 같은 격이나마 찾고 싶을까. 미안하지만 무격의 군상들에게 야쿠자 두목의 격은 하늘이다. 인생의 '오후 4시'에 땅을 치며 후회할 성정조차 없는 자들! 그렇다면 관 뚜껑에 흙 덮이는 날 다음 얘기라도 갖고 들어가길!

80년대 후반, 처가 덕에 상계동 아파트 꼭대기 층을 분양받은 소설가 K가 있었다. 집 없이 떠돌던 그로선 꿈같은 아파트였다. K는 만족했다. 그러나 밤이 오고, 또 다른 밤이 오고, 또 다른 밤이 왔을 때 그는 통곡소리에 잠을

이룰 수 없었다. 그곳에서 가슴을 치며 쫓겨났을 철거민들의 울음이 밤마다 아파트 꼭대기 층까지 들려오는 듯해서였다. K는 끝내 상계동 아파트를 포기하고 충북 청주의 한 농가로 이사하고 말았다. 돈 되는 아파트라고 너나없이 눈독 들이던 시절, 처가에서 2년만 더 갖고 있으면 두 배로 뛴다고 만류하던 그때, K는 듣지 않았다. K는 철거민들의 울부짖음에 눈물겨워 돈이고 나발이고 다 필요 없었다. 그는 작가의 격을 세웠다.

두리반을 치러 와야 하는데

나이에 상관없이 모험담은 사람을 들뜨게 한다. 사진작가 희는 전남 광양에서 촬영하던 당시의 모험담을 늘어놓았다. 11월이었는데 크레인에 올라 밧줄로 몸을 묶었다고 했다. 무섭게 몰아치는 바닷바람에 온몸이 얼어붙는 것 같았지만 최대한 바다 쪽으로 전진했다. 정유회사의 의뢰를 받아 만(灣) 안으로 들어오는 유조선을 촬영하기 위해서였다. 기회는 한 번뿐이었다. 희는 눈을 부릅떴다. 이윽고 물살을 헤치고 유조선이 안으로 미끄러져왔다. 희는 줌렌즈를 당겼다 밀기를 반복하면서 그 찰나의 순간에 수십 차례나 셔터를 눌렀다고 했다. 그날만 떠올리면 요즘 같은 추위는 발가벗고 다녀도 될 정도라고 했다. 무슨 말씀을, 오늘 아침에도 화장실 수도가 얼어서 삼십 분이나 녹였는데!

희의 얘기가 캘린더 사진을 의뢰받고 찾았던 그리스의 아테네로 넘어갈 즈음 휴대폰이 울렸다. 물론 희의 휴대폰이었다. 뭔가 약속을 못 지켰는지 희는 통화 끝에, 알았어 알았다구, 하면서 전화를 끊었다. 그는 나갔다 온다고 했다. 어쩌면 새벽이 될지도 모른다고 했다. 시간은 밤 9시를 넘어서고 있었다.

희가 나간 사이에 소설가 최경주가 왔다. 닥트공이기도 한 그는 거의 퇴근 때마다 들렀다. 그날은 모임이 있어 약속 장소에 갔다 오느라 늦었다고 했다. 공사 현장이 두리반에서 가깝기에 매번 들른다고 했지만, 용역이 언제 들이닥칠지 모를 살벌한 농성장에 발길 한다는 게 쉬운 일은 아니었다. 그에게 나는 무척 겁 많은 선배 작가일 뿐이었다.

그는 난롯가에 앉아 손을 쬐면서 티백 녹차를 마셨다.

"용산 남일당 참사 전에 봉천동 철거민투쟁이 컸죠. 봉천3동인가 그랬을 거예요. 용역깡패 놈들이 어찌나 그악스러웠는지. 이놈들이 심지어 여자를 붙잡아 속옷 속에다 연탄재를 쑤셔 넣기도 했어요. 새벽에 초등학교 4학년 아들 보는 데서 엄마를 끌어내 계단을 질질 끌고 다니질 않나, 관악구청에서 천막 치고 농성하니까 그걸 하루에 네 차례나 박살 낸 적도 있어요. 경찰 보는 데서조차 철거민 두들겨 패는 게 일상이었던 거죠. 그러니 믿고 의지할 데가 어디 있나요. 가스통 들고 새천년민주당 8층 총재실을 점거했지요."

최경주는 노동판에서 잔뼈가 굵은 현장 소설가여서 그 방면엔 발도 넓고 경험도 풍부했다.

"그게 아마 2000년 초여름이었을 거예요. 그 일로 감옥까지 다녀온 후배는 요즘도 철거민 소식만 들으면 용역깡패 놈들이 떠올라 피가 솟구친대요. 그 용역업체가 '적준'이에요. 나중에 그놈들이 이름만 '호람', '참마루'로 바꿔서 용산 남일당까지 박살낸 거죠."

오죽하면 총재실을 점거했을까. 눈에 그려지는 듯해서 부르르 떠는데 최경주의 다음 말이 기막혔다.

"양아치들이 적준, 호람, 참마루, 다원으로 이름만 바꿔서 설쳐대도 전혀 문제없는 나라, 웃기죠? 이제 그놈들이 두리반을 치러 와야 하는데!"

나는 푹 고꾸라질 정도로 놀랐다. 하지만 최경주는 전혀 표정 변화 없이 말을 이었다.

"형님, 어떤 놈이 와도 두리반은 지면 안돼요. 돈독 오른 건설자본에게 펜이 질 수 없지요. 하물며 양아치들 주먹한테 펜이 지겠어요?"

무서웠다. 끔찍했다. 펜이 무슨 힘이 있어. 용역들 들이닥쳐 휩쓸어버리면 그냥 훅 가는 거지!

최경주는 막차 시간을 코앞에 두고 자리에서 일어났다. 떠나기 전 생각났다면서 그는 혹시 한돌의 〈땅〉을 아느냐고 물었다. 아는 노래였다.

"90년대 초반인데, 봉천동에 있을 때 주민들 모아놓고 서울대생들이 그걸 불러준 적 있어요. 한 아주머니가 그걸 듣고 대성통곡하자 전부 울어버렸죠. 갑자기 그게 생각나네요."

현관문을 열고 멀어져가는 최경주를 보면서 〈땅〉을 떠올렸다.

우리에게 땅이 있다면 얼마나 좋을까
울 어머니 살아생전에 작은 땅이라도 있었으면
콩도 심고 팥도 심고 고구마도 심으련만
소중하고 귀중한 우리 땅은 어디에

서울 가신 우리 아빠 왜 아직 안 오실까
나의 꿈이 하나 있다면 자갈밭이라도 좋겠네
오늘도 저 멀리 기적소리 들리건만
깔담살이 내 꿈은 구름 타고 떠가네.

축! 점술인 출현

희는 새벽 2시쯤에 돌아왔다. 친구라면서 한 사람을 데리고 왔다. 점을 기막히게 잘 본다고 했다. 짧은 스포츠머리에 눈이 날카로웠다. 이름이 흥이라고 했는데, 그는 싸가지 없이 내 얼굴을 대놓고 쳐다봤다. 아직 한돌의 〈땅〉 여운이 남아 있는 얼굴을 왜 뜯어보고 난리인가 싶었지만, 곤란하면 튀어나오는 버릇대로 그냥 씨익 웃기만 했다. 흥은 자리에 앉아서도 탐색하듯 백열등 아래 침침한 실내를 살폈다. 한쪽 구석엔 여전히 침낭이 펼쳐져 있고, 화장실 가는 쪽엔 여전히 기름통이 놓여 있다.

흥은 신촌 바닥에서 애들이랑 인형 장사를 한다고 했다. 애들은 동네 건달들이었고, 인형 장사는 야바위 장사였다. 밤마다 인형을 진열한 트럭을 길 한쪽에 세워두고 지나는 손님들을 모은다고 했다. 인형 앞에 고정시켜놓은 미니 골대에 농구공을 던져 5개 들어가면 대형 곰인형, 4개 들어가면 뽀로로 인형을 주는 식이었다.

별로 듣고 싶지 않은 얘기였다. 내게는 오직 두리반을 어떻게 지켜낼 것인가 그게 중요할 뿐이었다. 그런데 놀라웠다. 점쟁이라더니 흥은 독심술까지 터득한 모양이었다.

"위급하거나 필요하면 연락하세요. 애들이랑 오겠습니다."

지금 가장 절박한 것이 무엇인지 흥은 정확히 포착하고 세밀히 긁어준 셈이었다. 흥은 전화번호까지 건넨 뒤 한층 가라앉은 목소리로 혼잣말처럼 뱉었다.

"1층에는 안 계시는군."

이건 또 무슨 소린가? 나는 긴장한 채 그의 다음 말을 기다렸다.

"2층은 사무실로 쓰였던 곳이군요. 그렇죠?"

"어떻게 그걸? 맞아요."

"다 보입니다. 가만있자, 2층에 사무실이 세 곳이었네. 큰 것 말고, 안쪽에 있는 것 말고. 아, 창가 쪽 작은 사무실 자리, 거기 계시네."

"누가요?"

"터줏대감이요."

"그런 게 다 보여요?"

"그런 거라뇨? 말씀 삼가시고, 잘 모셔야 됩니다. 음, 술을 좋아하시는 양반이네. 이분 정말 잘 모셔야 일이 풀립니다."

"그래요? 어떻게?"

"두리반에서 술 마실 일 있지요? 그때마다 첫 잔을 터줏대감한테 올리세요. 곱부에 찰랑찰랑 따라서 2층 창틀에 올려놓으시면 됩니다. 몸을 깨끗이 하고 올리는 건 기본입니다."

혼란스러웠다. 그냥 터줏대감 얘기만 했다면 웃고 넘어갔을 텐데, 2층의 구조까지 뚜르르 꿰고 있으니, 하이고 참말로 놀라웠다. 점쟁이 홍에게 완전히 놀아날 판이었다.

희와 홍은 거기서 끝나지 않았다. 그 새벽에 편의점에서 맥주를 사와 시간 넘게 홀짝거렸다. 두리반을 나서기 전 홍은 다시 한 번 긴급사태가 발생하면 연락하라는 말을 남겼다. 터줏대감한테 술 올리는 것도 잊지 말라고 했다.

홍이 떠나자 희를 1층에 두고 캄캄한 계단을 더듬어 2층에 올랐다. 가로등 빛이 들어와 창가 쪽 사무실 자리는 그냥저냥 밝았다. 못 쓰는 집기와 쓰레기가 굴러다녔다. 터줏대감이 거한다는 창가에 섰다. 터줏대감! 젠장, 이게 뭐야! 하지만 홍이 2층 사무실을 뚜르르 꿴 것은 여전히 불가사의하다. 나는 홍의 영발에 주눅이 든 게 분명하다. 불현듯 농성하기 전 출퇴근하면서 보았던 광고 문구가 스쳤다. 4호선 수유역 6번 출구 쪽에 붙어 있던 광고판이었다. 천상보살이라는 점집 광고였는데, 이런 문구가 들어 있었다. "개척교회를 준비 중이거나 목회가 안 풀리는 목사, 전도사 우대!"

방자한 광고였다. 한편으론 의리를 저버린 한국 기독교의 현주소를 보는 듯했다. 한국의 기독교는 신과의 의리를 저버렸다. 자신들이 믿는 신을 존중하지 않았다. 돈 벌어주는 게 신이었다. 똥죄 싸고 나면 똥 치워주는 게 신이었다. 여행금지 지역으로 선정된 이라크와 아프가니스탄을 방문했을 때 자신을 지켜줄지 말지를 확인하는 시험대상으로서의 신이었다. 자신들이 믿는 신이 그 모양 그 꼴이니 아기동자, 태백신녀, 천상보살 같은 잡신 앞에 무릎을 꿇어도 부끄러움을 몰랐다. 신神 중의 신을 잡신과 동일시한 까닭이다.

기독교의 신은 개인의 안녕이 아니라 공동체의 안녕을 우선하라고 했다. 구약에서도 신약에서도 그 점은 일관된다. 함께 사는 길, '하나님 나라'를 최우선에 두라고 한 것이다. '개독교' 소리는 신과의 의리를 저버리고 기독교의 신을 잡신과 동일시한 데서 비롯됐다. 공동체의 삶을 패대기쳐버리고 나만 살겠다는 이기적 삶을 지향한 데서 비롯됐다.

그렇다면 나는? 농성을 시작한 뒤로 하루하루가 어름놀이를 하는 것만 같다. 외줄에서 떨어지면 고태골로 가버린다. 덕분에 간은 콩알만 해졌다. 두리반을 지켜낼 수 있다면 정말이지 지푸라기라도 잡고 싶은 심정이다. 설령 그렇더라도 터줏대감에게 휘둘려서야 쓰겠는가. 어찌 곱부에 소주를 따라놓고 비나이다 비나이다, 하겠는가. 결코 홍에게 전화할 일도 없을 거다. 어떤 명분을 갖고 싸워나가야 하는 것인데, 고작 신촌 바닥의 건달들을 끌어들인단 말인가. 나는 흥이 준 명함을 박박 찢어버렸다.

2부 매력만점 철거농성장

돈만 아는 저질들에게
우리의 노는 꼴을 보여주자!

'51+ 두리반' 홍보를 위해
뮤지션들과 스태프들이 거리로 나섰다.

2부 　매력만점
　　철거농성장

상계동올림픽

오랜만에 햇살 좋은 날을 맞았다. 암흑 속에서 걸어 나온 것처럼 눈이 부셨다. 늘 춥고 늘 어두운 두리반과 달리 거리는 겨울이 아주 간 것만 같다. 광목천을 끊기 위해 버스를 타고 동대문시장으로 가는 동안 자꾸만 너무 멀리 왔다는 생각이 들었다. 아니 헤어 나올 수 없도록 건설사가 무저갱에 처박은 거겠지! 이 도시로는 좀처럼 살아 나올 수 없을 것 같다.

　어쩐지 농성을 위한 농성을 하는 것만 같다. 건설사는 미쳐버릴 정도로 좀스럽다. 훅 불어 날려버릴 만하면 가차 없이 훅 불어버린다. 건설사는 오직 힘 앞에서만 굴복한다. 법대로 했다고 하는데 그건 법이 아니다. 상가임대차보호법 10조에 따라 상가세입자는 5년간 영업권을 보장받는다고 주장했더니 재개발, 재건축일 경우엔 예외로 둔다는 단서 조항을 들이댔다. 도시 및 주거환경정비법 47조에 따라 영업보상 4개월과 시설투자비에 대한 보상의 의무가 있다고 맞섰더니, 도시 및 주거환경정비법에 해당되지 않는 민간개발이어서 전혀 보상해줄 수 없다고 한다. 건설사도 법도 참기름 속에서 헤엄치는 미꾸라지만 같다.

　물밑 같은 어둠을 헤치고 이 밝은 도시로 다시 나와야 한다. 복직해서 당장 밀려 있는 책들을 편집해야 한다. 졸리나는 일하는 사람을 세 명 두었던 기존의 두리반보다 작아도 좋으니 다시 문을 열어야 한다. 비록 가게가 작아서 혼자 꾸려나갈 정도밖에 안 될지라도 자신이 꾸려나가는 가게를 다시 찾는다면 그것으로 행복하다. 죽여놓은 보험도 살리고, 아이들이 원한다면 학원도 다시 보내주고 싶다. 농성하느라 밀린 대출금도 다시 까나가야 한다. 살 만할 때까지 늘 기다려주기만 해온 부모님한테는? 별수 있나, 또 기다려달라고 하는 거지, 뭐.

이를 위해 무작정 건설사의 움직임만을 기다리는 건 미친 짓이다. 화살이 날아올 거라면 피할 준비도 해야 한다. 만나자는 얘기가 나온다면? 그런 날이 올 것 같지는 않다. 지금은 모든 게 비관적이다. 오직 건설사의 화살에 맞지 않을 방법만 찾을 때다.

지난주에는 '푸른 영상'의 문정현 감독과 류수사가 왔다. 다큐상영회 얘기 끝에 두리반에서 상영하기로 했는데, 그것도 화살을 피할 수 있는 길이 될 수 있으려나! 설령 길이 안 된들! 보다 솔직히 말하면 나는 경험하지 못한 것을 경험할 때 최고로 여긴다. 워낙 아는 게 없으니 모르는 것을 알게 될 때 갖는 희열은 남들보다 몇 배에 이른다. 기록영화라면 도대체 본 적이 없다. 두리반에서 다큐상영회를 갖는다면 그것만으로도 엄청난 흥분을 일으키기에 충분하다. 이래저래 다큐상영회는 기대 덩어리다.

문 감독은 농성장에서 다큐상영회를 갖는다면 다른 감독들도 찬성할 거라고 했다. 배급사가 문제지만 그는 어떻게든 상영회를 이어가보겠다고 했다. 첫 상영작은 김동원 감독의 〈상계동 올림픽〉이었다. 상계동에서 언제 올림픽 열었느냐고 무식을 드러냈던 작품이다.

살아서 이 거리로 나오고 싶다는 욕망, 〈상계동 올림픽〉을 보게 된

문정현 감독은

두리반에서

'화요다큐멘터리상영회'를

531일 동안 진행했다.

다는 기대감이 혼재된 기묘한 걸음으로 동대문시장을 찾았다. 광목집으로 들어가 가격을 물었다. 한 마에 4,000원이라고 해서, 한 마가 몇 센티미터냐고 물었더니 91센티미터라고 했다. 폭이 3미터, 높이가 2미터 되도록 광목을 끊어 수선집에서 이어 붙였다. 못에 걸 구멍까지 십여 개 뚫었다.

두리반으로 돌아와 한쪽 벽에다 못을 박고 광목천을 걸었더니 근사한 스크린이 되었다. 빔 프로젝터와 스피커와 맥북은 문 감독이 갖고 오기로 했다. 그만하면 영화를 보는 데 별문제는 없을 것 같았다. 의자는 다음 주에나 준비된다. 정경섭을 통해 마포 민중의집에서 빌리기로 했다. 오늘 저녁엔 침낭을 개고 스티로폼 위에 앉아서 보는 것으로 만족해야 한다.

밥을 먹고 시계를 봤다. 2시 10분이다. 설거지를 하고 시계를 봤다. 2시 40분이다. 시간 되게 안 간다. 인천작가회의 이사들이 와서 얘기하다 보니 5시 40분이 되었다. 갈 길이 멀다고 그네들은 6시경에 일어섰다.

계속 시계를 보면서 기다렸다. 〈상계동 올림픽〉은 7시 40분에 시작되었다. 러닝타임 27분. 88서울올림픽 개최를 위해 전두환 정권이 일으킨 오만가지 폭력사태를 기억한다면 영화는 쉽게 다가온다. 전두환 정권은 올림픽 개최를 위한 재원 마련으로 재개발사업을 추진했다. 서울 목동을 비롯해 200여 곳의 달동네가 대상지였다. 상계동도 그중 하나였다. 5년 동안 상계동 주민들과 함께해온 김동원 감독은 국가의 폭력과 기만을 빠짐없이 필름에 담았다.

영화는 처음부터 전쟁이었다. 붉은 모자를 눌러쓴 철거용역들이 상계동 주민들을 가차 없이 몰아냈다. 버티다가 쓰러진 주민들을 붉은 모자들이 어디론가 질질 끌고 갔다. 포클레인이 가차 없이 빈집을 덮쳤다. 폐허가 된 곳, 주민들은 다시 돌아와 무너진 집터를 파고 땅속에서 생활했다. 인간이었던 주민들이 졸지에 두더지가 되었다. 영화는 주민들이 두더지에서 명동성당의 구경거리 원숭이로, 구경거리 원숭이에서 부천시 고광동의 조삼모사朝三暮四에 속는 원숭이로 변해가는 과정을 담고 있었다.

도입부부터 나는 울었다. 내 옆에 졸리나가 있고 흑마늘이 있고 희와 호가 있고 모르는 사람이 둘이나 있는데도 참을 수 없었다. 막 울었다. 눈물이 볼때기 사이로 줄줄 흘러내렸다. 두리반에 철거용역들이 밀고 들어와 아수라장이 되는 순간 나 역시 땅을 파고 농성하지 말란 법 있는가. 나도 두더지가 될 것이다. 나도 구경거리 원숭이가 될 것이다. 그 모욕을 감내할 수 있겠는가. 나는 몸부림쳤다.

별명은 기억의 수단

"좀 정확히 말씀해주세요. 나무가 쓰러졌을 때 어쨌다구요?"

"나무가 쓰러지면서 그 아래 서 있던 나무를 덮쳤다니까요. 굼벵이가 달려가서 나무 밑에 깔린 나무를 빼내려 했는데 힘에 부쳤어요. 채송화랑 기린이랑 제인이랑 타잔이 달려왔지만, 여자들만으론 안 되겠으니까 자명종소리를 부른 거예요."

"자명종소린 또 누구예요?"

"119와 경찰에 신고한 사람이죠."

"그게 아니고요, 이름을 대라니까요!"

"이름은 우리도 모르죠."

"허 참, 기가 막혀서. 나무니 굼벵이니 기린이니 자명종소리니 이게 다 뭐냐구요?"

조서를 꾸미던 경찰은 답답한지 볼펜으로 머리를 긁었다. 저러면 볼펜이 안 나오는데, 그런 생각이 들었지만 타잔은 말하지 않았다고 했다.

홍익대가 교육환경 개선 운운하면서 본격적으로 성미산 개발을 시작한 건 2010년 5월부터였다. 마포구에선 유일한 산이 뭉텅 반이나 도려내질 판이었다. 마을 사람들은 무슨 일이 있어도 산을 지키겠다고 몸으로 막았다. 산 중턱에 아예 텐트를 쳐놓고 돌아가면서 번을 섰다. 쌍용건설 인부들이 전기톱을 들고 나타나면 어느새 달려가 톱을 대려는 나무에 매달렸다. 눈이 시뻘개진 홍익대는 연일 교직원들까지 동원해 인부들을 다그쳤다. 홍문관을 지으면서 돈맛을 들인 홍익대로선 결코 물러날 생각이 없었다. 부속 초중등학교 터가 평당 억대에 이르다 보니 성미산에다 옮겨 지으면 웬만한 대학 하나를 세워도 될 만큼 거액이 굴러들어온다. 돈에 환장한 홍익대가 이를 놓칠 리 없었다. 문제는 돈만 밝히는 삼류 대학 이미지겠으나 홍문관 지을 때 하도 억울해서 자살한 사람까지 나왔어도 눈 하나 꿈쩍 안 하던 홍익대였다. 그러니 성미산 마을 사람들은 죽어난 거였다. 원래 땅주인이던 한양대처럼 쪽팔리는 짓은 하지 말자는 경계라도 있어야 할 텐데, 홍익대는 돈이면 뭐든 하는 대학이기 때문이다.

나무에 깔린 나무가 병원에 실려 간 날도 그랬다. 홍익대 교직원들의 지랄 염병에 인부들은 별수 없이 전기톱을 들고 이리 뛰고 저리 뛰었다. 덩달아 마을 사람들도 이리 뛰고 저리 뛰었다. 하지만 열 포졸이 도둑 하나 지킬 수 없는 법이다. 뛰다가 지친 나무가 아카시아나무 밑에서 쉬고 있는데, 살금살금 다가온 인부가 갑자기 전기톱을 들이대 아카시아나무를 베어버렸다. 나무는 졸지에 쓰러지는 아카시아나무에 깔려 허리와 다리를 크게 다쳤다. 그 사건을 조사하겠다고 경찰이 마을 사람들을 불러 조서를 꾸미는데, 하나같이 이름 대신 별명뿐이었던 것이다. 경찰은 답답했다. 머리를 긁던 볼펜을 테이블 위에 거칠게 던져놓고 발딱 자리에서 일어섰다.

"어디 가시게?"

굼벵이가 눈이 휘둥그레져 묻자, 경찰은 대답했다.

"골치 아파서 담배 좀 피우려구요."

마을 사람들도 골치 아프다는 생각을 했다. 그들도 줄줄이 경찰의 뒤를 따랐다. 그들은 경찰과 맞담배질을 하면서 마을 사람들끼리 새삼 이름도 모르고 살았다는 회한의 연기를 뿜어냈다. 하지만 앞으로도 계속 이름을 모르고 사는 길을 택할 거라고 그들은 생각했다.

이름은 정말 불편하다. 이름을 부를 때는 나이의 경계까지 뚜렷해진다. 마을에는 김성섭이 살고 있다. 김성섭 씨라고 불러야 할까. 김성섭 선생이라고 불러야 할까. 김성섭님이라고 불러야 할까. 성섭이 형이라고 불러야 할까. 성섭이 형님이라고 불러야 할까. 성섭아, 하고 불러야 할까. 이럴 때 별명은 모든 경계를 단숨에 무너뜨린다. 김성섭의 별명이 '섭서비'니까 애나 어른이나 섭서비, 하고 부른다. 섭서비는 뒤돌아본다. 애는, 어디 가요, 하고 묻는다. 어른은, 어디 가, 하고 묻는다. 경찰이 답답해할지라도 마을 사람들은 별명의 단순 쾌적을 결코 버리고 싶지 않다.

그러고 보니 충청도 공주 정안면 화봉리에도 3대 별명이 있었다. 매사에 잘 따지는 사람이 첫째였다. 그를 두고 마을 사람들은 '따따부따 안기주'라고 불렀다. 매사에 우물쭈물 대는 사람이 둘째였다. 모내기를 끝내고 품삯을 치를 때도 그는 주머니에서 돈을 꺼낼까 말까 망설였다. 그를 두고 마을 사람들은 '우물쭈물 윤희병'이라고 불렀다. 매사에 성질부터 부리는 사람이 셋째였다. 느티나무 아래서 장기를 두거나 마을 회관에서 윷놀이를 할 때, 그가 있으면 꼭 싸움이 났다. 그는 화를 못 이겨 판을 뒤집어엎거나 제 가슴을 쳤다. 그를 두고 마을 사람들은 '우락부락 지호장'이라고 불렀다.

기가 막히게 잘 따지는 따따부따 안기주 씨는 3남 2녀를 두었다. 3남 2녀 중 안기주 씨를 가장 많이 빼닮은 건 막내딸 안종녀였다. 하도 잘 따져서 시집이나 갈 수 있을까 싶었지만 시집은 꽤 잘 갔다. 아들도 둘을 낳았다. 아들들은 불행히도 외탁을 했다. 성장하자마자 제 아비한테 대들기부터 했으니까. 그동안 제 아비가 제 엄마인 안종녀를 두고, 안졸려, 라고 부른 것을 몹시 못마땅해했다. 어느 날 아들놈들은 제 엄마가 미국의 탑배우 안졸리나 졸리를 많이 닮았다고 했다. 그러니 '안졸리나'라고 불러줘야 한다고 우겼다. 아버지는 억울했지만 참았다. 타협점을 찾았다. "따따부따 졸리나, 그렇게 불러주마." 하지만 그건 너무 긴 별명이었다. 줄여서 졸리나가 되었다.

두리반은 바야흐로 별명의 천국이 될 조짐을 보였다. 첫 번째로 별명을 얻은 이는 문정현 감독이다. 문정현 신부와는 동명이인이어서 문 신부라고 부른 것이 문 감독의 별명이 되었다. 류수사는 두 번째로 별명을 얻었다. 문신부와는 〈용산〉이라는 영화를 함께했다. 류수사가 조연출을 맡았다. 원래 이름을 놔두고 류수사로 부르게 된 건 신부를 보좌한다는 의미에서 그렇게 된 거였다. 약간 거만스러우면서도 의젓

한 대원군, 두리반에 와서 술 마시다가 두 번이나 토한 토토, 사람 열 받게 했다가 식혀주기도 하는 병주고약주고, 이제 그만 철수하자고 했더니 자신은 영희로 하겠다고 한 영희, 500페이지에 이르는 『커피의 정치학』을 완역한 실력자, 유독 셋이 사이가 좋은 전철련 쓰리자매, 대취하면 두리반 앞 인도에서 100미터를 10.4초에 달리는 치타, 밤섬해적단의 드러머 밤섬, 밤섬의 키 작은 여자 친구 꼬맹이, 새 단장하는 사찰마다 찾아가서 무보수로 단청 공양하는 황보살, 크라이스트퍽의 보컬 마태오, 크라이스트퍽의 베이시스트 뻑, '부' 하게 파마머리를 하고 다니는 베토벤, 이들은 특징을 포착해 기억을 쉽게 하느라 내가 만든 별명들이다. 3월부터 발길 하게 될 수많은 별명들, 그들은 두리반에 올 때 이미 별명으로 왔다.

정동민과 한밤

검은 얼굴에 검은 뿔테 안경, 검은 머리, 검정 야상 점퍼, 온통 검었다. 그런데도 인상이 거칠지 않았다. 문을 열고 맞아들였다. 안으로 들어온 그는 우물쭈물했다. 말도 할 줄 몰랐다. 의자를 내밀며 앉으라고 하자 그는 몸 둘 바를 몰라 하며 어정쩡한 자세로 앉았다. 그리고 한참동안 저, 저, 저, 저만 입 밖에 냈다. 난로 위에서 끓고 있는 주전자를 기울여 커피를 타줬다. 커피를 마시는 그에게 와줘서 고맙다고 했다. 그는 몹시 쑥스러워하면서 두리반 얘기는 신문에서 봤다고 했다. 입이 풀렸는지 그때부터 말이 술술 나오기 시작했다. 두리반을 "사막의 우물"이라고 한 게 인상적이었다고 했다. 그 즉시 오고 싶었지만 바빴다고 했다.

"근데 여기서 공연해도 될까요?"

공연? 무슨 공연?

"괜찮으시다면 한받 형이랑 상의해서 공연해볼게요."

아직 그가 무얼 하는지도 모르면서 나는 고개부터 끄덕였다. 막연히 연극 공연인가 생각했다. 워낙 숫기가 없어 연극인들 잘할까 싶었지만 대사를 외워서 하는 거니까 숫기 없는 것과 상관없겠지, 그런 생각을 했다. 그런데 음악을 한다고 했다. 의외였다. 그는 '머머스룸' 밴드의 기타리스트였다. 홍대 앞 클럽에서 공연하거나, 지금은 없어진 홍대 앞 사거리의 지하도에서 공연했다고 한다. 그의 이름은 정동민이었다.

며칠 뒤 정동민은 한받과 다시 왔다. 다음 주 토요일 저녁에 두리반에서 공연할 수 있겠느냐고 물었다. 두리반 카페가 있느냐고 묻기에 그렇다고 했더니 정동민은 웹자보도 만들어 올리겠다고 했다. 이미 엄보컬 김선수의 공연을 봐왔기 때문에 공연이라는 게 낯설거나 흥분되는 것은 아니었다. 바야흐로 말로만 듣던 홍대 앞 인디밴드들과의 만남이 시작되었지만 그에 대한 특별한 감흥도 없었다.

내가 너무 무식했기 때문이다. 인디뮤지션은 아직 뜨지 않은 게 다라고 단정했다. 내가 그들을 모르는 이유도 그들이 아직 뜨지 않았기 때문이라고 치부했다. 그러나 그들은 뜨지 않는 음악을 했다. 맞춤형 음악이 아니라 내가 좋아서 하는 음악을 고수했다. 이 세계의 돌아가는 모양새가 도대체 제정신이 아니다. 파괴의 파괴를 거듭하면서도 건설이라고 말한다. 맞춤 형태의 예술을 하면서도 상상력의 승리라고 거품을 문다. 긴장과 대립으로 치달으면서도 평화를 논한다. 입버릇처럼 함께 사는 세상 운운하면서도 절벽 아래로 굴려버리기 일쑤다. 해마다 10만 호, 30만 호 분양을 외치는데도 반지하나 옥탑방조차 구할 길이 모연하다. 기득권을 장악한 기성세대는 꽉 움켜쥔 채 좀처럼 함께 살 길을 열지 않는다. 그러니 그들과는 우주의 저편 안드로메다의 간극이 도사리고 있다.

출구 없는 꽉 막힌 세계에서 무얼 해야 의미를 찾을까. 기득권자들과의 소통은 끝났다. 차라리 무의미를 극대화해 웃음을 만들고 야유를 보낸다. 그들의 노래는 그렇게 나왔다. 고추가 빨딱 서기도 하는 나는 아침 팬티에 식은 정액 자국 같기도 하다. 삼팔육 개새끼들 뭘 또 설명하려고, 사상이 무슨 개소주야, 너네가 뭘 했어, 결국 시급 알바 삼천팔백 원이라고 외친다. 우리들의 밤은 당신들의 낮보다 아름답다, 씨발 아름답다, 왜냐면 우린 로큰롤이 있으니 아름답다, 씨발 아름답다, 그저께는 보컬 놈이 내 여자를 추행했네 아름답다, 씨발 아름답다고 냉소를 보낸다. 그런가 하면 공중파 방송이 요구하는 시간의 엄격성도 훌쩍 뛰어넘는다. '머머스룸'의 연주곡은 10분을 넘는 게 보통이다. '밤섬해적단'은 10초밖에 안 되는 〈솜방망이〉를 부르기도 한다.

다음 주 토요일 저녁, 2010년 2월 27일, 정동민과 한받은 그날 공연하겠다고 했다.

사막의 우물 두리반

토요일 공연을 위해 두리반 한쪽에 있는 잠자리를 2층으로 옮겼다. 2층 청소를 끝내고 고물상에 가서 맥주상자 열두 개를 장만해왔다. 2층 사무실 현관 문짝 두 개를 떼어내 맥주상자 위에 깔았다. 그 위에 스티로폼을 깔고 침낭을 펼쳐놓자 세 명이 누울 만한 어여번듯한 침대가 되었다. 보기에도 위생적이다. 진즉 이렇게 할 걸! 그동안 스티로폼만 깐 바닥에서 지낸 게 억울할 지경이었다.

 1층 바깥은 여태도 도시공항철도 역사와 홍대입구역 환승로 공사가 한창이다. 아스팔트를 걷어낸 도로에는 철제 복공판이 깔려 있다. 쉴 새 없이 차들이 복공판 위를 달린다. 출판노조 후배에게 불침번을 맡기고 새벽녘에 침낭 속으로 들어가면 복공판 위를 달리는 차량의 소음이 끔찍했다. 덜컹거리면서 달려온 차들이 두리반 건물을 들이받고 심장까지 가를 것처럼 요란했다. 눈 내리는 날은 더했다. 경사면이 10도 내외임에도 불구하고 어떤 차들은 그걸 못 치고 올라가 제자리에서 헛바퀴를 굴렸다. 치고 나가기 위해 앵앵거릴 때는 두리반 건물까지 부르르 떨었다. 눈 내리던 그 새벽, 한번은 보다 못해 삽을 들고 나가 두리반 뒷마당에서 흙을 퍼다 여러 차례 뿌려준 적 있었다. 그로부터 일주일쯤 지났을까, 웬 사람이 두리반 안으로 들어와 화장지와 음료수를 놓고 갔다. 그는 지난번 눈 내릴 때 삽질해줘서 고마웠다고, 힘내시라는 말을 남겼다. 삽질을 고마워하다니!

 잠자리를 옮긴 덕에 1층 공간은 꽤 넓어졌다. 옥탑방에 있던 1인용 매트리스를 끌고 내려와 앉거나 쉴 수 있도록 한쪽 구석에 놓았다. 매트리스를 놓았는데도 1층은 60여 명 이상 거뜬히 들어설 만했다.

 오후에는 포스터를 붙이러 다녔다. 정동민이 두리반 카페에 올려놓은 웹자보를 보고 보임기획실의 섭서비와 알사탕이 새로 만든 것이었다. 그 뒤부터 보임기획실을 투쟁기획실로 바꿔 불렀다. 두리반에서 필요한 포스터나 현수막, 소식지, 성명서를 도맡아 디자인해줬기 때문이다. 성미산 지키는 데도 열심이어서 보임기획실은 성미산 관련 홍보 포스터도 도맡아 했다.

 포스터를 들고 현관문을 열긴 했지만 이걸 어디다 붙이나? 길을 걷는 동안 자꾸만 낯이 홧홧거렸다. 살다 보니 정말 별걸 다하는 거지, 반백의 머리에 이걸 꼭 붙이러 다녀야 하나. 난감하고 그냥 낯 뜨겁고 어디 숨고만 싶었다. 그런 속내를 졸리나한테 들키면 또다시 경을 칠 게 뻔했다. 좋다, 당당하게 걷자! 그러나 나도 모르게 자꾸만 사람이 별로 안 다니는 데로만 찾아다녔다. 만약 헬리콥터에서 졸리나가 내려다본다면 구정물이라도 확 끼얹고 싶을 것이다. 어쩌면 똥물을 확 끼얹고 싶을지도 모른다. 그러나 쪽팔려서 발길이 떨어지지 않는 걸 난들 어쩌라고! 결국 몇 장 붙이다 말고 두리반으로 돌아오고 말았다. 다행히 나머지 포스터는 정동민이 클럽 주변에다 붙이겠다며 들고 나갔다.

그 이틀 뒤에 '사막의 우물 두리반' 공연이 시작되었다. 공연 시작은 저녁 7시였다. 5시쯤에 두리반 앞에 악기와 장비를 실은 영업용 트럭이 와서 멈췄다. 조수석에서 '머머스룸'의 정동민과 드러머 정한길이 내렸다. 그들과 드럼세트와 장비를 들여놓은 뒤 세팅을 했다. 드럼은 역시 악기의 꽃이었다. 드럼 때문에 졸지에 공연장 분위기가 났다. 모든 흥도 실은 드럼에서 나온다. 박자를 주관하고 강약을 조절해 흥을 살리기도 하고 가라앉히기도 한다. 아득히 먼 재수 시절, 속이 터질 것처럼 답답할 땐 드럼소리에 취하고 싶어 음악다실을 찾고는 했다. 칩 트릭Cheap Trick의 〈Surrender〉를 들으면 모든 응어리가 탄산수의 포말처럼 표표히 날아가는 명징함을 느꼈다. 칩 트릭의 대표곡은 〈I Want You Want me〉였지만, 박자를 쪼갤 때 오는 역동성이나 거칠게 드라이브를 거는 드러머의 솜씨에서 〈Surrender〉가 월등했다. 4인조 멤버들 중 유일하게 이름을 기억하는 이도 드러머인 번 카를로스Bun Carlos였다.

▲ 토요일마다 열린 '사막의 우물 두리반' 공연은 늘 광기로 가득했다.

▼ 금요일마다 열린 '칼국수음악회'는 차분했으나, 갈수록 '사막의 우물 두리반'과 다르지 않았다. 연영석이 공연하고 있다.

정한길한테 드럼 좀 쳐보라고 했더니 그는 그냥 낯을 붉혔다. 기어드는 목소리로, 이따가 공연할 건데요, 하고 말했다. 좋으실 대로! 저녁은 먹었느냐고 물었더니 웬걸요, 하는 표정이었다. 나란히 앉아 미끌미끌한 컵라면을 먹는 동안 기타와 배낭을 멘 한받이 들어왔고, 몇 명이 따라 들어왔다. 어느새 공연 시간은 임박해 있었다. 그때부터 관객이 밀려들기 시작하더니 한순간에 실내가 꽉 찼다. 자리가 없어 두리반 현관 밖에도 열대여섯 명이 서성거렸다.

한받은 마이크를 잡았다. 사막의 우물 두리반 공연을 시작하겠다고 했다. 오늘 라인업 중 뇌태풍은 상을 당해 고향에 내려갔다, 나머지 멤버들은 한받, 부나비, 머머스룸, 단편선 순으로 공연하겠다고 했다. 무협지를 탐독했나, 마치 무협지 주인공들 같은 이름뿐이라고 생각하는데 갑자기 인사말을 하라고 했다. 장풍을 날리듯 단숨에 분위기를 깰까 봐 아시아 역사상 가장 짧은 두 줄짜리 인사말을 했다. 엄청 박수를 받았다.

한받은 노랑머리 가발에, 페트병을 오려서 만든 마스크를 쓰고 노래했다. 기타는 A코드만 잡고 쳤다. 하도 단순해서 실력이 없는 건가, 개그인가 별생각을 다했다. 그러나 엄숙도 하지! 한받은 정말 진지했다. 관객도 정말 진지했다. 나만 어리둥절한 채 한받의 노래에 적응하지 못하고 있었다.

검정색 싱글 자켓을 입고 마이크 앞에 선 부나비는 상여 나갈 때 부르는 향두가 같은 노래를 불렀다. 초상집 분위기가 이런 걸까, 하긴 두리반이 무척 절망스럽기는 하다. 그래도 좀 흥겨웠으면 좋았을걸. 다섯 곡을 다 듣고 나니 장례식을 무사히 치른 기분이었다. 머머스룸에 이르러 머릿속으로 수없이 그려보던 공연이 시작되었다. 무엇보다 드럼세트 앞에 사람이 앉았다는 게 달랐다. 기타를 맡은 정동민이 등을 돌린 채 연주를 시작하자 한동안 바다 밑 같은 어둠 속을 유영하는 느낌이 들었다. 눈을 감고 들었다. 서서히 빨라지면서 정한길의 드럼소리에 한껏 속도가 붙기 시작하자 다시 눈을 떴다. 불을 뿜듯 폭발적으로 몰아칠 때는 원망, 분노, 응어리 따위가 가차 없이 날아가는 것만 같았다. 역시 드럼이었다. 정박 대신 감각대로 치는 정한길의 능력도 수준급이었다.

마지막 주자는 단편선이었다. 그는 공연 시작 때부터 한쪽 구석에서 월매 막걸리를 홀짝거리더니 기어이 혀가 꼬인 채로 마이크 앞에 섰다. 다른 사람보다 혀까지 길어서 발음 자체는 무척 감미로웠다. 그는 첫 곡을 커버곡으로 잡았다. 짜릿하게도 한명숙의 〈노란 샤쓰 입은 사나이〉였다. "노오란 샤쓰 입은 사나이, 말없는 그 사람, 어쩐지 나는 좋아, 어쩐지 맘에 들어……." 귀에 익은 노래를 낮익은 목소리보다 감미롭게 불러댄 덕에 단편선은 뇌리에 콱 박혀버렸다. 더군다나 단편소설을 엄선해 읽는다는 단편선 이름도 그러구러 좋았다.

공연은 끝났다. 한받이 정리 인사를 하자고 해서 또 마이크를 잡았다. 역시 긴 게 싫어서 딱 한마디만 했다. 하지만 대단히 의도적인 발언을 했다. "다음 주에 다시 만나요!" 일회적일지 모를 '사막의 우물 두리반' 공연을 계속 이어가겠다는 의지표명이었다. 시작 때처럼 또다시 박수가 쏟아졌다. 한쪽에선, 다음 주에 또 한대, 다음 주에도 한받이 나오나, 근데 여긴 뭐하는 데야, 두리반은 무슨 뜻이야, 그런 말들이 오갔다. 시간은 10시를 넘어서고 있었다. 대부분 두리반을 빠져나갔지만 십여 명은 남아서 테이블을 중심으로 넓게 둘러앉았다. 컵라면과 막걸리를 놓고 공연 뒷얘기를 나누는 동안 누군가가 말했다.

"근데 철거농성장이랑 인디밴드랑 무슨 관계야?"

옆 친구가 뭐라고 답하는지 귀를 세웠다.

"몰라! 그냥 공연하나 봐, 클럽이나 길거리에서 하는 것처럼."

그렇구나, 아무것도 모르는구나, 그러니 말해줘야 하는구나, 그런 생각이 들었다. 하지만 급하진 않았다. 속이 타서 급하게 설득하려들면 오히려 튕겨 나간다는 걸 잘 알고 있었다. 아주 천천히 말해주면 될 일이었다. 신촌을 아지트로 삼았던 뮤지션들이 왜 그곳을 떠나야 했는지, 압구정동으로 갔다가 이내 홍대 앞으로 오게 된 이유는 뭔지, 홍대 앞에서 또다시 떠나야 할 처지에 놓인 이유는 뭔지. 그런 걸 말해주고 절로 고개를 끄덕일 때 두리반 농성은 새로운 형태의 농성을 꿈꿀 수 있게 되는 거였다. 왜 용산참사에 평범한 시민이 함께했는지, 왜 재능교육이나 쌍용차 해고노동자들과 함께해야 하는지를 말하면서 연대가 뭔지, 왜 연대해야 하는지를 설명한다면 그건 참 느슨하다. 물론 이해를 구하는 설명처럼 덧없이 구린 것도 없다. 자신의 일로 받아들이는 것, 그게 필요할 뿐이다.

이미 제법 술을 마신 단편선 말고는 그다지 술을 즐기지 않는 모양이었다. 그 밤, 술은 적당했고, 말은 많이 오갔다.

위원장단 회의

3월 2일부터 고3이 되는 둘째 놈 산은 지각하는 날이면 어김없이 졸리나한테 전화를 걸었다. 미치겠어, 정말! 미치겠어, 정말! 주로 그 말을 하고 끊었는데, 그럼 정말 미치든가!

3월 2일이 임박해지자 산은 다시 전화를 했다.

"학원 끊은 것도 괜찮고, 밥해 먹으면서 학교 다니는 것도 괜찮고, 용돈 못 받는 것도 괜찮아. 제발 지각만 안하게 해줘!"

그동안 아침마다 졸리나가 전화로 깨웠지만 녀석은 못 일어났다. 아니, 전화는 번번이 받았지만 잠결에 받았을 뿐이다. 새벽녘에야 잠드는 녀석은 잠결에 전화 받고 잠결에 전화를 끊었다. 당연히 늘 지각이었다. 그나마 보충수업 기간이어서 괜찮았지만 더는 안 되니까 졸리나한테 절규한 것이다.

졸리나는 결심했다.

"밤에 꼼짝 말고 두리반 잘 지켜!"

잘 지킬 걸 알면서도 뭔가 토를 달아야 직성이 풀리는 게 졸리나였다. 괜히 따따부따인가.

3월 1일부터 졸리나는 집으로 들어갔다. 아침에 산을 깨워 학교 보내고 마치 출근하듯 두리반으로 왔다. 두리반에서 낮을 보내다가 막차 끊길 즈음 다시 집으로 갔다. 하지만 그 일 말고도 졸리나에겐 또 다른 일이 기다리고 있었다. 두 달 전 전철련에 가입했기에 위원장단 회의나 연대투쟁에 꼬박꼬박 나가야 했다. 봄이 되자 회의는 잦았다. 강제 철거 한 번으로 팔자에도 없는 것들이 물물이 들이닥친 셈이다. 견뎌낼 수 있을까, 깡마른 졸리나를 생각하면 속이 비릿해진다. 입술을 사려 물지만 그래 봤자 별수 없다는 걸 잘 알고 있기에 그냥 서글프다. 단편선의 습관어처럼 '빡' 치기라도 한다면 투쟁력이라도 인정받을 텐데, 그냥 서글프기만 하다.

그날은 전철련 위원장단 회의가 있다고 했다. 졸리나는 오전에 곧장 상도4동철대위로 향했다. 강제 철거당한 각 지역 철거대책위원장들이 상도4동에 모이는 것이다. 철거농성을 시작한 지 3, 4년을 훌쩍 넘긴

위원장들은 이 사회공동체 안에서 느닷없이 버려졌다는 자괴감과 분노가 말할 수 없이 깊었다. 여기에 용역들의 폭력에 늘 시달리기까지 하니 그들은 토씨 하나를 갖고도 언성을 높이고는 했다. 그런데도 위원장단 회의는 자주 열렸다. 각 지역 철대위에선 서로 회의를 유치하려고도 했다. 목소리를 키울 때는 키우더라도 같은 처지의 사람들이 곁에 있다는 위로감이 컸다. 한편으론 용역깡패들에게 우리 곁에도 사람이 있다는 것을 보여준다는 게 큰 힘이 되었다. 두리반은 위원장단 회의를 유치할 만한 짬밥도 아닌 데다, 유치할 만한 능력도 없었다. 적어도 오륙십 명 식사 제공은 기본으로 해야 하니, 졸리나 혼자로는 이를 감당할 수 없는 거였다.

위원장단 회의 장소인 상도4동철대위는 개똥밭에 무자비하게 버려진 사람들이었다. 그곳은 60억 원대 뇌물 제공 사건으로 건설사 사장이 구속되는 바람에 잠시 개발이 멈춰졌다. 개발을 멈췄으니 당분간은 용역깡패들을 안 만나도 됨을 뜻한다. 당장은 다리 뻗고 잘 수 있다는 얘기다.

원래 상도4동 일대는 '지덕사' 소유의 땅이었다. 양녕대군 세종대왕의 큰형을 모신 사당의 관리자인 '지덕사'는 1965년부터 40년 넘도록 도지세를 받고 땅을 빌려주었다. 덕분에 삼남지역에서 불알 두 쪽만 차고 올라온 사람들이 꾸역꾸역 그곳으로 밀려들었다. 그곳에 판잣집을 짓고 비바람을 피하면서 삶을 꾸렸다. 3년을 벌어 방 한 칸 늘렸다. 2년을 벌어 공동변소 대신 개인 변소를 만들었다. 20년을 벌어 아들을 내보내고 딸을 내보냈다. 아득바득 살아온 한 서린 얘기는 끝이 없다. 고향을 떠나온 순이와 철수의 삶이란 원래 다 그런 거니까.

그 같은 상도4동에 개발 움직임이 일기 시작한 건 2004년부터였다.

그해 여름부터 주택재개발 추진위원회가 구성되었고, 땅주인인 지덕사와 협상이 시작됐다. 하지만 2007년 지덕사와 주민들 사이에 금호건설이 내세운 시행사가 끼어들면서 모든 게 개판이 되었다.

금호건설이 내세운 세아주택은 지덕사와 짜고 '주택재개발사업'을 '지역주택조합' 사업으로 바꾸는 일부터 했다. '지역주택조합' 사업은 민영개발 사업이다. 지덕사는 세아주택에게 땅을 팔아 어마어마한 시세 차익을 남길 수 있어 좋다. 세아주택은 임대주택을 지을 의무나 세입자에 대한 보상의 의무가 없으니 떼돈을 벌 수 있어 좋다. '주택재개발사업' 대신 '지역주택조합' 사업으로 바꾸려는 건 그래서였다.

주민들은 완전히 무시됐다. 단 한 번도 개발 사업을 바꾸는 데 동의하느냐고 묻지도 않았다. 떼돈 앞에서 주민들은 사람도 아니었다. 떼돈 앞에서 주민들은 개똥밭에 버려져도 상관없었다. 건설법도 문제였다. 오직 건설사를 위한 법이었다. 50여 가지가 넘는 건설법부터 단순하게 고칠 일이다. 법만 살짝살짝 바꿔서 적용하면 기존의 생명들은 죽거나 말거나 사업을 강행할 수 있다니, 환장할 법이었다.

세아주택은 용역깡패들을 동원해 주민들을 짓밟기 시작했다. 조합원들의 집까지 강제로 철거해버리기도 했다. 저항하는 사람마다 묵사발 낸 덕에 2008년 3월 세아주택은 지덕사의 땅을 살 수 있었다. 그건 도지세를 내며 살아온 주민들의 점유권을 결코 인정하지 않겠다는 선전포고였다. '주택재개발사업'이 '지역주택조합'으로 바뀌었으므로 주민들이 법적으로 권리를 주장할 방법도 없었다. 무작정 쫓겨나지 않기 위해서는 저항하는 길밖에 없었다.

60억 원대 뇌물 제공 사건은 그 무렵에 터졌다. 한 지역을 개발할 뿐인데, 도대체 얼마나 많은 이익을 내면 세아주택은 60억 원이나 되는 돈을 뇌물로 쏟아부었을까. 지덕사 이사장부터 동작경찰서 정보과까지 뇌물은 골고루 뿌려졌다. 뇌물사건으로 세아주택 사장과 지덕사 이사장, 그 외 몇몇 조무래기들은 감옥살이 중이다. 반면 발가벗겨진 채 개똥밭으로 패대기쳐진 상도4동의 철대위는 몇 년째 강제철거에 맞서 저항하고 있는 중이다.

그렇게 버려진 사람들. 졸리나 역시 버려졌기에 그들과 함께한다. 회의는 보나 마나 별거 없을 거다. 신입회원이 들어왔다는 얘기가 있겠지. 정보과 형사들과 종종 말을 섞는 철대위가 있는데 그런 일이 있어선 안 된다는 얘기가 있겠지. 두리반철대위원장은 하루빨리 빵빵이차를 사서 선전전을 열심히 해야 한다는 얘기도 있겠지. 그리고 상도4동철대위에서 준비한 밥을 먹겠지.

구렁이 구청장

구렁이는 몸길이가 150~180센티미터 정도 된다. 사람의 키와 비슷하다. 대가리는 새카맣다. 목을 타고 꼬리로 내려가면서 색이 점점 옅어진다. 전체적으로는 누르스름하다. 반면 먹구렁이는 칠흑 같은 바탕에 거무스름한 점이 많아 전체적으로 까맣다. 유난히 공격적인 능구렁이는 몸길이가 70~120센티미터 정도로 일반 구렁이보다 작고 전체적으로 불그스름하다.

구렁이의 대가리는 일반 뱀에 비해 큰 편이다. 주둥이는 뾰족 나온 것을 툭 잘라낸 것처럼 뭉툭하다. 눈이 작고 번들번들한 것을 뱀눈이라고 하여 소설에서는 악한을 묘사할 때 전가의 보도처럼 쓰고는 한다. 『삼국지』에서 조조의 눈이 그랬고, 벽초의 『임꺽정』 말고 최인욱의

『임꺽정』에서 서림의 눈이 그랬고, 이기영의 『고향』에서 마름의 눈이 그랬다. 박경리의 『토지』에서 거복이의 눈이 그랬고, 최명희의 『혼불』에선 옹구네의 눈이 그랬다. 하지만 일반 뱀과는 달리 구렁이의 눈은 크다. 콧구멍은 타원형으로 생겼으며 후각도 뛰어나다.

이놈들은 민가의 돌담이나 돌로 쌓아놓은 방죽, 밭둑의 돌 틈에서 서식한다. 농가의 퇴비 속에 알을 낳는 경우가 종종 있는데, 알은 퇴비가 발효할 때 생기는 열로 부화된다. 먹이는 쥐나 개구리, 물고기, 뱀을 주식으로 한다. 일반 뱀과 달리 나무를 잘 타기 때문에 둥지 안에 있는 알이나 새도 어렵잖게 먹잇감으로 삼는다. 유년 시절, 참새를 잡는다고 초가집 지붕에 손을 넣었다가 구렁이한테 물린 적 있으나 입때껏 안 죽은 걸 보면 독은 없다고 단언할 수 있다.

구렁이는 느리다. 나무를 잘 탄다고 했지만 나무를 감아 오르는 움직임을 보면 칡넝쿨이 그냥 나무를 감고 있는 것처럼 보인다. 자세히 봐봤자 저게 올라가는 건지, 내려가는 건지, 멈춰 있는 건지 쉬 감이 안 온다. 그런데도 구렁이의 속내는 분명하다. 둥지 안에 있는 새알을 먹겠다는 집념을 불태우고 있는 것이렷다.

두리반에 구렁이 구청장이 처음 발길 한 건 2월 초였다. 엄밀히 말해 그때는 구청장이 아니라 2010년 6·2지방선거에 나서려는 마포구청장 예비후보였다. 그는 안으로 들어와 악수를 청하고 명함을 건넸다. 나이는 60대 후반쯤으로 보였다.

"차 한잔 주시겠수?"

그는 자리에 앉더니 쉽게 청했다. 녹차를 건네자 쉽게 두 모금 마신 뒤, 고생이 많죠, 하고 물었다. 아시다시피 보시다시피!

"미안합니다. 내가 구청장 재임 시절 두리반 일대를 개발지역으로 발표했습니다. 내 잘못이 큽니다. 앞으론 늘 두리반을 거울로 삼겠습니다."

일제고사 반대로 해직된 초등학교 교사인 괭이가 두리반을 찾은 적 있었다. 괭이한테 두리반 일대 개발도면과 지구단위계획지역 발표 시점, 당시 구청장에 대한 자료를 부탁했었다. 괭이는 그걸 구해다주었다. 그 자료들을 근거로 여기저기 기고문을 썼다.

지금 그때의 구청장이 두리반으로 와서 사과를 하고 있다. '하하, 선거철은 선거철이야!' 그런 식으로 가볍게 넘기고 싶지는 않았다. '도박을 좋아하고 모험을 좋아한다면 제발 경마장으로 가주세요! 망가지더라도 당신 혼자 망가지면 그뿐인 경마장으로 제발 가주세요! 기존의 생명들은 죽거나 말거나 무작정 개발 도박부터 벌이다니! 절벽 밑으로 굴러떨어진 생명들이 얼마나 되는지 아시나요, 모르시나요?' 그렇게 퍼붓고 싶지도 않았다. 어쨌든 두리반까지 찾아와 사과를 하다니! 그냥 고맙게만 여겼다.

"나중에라도 오늘 하신 말씀 잊지 마세요."

그는 믿어도 좋다고 했다.

그날 저녁이었다. 전철련 위원장단 회의에 갔다가 두리반으로 돌아온 졸리나에게 낮에 있었던 얘기를 해주었다. 졸리나의 얼굴이 서서히 굳어졌다. 안 되겠다 싶어서 얘기의 말미에 구라를 좀 풀었다.

"따끔하게 한마디 했어. 그 양반 얼굴이 벌개져서 나갔어."

그런데도 졸리나의 얼굴은 풀리지 않았다. 왜 그럴까, 위원장단 회의에서 무슨 일이 있었나, 고개를 갸우뚱하는데, 어! 폭탄이 터졌다.

"그렇게밖에 못해!"

아휴, 놀래라!

"왜, 그런 인간을 두리반에 발을 들이게 했냐구? 문전박대했어야지!"

"어떻게 그렇게 할 수 있어?"

"한나라당으로 구청장 해먹더니, 이번엔 민주당으로 해먹겠다고 죽어 나자빠진 두리반까지 찾아와 사과한 거잖아? 정치하는 것들, 도대체 넉살도 좋아! 믿지 마! 관에서 녹 먹는 것들, 아무도 믿지 마! 그것들은 구렁이야, 구렁이! 제발 좀 물러터지지 말라구!"

졸리나의 포효가 틀리진 않았다. 그러나 인간관계가 어떻게 그렇듯 무 썰 듯 썰어지는가. 아마 다음에 또 와도 졸리나처럼 현관문을 닫아건 채, 가요, 가세요, 그렇겐 말 못할 것 같았다. 뿐만 아니라 앞으로는 그를 공격하는 글도 포기하고, 오직 건설사의 폭력에만 집중할지도 모른다. 그가 사과했기 때문이다.

그는 두 번 더 두리반을 방문했다. 한 번은 민주당 후보로 최종 결정된 뒤에 왔다. 또 한 번은 당선된 뒤 취임식을 하루 앞두고 방문했다. 그때마다 그를 맞이했고 축하한다는 말까지 했다. 그는 취임하고 나면 두리반 문제부터 해결해보겠다는 약속을 하고 돌아갔다. 물론 그는 약속을 지키지 않았다. 일은 거기서 끝나지 않았다. 나중에 두리반은 그에게 호되게 당했다. 졸리나가 말한 대로 그는 속을 드러내지 않는 구렁이였다.

촬영장 두리반

옴니버스영화 omnibus film를 찍겠다고 감독이랑 피디가 두리반을 찾았다. 찍을 데가 없어서 철거농성장인가 싶어 처음엔 데면데면 대했다.

감독은 절박한 모양이었다.

"웬만하면 두리반을 피하려고 했어요. 용산에도 가봤고 가재울도 가봤는데, 용역들이 절대 안 된대요. 어쩔 수 없이 여까지 왔어요."

"어떤 내용인데 철거지역만 찾아다녀요?"

"식당 하다 강제 철거당한 여주인이 주인공이에요. 소설 쓰는 남편 얘기 나오고 그러는데, 여기까진 두리반이랑 비슷해요. 부부가 현실의 벽 앞에서 갈등하다가 불화가 생긴다는 내용인데, 뒷부분은 좀 수정하려고요."

농성 장면을 찍자면 집기가 들려 나가고 쓰레기만 뒹구는 황량한 공간이 필요하긴 하겠구나 싶었다. 하지만 두리반은 농성을 시작한 지 벌써 3개월째로 접어들고 있는데? 쓰레기도 치워져 있고, 옥탑방에서 매트리스도 내려다놨다. 2층 사무실을 치울 때 나온 버려진 책상이나 책꽂이, 의자들도 갖고 내려와 실용적으로 꾸며놓았다. 사방 벽에는 여러 장의 포스터도 붙어 있고, 격려 문구도 적혀 있다. 물론 펜스를 뜯고 들어왔을 때의 처참함이 여기저기 남아 있기는 하다. 주방과 홀 사이의 깨진 유리벽, 수납장이 없어서 여기저기 널려 있는 작은 짐들은 꼭 농성 초기 모습 같기는 하다. 그렇더라도!

"이 공간을 펜스 뜯고 들어왔을 때처럼 꾸민다는 게 쉽겠어요? 그냥 세트장을 만들어서 찍는 게 훨씬 나을 텐데?"

"그러고 싶어요. 근데 솔직히 돈이 없어요. 촬영감독이랑 배우들, 장비 빌리는 데 엄청 까였거든요. 한나절이면 충분하니 한 번만 도와주세요!"

"포스터나 격려 문구, 집기들, 이런 것들은 어떡하고요?"

"그건 걱정 마세요. 한쪽 구석만 세팅해놓고 촬영하면 되거든요. 붙어 있는 것들은 그대로 떼놨다가 원위치 해놓을게요. 청소도 다 해놓구요. 정말 한나절이면 돼요."

감독은 한나절이면 된다고 다시 한 번 강조했다. 그래서 속아 넘어갔다. 아니 속아 넘어간 것도 있지만, 솔직히 받아들여야 한다고 생각했다. 두리반에 사람이 드나든다는 건 어쨌든 나쁘지 않으니까. 하지만 감독은 시간이 얼마나 소요될지조차 감을 못 잡는 초짜였다. 물론 나는 말할 것도 없고.

이틀 뒤 약속한 날짜에 감독은 일행과 함께 아침 8시에 들이닥쳤다. 원래는 오후 2시쯤 온다고 했는데, 아침부터 웬일이냐고 물었다. 감독은 일찍 시작해서 일찍 끝내겠다고 했다. 그러시구랴!

아직 아침 전이어서 촬영 준비를 하는 동안 전기밥솥과 밑반찬을 들고 부랴부랴 2층으로 올랐다. 밥 먹고 나서 희랑 내려와 봤더니, 아휴, 이게 뭐야? 아침 일찍 왔을 때부터 눈치챘어야 하는 건데, 젠장! 어디서 구해다 쏟아놨는지 바닥은 온통 개똥밭이었다. 벽도 한쪽만이 아니라 사방 벽 모두 개똥밭이었다. 포스터와 선전물은 떼어져 있었고, 수세미로 문질렀는지 격려 문구들은 흐릿해 보였다. 매트리스와 집기들은 한쪽 귀퉁이에 쌓아뒀는데, 이럴 수가! 매트리스 위에 의자가, 의자 위에 책꽂이가, 책꽂이 위에 테이블이 뒤죽박죽 쌓여 있었다. 벽에 걸어두었거나 책꽂이에서 꺼낸 잡동사니들은 한구석에 아무렇게나 버려져 있었다. 한쪽에 차곡차곡 쌓아두면 좀 좋아! 속이 부글부글 끓었다. 하지만 제발 너그러운 척하자! 근데 그게 안 된다. 참으면 뇌종양에 골수암에 폐암까지 걸릴 것만 같다. 2층으로 올라가면서 감독을 불렀다. 감독은 연신 미안하다고 했다. 미안해서 될 일이 아니라, 지금 당장 매트리스만이라도 세워두라고 말했다.

감독이 내려간 뒤 마음을 눅잦히고 2층 창가에서 서성거렸다. 3월 초인데도 바깥은 영하였다. 난방기구가 전혀 없다 보니 냉기가 점점 살을 파고들었다. 전기난로가 두 개 있지만 모두 아래층에 있었다. 하나만이라도 갖고 올라와야겠다 싶어 아래층에 내려갔다. 배우와 스태프로 보이는 젊은 여자들이 두 개의 난로를 아예 끌어안고 있었다. 차마 난로 달라는 말이 안 나와 그냥 올라가고 말았다.

점심때쯤에는 아래층에 있던 희가 식식거리면서 올라왔다.

"오늘 엑스트라를 다 해봤네요. 빗자루 들고 바다 청소하는 걸 연출해달라는 거예요. 근데 정말 싸가지 없는 놈들이네. 지들끼리 밥 처먹으러 갔어요."

"촬영은 아직이야?"

"오늘 중으로 끝내긴 글렀어요."

"무슨 소리야? 한나절이면 된다고 했는데."

"장소 오케이 받으려고 해본 소리겠지요. 감독도 초짜구요. 암것도 몰라요. 충무로에서 촬영감독 불렀다는데 아예 촬영감독 따까리 하고 있어요. 그 자식들 다시 보면 돌아버릴까 봐 난 이쯤에서 가야겠어요."

희는 아주 심하게 마음 상한 모양이었다. 하긴 누군들 열 받지 않겠는가. 필요할 땐 빗자루 들고 쓸어달라 그러고, 밥 먹으러 갈 땐 나 몰라라 했으니. 세상에, 그렇게 찌질한 놈들이 또 있을까. 그만 찍으라고 해야 하나 말아야 하나, 고민 좀 했다. 그러나 이제 와서 내치면 감독은 또 뭐가 되나. 장비는 물론이고, 배우에 촬영감독까지 불러들였다지 않는가. 그리고 사람 발길 끊어지면 안 되는 곳이 철거농성장 두리반 아닌가. 삭막한 두리반은 그냥 훅 날아가버린다. 그러니 그냥 꾹꾹 참으면서 꾸역꾸역 밥이나 먹는 게 상책이다.

밥 먹고 들어와 다시 촬영을 시작하려는 감독한테 한마디는 했다. 그래야 역시 암에 안 걸린다. 한나절이면 된다더니 이게 뭐냐, 이럴 줄 알면서도 나를 속인 거 아니냐, 최대한 빨리 끝내달라고 신신당부를 했다. 감독은 이렇게 지연될 줄 저도 몰랐다며 미안하다는 말밖에는 할 말이 없다고 고개를 꺾었다.

해가 떨어지면서 기온은 더욱 하강했다. 저녁 무렵 찾아온 흑마늘과 함께 2층에서 달달 떨었지만 촬영은 이제부턴가 보았다. 낮에는 들을 수 없던 스텐바이, 액션, 컷 같은 소리가 간혹 2층까지 들려왔다. 두리반에서 출퇴근하는 호는 아예 안으로 들어올 생각도 안했다. 호는 뒷마당에 차를 박아둔 채 거기서 밤을 나겠다고 했다. 이런 꼴을 졸리나가 봤다면 모름지기 벼락이 떨어졌을 텐데, 다행히 그녀는 두리반에 코빼기도 드밀 새가 없다. 엊그제부터 성남시 위례 철거농성장으로 연대 가느라 새벽부터 집을 나서기 때문이다.

밤 10시 반이 넘었는데도 촬영은 끝나지 않았다. 농성장에도 생활리듬이라는 게 있는데, 오늘은 완전히 잡쳤다. 견디다 못한 흑마늘이 아래층으로 내려갔다. 한 성질 하는 흑마늘은 내려가자마자 있는 대로 소리를 질렀다.

"당신들 말이야, 정말 이래도 되는 거야? 초상집에 와서 자기 작품 하겠다는 꼴이랑 뭐가 달라? 그것도 아침부터 밤 11시까지 도대체 뭐 하는 짓들이야?"

태풍에 수도 없이 뒤집힐 뻔하면서도 어쨌든 잘 견뎌왔는데 도로아미타불이 되었다. 막상 속은 시원했다.

감독은 촬영감독의 눈치를 보는 게 역력했다. 촬영감독이 몹시 못마땅한 얼굴로 조명등을 꺼버리자 그제서야 스태프들한테 정리하자는 말을 꺼냈다. 원상복구는 내일 와서 해주겠다는 말을 남기고 촬영팀은 밤 12시 반쯤 두리반을 떠났다.

고요해졌다. 복공판 위를 달리는 차량의 바퀴소리만이 요란해졌다. 사람이 떠난 두리반, 이제부턴 새벽에 들어올지 낼 아침에 들어올지 모를 용역들로 인해 침이 마르는 시간을 보내야 한다. 울컥! 목구멍에서 핏덩어리 같은 게 치밀어 오르는 걸 간신히 참았다.

칼국수음악회

농성한 지 78일째 되는 3월 12일 금요일부터 '칼국수음악회'가 열렸다. '사막의 우물 두리반' 보다는 2주 늦었다. 조약골이 뮤지션들 섭외를 맡았고 해직 교사인 괭이가 진행을 맡았다. 두리반이 칼국수·보쌈 전문점이라는 데에 착안해 작명은 조약골이 했다.

'사막의 우물 두리반' 출연진이 인디뮤지션들로 구성되었다면, '칼국수음악회'는 민중가요를 부르는 문화 활동가들로 구성되었다. 그러나 처음 한동안만 경계가 있었을 뿐, 몇 개월이 지나면서부터 경계는 모호해졌다. 어떤 뮤지션들이 공연하는가가 아니라, 음악회의 분위기가 어떤가로 '칼국수음악회'와 '사막의 우물 두리반'이 구분되었다.

'사막의 우물 두리반'은 다분히 하드코어에 가까웠고, 공연 때마다 번번이 광기가 흘렀다. 밤섬해적단이나 반란, 서교그룹사운드, 비셔스너드, 더 문, 스카삭스 같은 밴드의 공연 때는 총알이 빗발치는 전쟁터를 방불했다. 나 역시 마리화나를 열 개비나 빨아들인 것처럼 흥분했다. 헤드뱅잉Head Banging을 한답시고 머리를 팽글팽글 돌리다가 뒤로 자빠지는 경우도 있었다. 허공에 대고 주먹질과 발길질 같은 모싱moshing

을 하다가 허리가 삐끗한 적도 있었다. 그런데도 밴드의 보컬은 "월 오 브 데스Wall of Death!" 하면서 더 뜨거운 광란의 몸짓을 촉구했다. 갑자기 원이 만들어지면서 닭 벼슬처럼 머리를 세운 모히칸족들이 몸을 사리지 않고 슬램slam을 시도한다. 나는 물러서지 않고 맞붙었다가 몇 번이나 휘청거리고는 했다. 놀다가 골병드니 아무튼 신났다.

'칼국수음악회'는 같은 뮤지션이 출연해도 달랐다. '사막의 우물 두리반'에서 공연할 때는 그렇게 격렬하다가도 '칼국수음악회'에서 공연할 때는 차분했다. 구텐버즈, 꿈에 카메라를 가져올 걸의 공연이 좋은 예였다. '사막의 우물 두리반'에서 구텐버즈나 꿈에 카메라를 가져올 걸의 공연은 저절로 몸을 흔들도록 하는 풀밴드였다. 그러나 '칼국수음악회'에선 구텐버즈의 보컬이 '나는 모호'라는 이름으로 솔로 공연을 했고, 꿈에 카메라를 가져올 걸도 이재웅 혼자서 하는 공연일 때가 많았다. 관객들도 앉은 채로 박수나 쳐주는 분위기였다.

당연히 관객들의 성향도 달랐다. '사막의 우물 두리반'은 그냥 음악이 좋은 데다, 특정한 밴드의 공연을 보기 위해 찾아오는 펑크족이 많았다. '칼국수음악회'는 두리반과 함께한다는 연대의 의미가 강했다. '칼국수음악회'에선 어떤 뮤지션이 출연하느냐가 별로 중요하지 않았다. 나이층도 다양해 검은 머리와 파뿌리가 뒤섞여 있었다. 물론 몇 달 지나지 않아 그 같은 구분도 모호해졌다. '칼국수음악회'가 '사막의 우물 두리반' 같아졌고, '사막의 우물 두리반'이 '칼국수음악회' 같아졌다. 공연 때마다 몸을 흔드는 건 기본이 돼버렸다. 뮤지션은 노래하면서 눌려 있는 것들을 풀었고, 관객은 슬램과 모싱을 하면서 미치게 하는 것들을 풀었다.

지금 이 순간을 어떤 몸짓, 어떤 괴성으로 화답해야 하는 걸까? 씨바, 걱정도 팔자셔! 맥주야, 너는 어디 있니? 마시자, 마시고 흔들자! 돈만 아는 저질들에게 우리의 노는 꼴을 보여주자! 놀다 지쳐 잠들면 태양이 우릴 깨울 거야. 눈 비비고 일어나 개똥밭 세상으로 나가면 두리반은 썰렁해지겠지. 그래도 걱정 마! 지난밤 열기가 두리반을 지켜줄 거야. 뮤지션과 관객은 그렇게 말했고, 두리반 공연은 늘 그렇게 흘러갔다.

CBS TV 김동민 피디

'칼국수음악회'가 시작되던 날 CBS TV의 김동민 피디도 촬영을 시작했다. 〈예수와 사람들〉에 두리반 이야기를 내보내기로 한 김 피디는 이미 일주일 전부터 구성작가랑 정지작업을 해왔다. 두리반의 일상에 카메라를 들이대는 한편, 목요일마다 열리는 촛불예배에 특히 주력할 거라고 했다. 2주간 촬영을 해서 편집 작업을 끝내면 방영은 4월 10일 전후가 될 거라고 했다.

전에 KBS 〈취재파일〉과 OBS 〈시사 인사이드〉에서 촬영할 때, 다시는 공중파 방송 촬영에 응하지 않으리라 마음먹은 적 있었다. 라면 다 먹고 그릇 치우는데, 컵라면이라도 좋으니 다시 라면 먹는 장면을 연출해달라고 했다. 어떤 밤에는 일기를 쓰고 있는데 뭐하는 거냐고 물어서 일기 쓴다고 했더니, 골라서 하나만 읽어달라고 카메라를 들이댔다. 무려 삼십 분 넘게 졸라대서 기어이 읽어준 적도 있었다. 카메라가 보고 있으니 다툴 일이 있어도 졸리나와 싸울 수도 없었다. 주위 사람이나 카메라를 별로 의식하지 않는 졸리나는 늘 승승장구했다. 스타일 구기는 걸 무지 쪽팔려하는 나로서는 카메라를 의식하지 않을 수 없었다. "아휴, 씨바 미치겠네." 그런 욕설을 늘어놓으려다가도 카메라가 보이면, "아휴, 정말 힘드네"로 말을 바꾸는 게 나라는 인간이었다. 귀찮아 죽을 맛이지만 머리도 매일매일 감아야 했다. 친구나 후배들이 찾아오면, 야 임마, 저 임마, 해야 맞는데, 어 왔어, 하니 그것도 감질 맛이었다. 아닌 척, 점잖은 척, 깨끗한 척, 구차한 척하는 게, 아휴, 환장할 일이었다. 그래도 거기까진 좋았다. 왜 이렇게 철거민의 비참한 꼬라지만 카메라에 담느냐, 제발 마구잡이개발과 개발악법의 문제점에 초점을 맞추자고 제안했다. 건설사 담당자나 마포구청 도시계획국장과 맞장 토론을 해도 좋다고 말했다. 돌아온 답은 더욱 참담했다.

"머리가 아니라, 시청자들 가슴에 호소하는 프로거든요. 측은지심을 유발해야 감동하죠."

아휴, 저 거지들! 저렇게 살면서 떼쓴다고 누가 알아줘! 그런 댓글이 줄줄이 사탕으로 엮일 게 불 보듯 빤했다. 차라리 다음부턴 절대 촬영에 임하지 않겠다, 그런 각오를 다진 게 두어 달 전이었다.

그런데 또 촬영에 응했다. 김 피디는 좀 다른 방향으로 접근할 거라고 했다. 농성할 수밖에 없는 한국 사회의 개발 현실, 그에 맞서 저항하는 크리스천에 초점을 맞춘다는 거였다. 김 피디의 컨셉이 싫지 않았다. 그러나 무엇보다 다시 촬영에 응한 것은 두리반을 지키는 데 도움이 될 거라는 기대감 때문이었다. 늘 근거리에 있는 용역들의 폭력에 공중파 방송의 카메라는 엄청난 위안이 되었다. 다신 촬영에 임하지 않겠다고 다짐하면서도 번번이 깨지고 마는 이유가 거기에 있었다.

촬영이 일주일쯤 지났을 때였다. 김 피디는 휴직 중인 나의 직장에 가서 직원들 인터뷰를 따고 싶다고 했다. 한국기독교장로회 선교교육원 출판부, 김 피디의 입맛에는 딱 맞는 곳일 수 있었다. 나도 좋다고 했다. 기분이 좋아진 김 피디는 촬영과 상관없는 것들까지 심심찮게 물었다. 농성을 접고 직장으로 돌아가고 싶지는 않으세요, 부부가 졸지에 실업자가 됐는데 생활은 어떻게 꾸려가세요, 하는 것들이었다. 그러다가 내 신앙관이 궁금했던지 갑자기 이렇게 물었다.

"성경에서 특히 좋아하는 인물 있나요?"

그 많은 인물 중에서 누굴 좋아했더라! 새삼 나도 궁금했다. 물론 닮고 싶은 인물을 좋아하는 거겠지. 퍼뜩 예언자 예레미야가 떠올랐다. 골치 아파서 더는 생각하고 싶지도 않았지만 예레미야 말고는 그다지 떠오르는 인물도 없었다. 예레미야를 좋아한다고 말해주었다.

"눈물의 예언자 말이죠?"

그렇다고 하자, 왜요, 하고 다시 물었다.

왜 좋아할까? 일단 성질 더러운 것, 그건 나를 닮았다. 눈물이 많은 것, 그것도 나를 닮았다. 신에게 살려달라고 애원하지 않는 당당함, 그것도 나를 닮았다. 그밖에 내가 범접할 수 없는 고난의 역정들, 그 고난의 역정은 크리스천이라면 동경해야 마땅하지 않을까.

그런 예레미야의 삶은 기막혔다. 그보다 더한 삶은 없다고 해도 좋을 만큼 기막혔다.

기원전 600년 전후로 활동한 그는 삶도 죽음도 극적이다. 그가 살았던 때는 오늘의 한국 사회와 어찌나 닮았는지!

이스라엘의 요시야 왕이 죽고 이집트의 분봉왕 여호야김이 왕이 되었을 때다. 예레미야는 신흥제국 바빌론을 경계했다. 우리가 중국을 경계해야 하는 것과 비슷하다.

예레미야는 신흥제국 바빌론의 비위를 거스르면 안 된다고 했다. 이집트와 단교할 것을 선언했다. 국제정세에 밝은 예레미야의 눈에 이집트는 이빨 빠진 호랑이 신세였다. 앗시리아는 곧 망할 나라였고, 바빌론은 거침없이 일어나는 제국이었다. 그러니 이빨 빠진 호랑이인 이집트에 기대어 앗시리아를 막을 생각 말고, 비록 멀리 있으나 바빌론을 경계해야 한다고 경종을 울렸다. 이를 위해 오로지 하느님만 의지하라고 외쳤다. 숱한 전쟁으로 부모 잃은 고아들, 남편을 잃고 예루살렘 성벽 앞에서 구걸하는 과부들, 여호야김 왕과 세력가들이 그네들의 울부짖음을 들어야 한다고 사자후를 토했다. 하느님의 정의에 따라 예루살렘에서 탐욕을 없애고, 거짓을 없애고, 눈물을 없앤다면 그 어떤 제국도 두렵지 않다고 외쳤다.

그러나 여호야김은 이집트라면 간이고 쓸개고 다 빼주는 왕이었다. 그에게 예레미야의 사자후는 들리지 않았다. 이집트를 받드느라 여호야김은 태양신을 섬겼다. 예루살렘의 모든 금붙이와 처녀들을 끌어 모아 해마다 조공으로 바쳤다. 이집트를 믿었기에 앗시리아가 우스웠고, 이집트를 믿었기에 신흥제국 바빌론은 너무 멀리 있었다. 공평과 정의는 뒷전이었다. 예루살렘엔 굶주림과 눈물이 난무했다. 대한민국에 거짓이 판치고, 눈물이 난무하는 것과 어쩌면 그리도 닮았는지! 대한민국 평택에 공군기지를 만들고, 제주도 강정마을에 해군기지를 만들어 이빨 빠진 호랑이인 미국에 헌납하면서까지 중국을 견제하려는 것과 어쩌나 똑같은지!

열 받은 바빌론은 앗시리아를 무너뜨린 뒤 곧바로 예루살렘으로 짓쳐들어왔다. 이집트를 믿고 백성을 버린 여호야김은 저항 한번 못 해보고 무너졌다. 그것이 기원전 598년에 일어난 바빌론 제1차 포로기이다. 그때 예레미야는 친 바빌론계로 분류되었다. 포로들과 함께 철수하는 바빌론 군대를 따라갔다면 그나마 무난한 생을 보냈을지도 모른다. 그러나 예레미야는 하느님의 예언자였기에 비참한 가시밭길을 택했다. 그는 폐허가 된 예루살렘에 남았다. 백성들 속에서 부대끼며 권력자들을 향해 이제라도 거짓과 맘몬, 권력욕에서 비롯된 모든 잡신을 버려야 한다고 촉구했다.

바빌론이 세우고 간 꼭두각시 왕 시드기야는 바빌론을 겁냈다. 그럴수록 예레미야의 예언대로 이제라도 거짓을 버리고 정의를 세워나갈 일이었다. 탐욕을 버리고 분배를 우선할 일이었다. 하지만 시드기야 왕은 친이집트계의 눈치를 보기에 급급했다. 그는 바빌론을 겁내면서도 친이집트계의 입맛대로 이집트와의 관계 개선을 우선에 두었다. 이집트가 지켜줄 거라는 허황한 꿈도 있었다. 친미계가 미국이 지켜줄 거라는 허황한 꿈을 버리지 않는 것과 어찌나 똑같은지!

그대로 있을 바빌론이 아니었다. 그들은 10년 뒤 다시 예루살렘으로 짓쳐들어왔다. 기원전 588년, 바빌론 2차 포로기다. 시드기야 왕은 눈알이 뽑힌 채 바빌론으로 끌려갔다. 예루살렘의 함락 직전 친이집트계는 아슬아슬하게 탈출했다. 그들은 눈엣가시였던 예레미야를 밧줄에 묶은 채로 끌고 갔다. 이집트로 가기 위해서였다.

예레미야는 밧줄에 묶인 채 광야를 걸었다. 묶인 손목, 묶인 발목, 묶인 허리는 뼈를 드러냈다. 한밤의 광야는 영하 10도로 하도 추워서 얼어붙었다. 한낮의 광야는 영상 45도로 하도 뜨거워서 살이 짓물렀다. 핏물이 뚝뚝 떨어져 걸음을 뗄 수 없었.

"내가 모태에서 죽어 어머니가 나의 무덤이 되었어야 했는데. 내가 영원히 모태 속에 있었어야 했는데. 어찌하여 이 몸이 모태에서 나와 이처럼 고난과 고통을 겪고, 나의 생애를 마치는 날까지 이러한 수모를 받는가.″(예레미야 20장 17-18절)

예레미야는 통곡했다. 그런데도 인간의 주권을 인정하는 신을 향해 살려달라고 애원하지 않았다.

인간의 주권을 인정하는 신을 향해 애원하는 순간, 인간은 신 존재를 부정하게 된다. 내가 필요로 하는 것들을 채워주는 신, 내가 싸질러놓은 똥을 치워주는 신, 그건 신이 아니라 인간의 노예일 뿐이다. 노예는 시키는 일만 한다. 주인보다 앞서서 무언가를 해낼 수 없다. 그러니 노예는 희망이 아니라 절망이다. 신을 노예로 삼는 순간 인간에겐 희망이 없다. 내 앞에 닥친 모든 일을 내 몫으로 받아들여야 하는 이유가 거기에 있다.

예레미야는 그 길로 갔다. 그는 신을 존중했다. 비록 자신은 비참하게 죽을지라도 탐욕과 불의와 거짓에 맞서 공동체의 삶을 꿈꿀 때, 희망은 사라지지 않는다고 믿었다. 탐욕과 불의와 거짓에 맞서 대한민국이라는 공동체의 삶을 최종 목표로 삼는 일, 그게 크리스천의 몫이다. 그럴 때 크리스천은 개독교인에서 벗어나 더없이 아름다운 희망이 된다.

촬영이 끝난 두리반 이야기는 4월 13일과 15일, 이틀에 걸쳐 방영되었다. 그 뒤로도 김 피디는 농성이 끝나는 날까지 꾸준히 두리반을 찾았다. 때론 아내와 외동딸 민영이랑 함께 오기도 했다. 유치원생이던 민영이는 그동안 모은 돼지 저금통을 두리반에 후원했다.

상상력은 놀라워

네 번째 '사막의 우물 두리반' 공연이 3월 20일에 있었다. 모자를 삐딱하게 눌러쓴 뮤지션이 멜로디만 나오는 MR Music Recorded을 틀어놓고 허리를 흔들며 랩rap을 한다. M.V.P의 공연이다. 무척 낯설었다. 다음 팀은 더리싸운즈, 그들도 힙합hiphop이다. 역시 낯설다. 모름지기 힙합은 기성세대에게 가장 낯선 장르가 아닐까 싶다. 그런데도 어바날로그, 로맨스조까지 줄줄이 힙합이다. 도떼기시장을 다녀온 것처럼 알딸딸하고 얼떨떨하고 종내는 심히 곤혹스럽다. 한 팀만 더 나오면 멘탈 붕괴! 미친다, 미쳐!

막 미치려고 하는데 랑쥐L'ange가 등장했다. '랭지'라고 했다가 랑쥐의 멤버인 박다함한테 한소리 들었다. 박다함은, 불어니까 '랑쥐'로 발음하셔야죠, 하고 말했다. 영어도 안 되는데 불어까지! 그걸 내가 어떻게 아나! 무슨 뜻이냐고 물었더니 타락할 우려가 있는 천사라고 했다. 그렇지, 천사는 늘 타락할 우려가 있지!

랑쥐의 공연도 알딸딸하기는 힙합과 다르지 않았다. 입 대신 기계로 한다는 게 다를 뿐이었다. 폭발적인 전자음이 귀청을 때리는가 싶으면 흐느끼는 듯한 저음이 이어졌다. 졸릴 만하면 빵 터지고, 졸릴 만하면 빵 터져서 서너 번은 놀랐다. 팀 이름이 불어니까 그런가. 마치 파리의 쥐 떼들이 축구공 갉아 먹다가 빵 터뜨리는 소리만 같았다. 그걸로 끝났다면 네 번째 '사막의 우물 두리반'은 김이 좀 샜을 것이다.

불청객이 기다리고 있었다. 관객 속에 앉아 있던 일본의 평화운동가들 여덟 명이 앞으로 나왔다. 그들은 G20반대집회를 마치고 두리반에 들른 거라고 했다. "두리반! 투쟁!" 주먹을 쳐들고 인사를 한 그들은 노래 한 곡 해도 괜찮겠느냐고 물었다. 박수를 쳐주자, 즉석에서 드럼스틱을 빌렸고, 베이스를 빌렸고, 일렉기타를 빌렸다. 보컬을 포함해 넷이 음을 잡는 동안 나머지 넷은 자리로 돌아갔다. 나이는 30대 후반에서 40대 초반으로 보였다. 낯선 나라의 낯선 공간에서 쉽게 어울릴 수 있는 능력을 지녔다는 건 대단한 부러움이었다. 즉석에서 연주할 정도라면 기본도 충실할 게 아닌가. 그들의 실력도 엄청날 거라고 지레 짐작했다. 난 그들을 동경했다. 실제로 그들은 힙합공연으로 알록달록했던 내 기분을 단숨에 날려버렸다. 공연 도중 쇠줄 달린 스네어 드럼snare drum이 찢어졌지만, 심벌로 옮겨 치면서 무난히 끝낼 때는 박수가 절로 나왔다. 나는 빨갛게 타올랐다.

공연이 끝나고 뒤풀이 모드로 전환하는 동안 일본 손님들은 벌 받는 아이들처럼 얌전히 서 있었다. 나는 드러머에게 엄지손가락을 멋들어지게 세워줬다. 드러머는 아는 게 투쟁뿐인지, 또 느닷없이 "투쟁" 하고 소리 질렀다. 아휴, 놀래라! 놀란 박다함은 자리 정돈을 하다 말고 한동안 멍청히 서 있었다. 정동민은 키득키득거렸고, 단편선은 내 곁으로 와서, 저분들은 투쟁밖에 모르나 봐요, 하면서 히히거렸다. 그런 단편선에게 말해줬다. "두리반도 알던데."

그 어마어마했던 '51+ 두리반' 얘기는 그때 나왔다.

술 때문에 죽다 살아났다는 한받은 한쪽에서 아까부터 술 마시는 걸 구경만 하고 있었다. 정동민은 맥주를 홀짝홀짝 마시고 있었다. 박다함은 벌컥벌컥 들이켜고 있었다. 단편선은 벌써 월매 막걸리를 두 통째 들이붓고 있었다. 한받이 뜬금없이 입을 열었다.

"두리반에서 5월 1일에 51밴드가 공연하는 건 어떨까요?"

뭐야 이거? 다들 술잔을 기울이다 말고 한받을 쳐다봤다.

"갑자기 그 생각이 들었습니다. 51밴드 공연이 성사된다면 메이데이라는 의미도 살리고, 두리반도 살리고, 나쁠 게 없다, 그런 생각입니다."

"어디서 해요?"

정동민이 물었다.

"두리반에서 합니다."

"공간이 나오겠어요? 1박 2일로 하더라도 무대가 세 군데는 돼야 할 텐데."

"공간은 만들어봐야죠."

그때부터 얘기는 51밴드 공연으로 확 돌아섰다. 처음엔 한받이 약간 실성했나, 그런 생각을 감출 수 없었다. 하지만 얘기가 쏟아져 나올수록 가능하겠다는 쪽으로 의견이 모아졌다. 덕분에 일본 손님들은 찬밥 신세가 되었다. 그들은 아예 다른 쪽 테이블로 옮겨 앉아 자기들끼리 놀았다. 마시던 술이 떨어지자 술을 사다놓고 마시기까지 했다. 모쪼록 좋을 대로! 우린 51밴드 얘기로 몹시 바쁘니까.

공연 공간은 지하, 1, 2, 3층이 있으니까 어떻게든 해볼 수 있다고 생각이 모아졌다. 문제는 돈이었다. 포스터나 티저teaser 영상 같은 홍보물을 만들고, 무대를 꾸미고, 장비를 빌리고, 스태프를 모집하고, 밴드 사례비를 챙겨주려면 못 잡아도 몇 백, 또는 '천'? 절망적이었다. 오늘은 여기까지! 이제부터 수시로 모임을 갖고 구체화시키기로 했다.

100일 잔치

유행은 무섭다. 정말 한순간이다. 그나마 지나가는 건 더디지만 오는 건 순식간이다. 스마트폰이 언제부터 산불처럼 번졌는지, 그건 정확히 모르겠다. 적어도 2010년 4월 3일까지 스마트폰은 아직 몇몇의 전유물이었다. 두리반만 해도 존도우가 아이폰으로 공연 동영상을 찍는 정도였다. 하지만 불과 4, 5개월 뒤인 초가을부터는 아이폰이 사람 숫자만큼이나 흔해졌다.

유행에 무척 민감한 괭이조차도 4월까지는 아이폰이 없었다. 4월 3일 두리반 농성 100일 잔치를 준비할 때, 괭이는 인터뷰 영상물을 찍는다며 캠코더를 들고 다녔다. 손아귀에 쏙 들어가는 작은 캠코더였으나 아이폰에 비하면 대포였다. 괭이는 그 대포 같은 캠코더를 들고 3월 말부터 두리반을 수시로 드나들었다. 물론 아무나 붙잡고 인터뷰를 땄다. 하도 여러 사람 붙잡고 따기에 편집이 만만찮을 거라고 걱정 좀 했다. 아니나 다를까. 잔치 당일에 괭이는 30분이나 늦었다. 진행을 맡은 괭이가 늦으니 행사는 지연될 수밖에 없었다. 헐레벌떡 뛰어 들어와 숨도 고를 새 없이 마이크를 잡은 괭이는 걱정했던 대로 편집 때문에 늦었다고 사과했다.

"죄송해요. 인터뷰 영상물 편집하느라 늦었어요."

단편선이 존나 빡친다고 말했다. 공기는 존나 짜증난다고 말했다. 존도우는, 꺼져, 하고 외쳤다. 마치 비틀즈가 독일 함부르크의 '세인트 폴리'에서 공연할 때 존 레논이 "나치 꺼져!" 하고 농을 한 것과 비슷했다. 그때마다 독일 관객들은 킬킬거리면서 좋아했다.

나 같으면 얼굴이 벌게지고 홧홧해져 도저히 진행을 못할 텐데, 괭이는 웃으면서 슬쩍 넘겼다. '아, 나는 괭이에 비하면 밴댕이 소갈딱지구나. 드럼통만 하게 쓸개 통을 키워야겠구나. 언제 저렇게 키우지? 저렇게 키울 수나 있을까?' 그렇게 자조하면서 괭이를 무척 우러러보았다.

농성 100일 잔치.

합판으로 막은 1층 유리벽,

3층에서 갖고 내려온 책꽂이가 보인다.

그날 단편선은 〈고추가 빨딱〉을 불렀다.

밤섬해적단은 마츠모토 하지메의 요청으로

공연을 두 번이나 했다.

그러나 그건 아직 젊은 세대의 언어 습관을 몰라서 하는 자조였다. 그들에게 '존나'나 '꺼져', '빡쳐', '개드립 ad lib' 같은 단어는 부사 구실을 하는 거였다. 어떤 한 가지에 몰입하면 좀처럼 빠져나오지 못하는 인간을 두고 하는 '오타쿠'라는 단어도 있지만, 그건 2011년부터 유행을 타기 시작했다. 하여튼 그 같은 단어들은 안 써도 무난하지만, 안 쓰면 뻑뻑하고 건조하기에 쉴 새 없이 쓰는 습관어일 뿐이었다. 괭이가 웃어넘긴 데는 그만한 이유가 있었다.

그날 두리반 1층은 움직일 틈도 없이 꽉 들어찼다. 농성한 지 100일 된 게 잔치할 일인지는 모르겠으나 아무튼 축하 자리에, 급히 깔아놓은 비닐 바닥이 보이지 않을 정도로 만원이었다. 80명 이상은 되는 것으로 보였다.

괭이는 전면 벽에 광목천을 펼쳤다. 자신이 편집한 인터뷰 영상물부터 보고 100일 잔치를 진행하겠다는 거였다. 인터뷰는 99.999퍼센트가, 두리반 쫄지 마, 우리가 곁에 있어, 그런 내용이었다. 0.001퍼센트에 '한살림'에서 일하는 성희가 있었다. 성희는 애매한 멘트를 날렸다.

"농성 정리하고 하루빨리 일상으로 돌아갔으면 좋겠어요."

농성을 정리하는 주체가 나라는 건지, 아니면 건설사라는 건지 성희의 인터뷰는 좀 헷갈렸다. 만약 나라면 얼마나 좋을까. 실인즉 칼자루는 건설사가 쥐고 있다. 건설사는 칼을 두리반의 왼쪽 심장에 꽂을 수도 있고, 칼집에 넣을 수도 있다. 나는 졸리나가 분노나 응어리를 안고 살아갈 수 없다면, 그게 풀릴 때까지 어쨌든 두리반을 지킬 뿐이다. 이제 4월, 이달 말이면 복직해야 하는데, 속이 엄청 타드는 것도 사실이다.

영상물 상영이 끝난 뒤에 시작된 건 경매행사였다. 경매물품에는 신혼 때 선물로 들어왔다는 커피세트, 프랑스산 스위트와인, 우리나라 록의 대부 신중현의 양장 CD, 커피메이커, 파카만년필 같은 것들이 있었다. 꽹이는 20여 가지 경매물품을 차례대로 들어 올려 흥정을 붙였다.

해직교사인 꽹이는 참 말을 잘했다. 감정에 겨워 곧잘 눈물을 터뜨리기도 하지만, 결코 말을 놓치는 법이 없었다. 흠일까 아니면 뛰어난 설득력일까. 마치 초등학생들을 앞에 두고 조근조근 설명하듯 하기에 전달력도 뛰어났다. 꽹이 때문에 경매시장은 후끈 달아올랐다.

경매가를 터무니없이 끌어올린 건 흑마늘이었다. 흑마늘은 농성자금을 한 푼이라도 더 만들어주려고 발악을 했다. 덕분에 100일 잔치에서 떡과 술로 모자라 욕까지 먹은 건 흑마늘과 성희였다.

분노공연은 2인조 록밴드 밤섬해적단이 했다. 베이스 겸 보컬인 장성건은 '멸공' 헬멧을 눌러쓰고 가열차게 노래했다. 아니다. 악을 썼다. 드러머 겸 만담꾼인 권용만은 비 오듯 땀부터 흘렸다. 겨울에도 흘리고, 여름에도 흘렸다. 다한증 환자여서 엄청 흘렸다. 극우파로 가장한 그들의 노래는 블랙코미디다. 기성사회의 모든 것을 야유하고 조소한다. 한 곡을 끝내고 나면 만담꾼 권용만이 꼭 나섰다.

"두리반이 이 사회를 좀 먹고 있어요. 건설사는 뭐하나? 용역들은 뭐하나? 해병전우회는 뭐하나? 어버이연합회는 뭐하나? 두 번째 두리반이 생겨나기 전 확 쓸어버려야 하는데, 여태 뭐하나? 두리반 자리에 30층 빌딩 올려 1층에 해병전우회 컨테이너 갖다놓고, 2층에 어버이연합회 납골당 마련해줘야 하는데, 도대체 뭐하나?"

다음 노래는 〈서비스 혁명〉이었다.

Service Revolution!

아줌마, 우린 지금 혁명 중이야

지금 당신 불친절로 반동 중이야

인민재판 회부해서 숙청하겠어

붉은 사기社旗 높이 들고 대오 갖추자

역사적인 혁명은 무엇이 있나

민주주의 만들어낸 프랑스혁명

공장들을 만들어낸 산업혁명

그리고 우리 서비스혁명!

알바 학생, 우린 지금 혁명 중이야

지금 당신 반동분자 표정 지었어

혁명 이후

몸과 마음 기쁘구나 Service Revolution!

 귓구멍이 얼얼했다. '밤섬해적단'의 공연이 한 번 더 있다면 드디어 귓구멍이 터지겠구나. 이제 어서 떡을 나누자! 분노잔치 종결로 치닫자! 하지만 진행자 괭이는 관객 속에서 한 사람을 지목하는구나! 앞으로 나와서 인사하라고 손짓 발짓하는데 누굴까. 누구기에 귀청 떨어지기 직전인데 인사를 시키려 하나? 어, 어디서 많이 봤는데, 누굴까?

 괭이는 그를 옆에 세우고 장황하게 소개했다. 일본의 활동가 마쓰모토 하지메였다. 우리에겐 이름보다 『가난뱅이의 역습』으로 더 알려진 인물이다. 기상천외한 시위를 기획하고 실천해온 활동가다. 부자는 가난한 사람을 혹사시키기에 적대시한다는 주인공이다. 그는 고엔지에서 '아마추어의 반란'이라는 재활용 가게를 운영하고 있다. 즐겁지 않으면 아무것도 안 되는데 두리반은 즐거운 곳이다, 일단 그게 마음에 든다, 그는 베시시 웃으면서 그걸로 인사말을 대신했다. 꽹이가 기왕에 나왔는데 한마디 더하라고 했더니 그는 머리를 긁적였다. 방금 공연한 밴드 이름이 뭐냐고 묻더니, 한 번 더 공연해줄 수 있겠느냐고 부탁했다.

흐르는 땀을 닦던 밤섬해적단은 다시 나왔다. 그들은 아까 같은 공연을 다시 시작했다. 귓구멍은 고장 났는지 아까보다 오히려 훨씬 들을 만했다. 그날의 인연으로 밤섬해적단은 해마다 여름이면 마쓰모토 하지메의 초청을 받아 일본행 비행기를 탔다. 블루스 음악을 하는 하헌진이 꼽사리 껴서 따라가곤 했다.

그러다가 하헌진은 일본에서 여자 친구를 사귀었다. 공연이 없는데도 기타를 메고 일본행 비행기를 종종 타기 시작했다. 그는 비행기를 타고 다니는 연애 혁명을 일으켰다. 돈이 없기에 한 번 가면 오래 있다 왔다. 돈으로부터 독립한 인디뮤지션이 무슨 돈이 있겠나. 두리반 농성이 끝날 무렵, 그때는 일본에 가자마자 돌아왔다. 헤어졌다고 했다. 연애 혁명은 계속돼야 하는데! Amour Revolution!

어디까지 왔나

아침부터 공연 장비를 2층에 올려놓고 시연했다가 다시 3층에 올려놓고 시연했다. 결론이 났다.

"1, 2, 3층에서 동시공연은 불가능하겠는데요. 방음이 안 돼요. 서로 소리를 심하게 먹어요."

정동민과 뮤지션들은 고개를 저었다. 세 군데 공연장소를 다시 선정해야 한다. 둘러앉아 난상토론을 벌인 끝에 공간배치를 새롭게 했다.

두리반 1층은 국수를 팔고 맥주와 막걸리를 파는 일일주점으로 한다.

2층은 밴드대기실 겸 '51+ 두리반' 컨트롤센터로 한다.

두리반 건물 지하와 3층은 공연장으로 삼는다. 지하는 음향장비 없이 잔잔하고 감미로운 포크공연 위주로 한다. 3층은 건물이 무너질 각오로 펄쩍펄쩍 뛰고 슬램을 할 수 있는 펑크공연 위주로 한다.

두리반 뒷마당도 야외 공연장으로 삼는다. 구성원이 많은 빅밴드나 관객이 많이 찾는 밴드 위주로 한다.

공연시간은 5월 1일 정오에 시작해 다음 날 새벽 3시에 끝내기로 한다. 단, 야외 공연장은 주민들의 수면을 고려해 밤 11시에 끝낸다.

공연을 치르기 위한 자금 마련을 위해 입장료를 받는다. 입장료는 1만 원, 1만 5,000원 얘기가 나왔다. 하지만 그건 아니다. 우리의 공연 목적은 돈벌이가 아니다. 적자만 안 본다면 되도록 많은 이들이 와서 강제철거현장의 쓰라림을 목격하는 것이 중요하다. 메이데이의 뜻도 살릴 겸 5월 1일 51밴드 공연 취지에 걸맞게 5,100원으로 하자. 예매사이트를 개설하고, 예매는 4월 15일부터 받자.

예매와 재정 관리는 아이폰이 있는 존도우가 한다.

공연할 밴드 섭외는 한받, 정동민, 조약골, 박다함이 한다.

장비 대여와 관리는 신중해야 한다. 망가지거나 분실할 경우, 급전을 끌어올 수 있는 능력이 있어야 한다. 단편선과 밤섬해적단이 제격이다. 단편선은 아버지가 한의사임을 누누이 자랑하고 다니는 중산층

아들이다. 장성건은 아버지가 교수임을 은근히 자랑하고 다니는 역시 중산층 아들이다. 권용만은 아버지가 수원에서 초절정 중산층으로, 심지어 신용카드를 두 장이나 갖고 다닌다.

스태프 모집과 교육은 손이 큰 꽹이와 알바를 하면서 학교 다니는 복학생 카즈가 한다. 스태프를 위해 가끔 빵을 사줄 수 있는 열린 자세와 형편이 돼야 하기 때문이다.

공연장 정비와 무대 설치는 쓰레기도 인테리어 소품으로 활용할 줄 아는 절약형 전문가를 찾아야 한다. 강원도 사북 출신으로 힘겹게 대학생활을 하고 있는 유병서와 감동환이 한다.

공연 당일 안전관리는 마포구 진보신당 정경섭 위원장과 민노당 윤성일 위원장이 한다. 그러나 실무 책임은 덩치가 있으면서도 인상이 좋은 나사못회전과 민중의집 안성민 사무국장이 한다.

행사 포스터는 국정교과서를 편집 디자인하는 실력자가 필요하다. 투쟁기획실의 섭서비와 알사탕이 제격이다.

국수를 팔고 술을 파는 일일주점은 무엇보다 경험이 중요하다. '졸리나가 해야 한다'에 아무도 이의를 달지 않았다.

홍보를 위해 티저 영상을 만든다. 콧수염 기르고 다니는 정용택 다큐감독이 한다.

다큐 촬영은 농성 초기부터 두리반을 촬영해온 류수사와 정 감독이 한다.

당일 기록 사진은 농성 초기부터 두리반을 촬영해온 토리가 맡는다.

나는 논다?

두리반은 바빠졌다

예매 담당 존도우는 자고 나면 비명을 질렀다.

"어젯밤에 613명 예매한 거 보고 잤는데, 그새 40명이 늘었네요. 653명이에요."

그는 하루 종일 아이폰에 코를 박고 살면서 쉴 새 없이 예매 현황을 알렸다.

"밥 먹자, 존도우! 밥도 먹어가면서 중계해라."

존도우는 밥 생각이 없다고 말했다. 예매 성적이 저조하던 4월 중순만 해도 밥도 먹고 씻기도 하더니 400명이 넘어서는 순간부터 그냥 맛이 가버렸다. 졸리나가 겨우내 입다가 벗어둔 빨간 패딩 코트를 어디서 찾았는지! 그걸 터질 듯 껴입고 입금 상황 체크하랴, 예매자 명단 새로 뽑으랴, 뻔질나게 은행과 PC방을 드나들었다. 그런 존도우를 두고 젊은 벗들은 인민 예매부장이라고 불렀다.

밴드 섭외도 수월하다고 했다. 물론 처음부터 그랬던 건 아니다. 하필 철거농성장이냐고 고개를 저은 팀도 초기에는 몇 팀 있었다고 했다. 그때만 해도 속이 탔다. 하지만 한 번 탄력이 붙자 역전이 됐다. 우리도 공연할 수 있겠느냐고 문의해오는 밴드가 심심찮게 있다고 한다. 때문에 정동민은 큰일 났다고 엄살을 떨었다.

"51밴드가 넘어버렸어요."

"그래? 근데 그게 왜 큰일이라는 거지?"

"큰일이죠. 스테이지를 늘릴 수도 없고, 공연을 이틀 연속으로 할 수도 없고."

급기야 밴드 문제로 회의를 열었다. 현재까지 공연하기로 한 밴드가 62밴드다. 추려서 51밴드로 맞춰야 하나? 아니다. 62밴드로 가되, 더는 받지 말자. 62밴드가 되었으니 행사 이름은 당연히 바뀌어야 한다. '51 두리반'을 '62 두리반'으로 할 것인가. 그건 안 된다. 5월 1일 51밴드 5,100원 취지에서 어긋난다. '51+ 두리반'으로 하자. 그리하여 포스터나 웹자보에 들어갈 정확한 행사명도 나왔다.

제1회 뉴타운컬쳐파티
51+ 두리반

졸리나의 일일주점도 순조롭게 진행되고 있었다. 멸치국물 우려내는 들통, 국수 삶는 통, 파전 튀겨 나갈 프라이팬, 프로판 가스레인지, 탁자, 의자 같은 건 전철련 중앙에서 빌리기로 했다. 그러나 무엇보다 중요한 건 함께 일할 사람이었다. 두리반이 용역들에게 들려나갈 때 졸리나 곁에 서서 가슴을 쳤던 주방장이 일일 주방장으로 오겠다고 했다. 여전히 엄두를 못 내는 졸리나가 걱정스러웠다. 후배 소설가인 홍명진과 김정아에게 5월 1일 행사에 도움을 줄 수 있겠느냐고 물었다. 흔쾌히 돕겠다고 했다. 스태프 중에서도 일일주점을 돕는 스태프를 네 명이나 뽑았다.

마지막으로 무대 꾸미는 일이었다. 유병서, 감동환, 김상녕, 고대건은 전기가 들어오지 않는 각 층에 전기 시설을 먼저 했다. 그동안 전기는 공항철도 역사공사를 하는 건설사에서 끌어와 1층만 쓰고 있었다. 지하와 3층의 전기공사를 끝내자 3층 칸막이를 허물어 공간을 최대한 넓히는 작업을 했다. 단란주점이었던 지하도 룸을 없애고 공간을 넓혔다. 이런 일에는 네 사람으로 모자라 모든 스태프가 매달렸다.

마지막으로 두리반 뒷마당에다 야외무대를 꾸며야 했다. 그 일은 야외무대를 꾸미는 첫날에 터졌다.

건설사는 인부들을 보내 두리반 아래쪽에 있는 빈 꽃가게를 헐기 시작했다. 인부들 얘기로는 4월 말까지 두리반 뒷마당 옆에 있는 한옥건물 아리랑도 철거할 예정이라고 했다. 용역깡패들을 보냈다간 두리반과 큰 충돌이 예상되니까, 우선은 인부들만 보낸 것이렷다!

4개월 넘게 비어 있던 꽃가게를 하필 지금 헌다? '51+ 두리반'을 방해하려는 수작이었다. 전철련식이라면 당장 쫓아가서 철거작업을 못하도록 막아야 한다. 실제로 작업을 막아야 한다고 졸리나는 펄쩍펄쩍 뛰었다. 호는 '51+ 두리반'을 방해하려는 게 목적이니 꽃가게는 맛보기고 건설사는 한옥 철거에 집중할 것이다, 그렇다면 한옥 앞에다 텐트를 치고 밤낮으로 자신이 지키는 수밖에 없다고 했다. 단편선은 어떡하죠, 어떡하죠를 5분 간격으로 되까렸다. 스태프들도 동요하는 눈치가 역력했다. 나까지 방향을 못 잡고 흥분해버리면 일은 엉망으로 꼬여버리고 만다. 나는 애써 흥분을 눅잦혔다. 오늘은 그냥 하던 일이나 계속하자구, 그렇게 말하고 다시 빗자루를 들었다.

졸리나는 계속 펄쩍펄쩍 뛰었다. 그러다 제 성질에 못 이겨 젊은 벗들과 함께 꽃가게 쪽으로 달려갔다. 나는 들었던 빗자루를 집어던지고 졸리나보다 더 빨리 뛰기 시작했다. 졸리나 앞에 섰다. 달려오는 졸리나를 꽉 끌어안았다.

"이러면 안 돼. 이러면 용역깡패들 불러들이는 명분을 주는 거야. 제발 하루만 기다려."

"하루 기다리면 수가 나?"

"응, 수가 나."

전혀 대안도 없으면서 내 평생 가장 강하고 단호한 대답을 했다. 그래야만 졸리나가 받아들일 것 같았다. 졸리나는 수긍했다.

 뒷마당으로 돌아와 다시 빗자루를 들었으나 일이 손에 잡힐 리 없었다. 졸리나는 1층 주방 쪽으로 갔고, 유병서와 감동환은 다시 망치를 들었다. 뮤지션들과 스태프들도 삽이나 빗자루를 들고 자기 일을 찾았다. 다들 나를 믿는 눈치였다. 젠장, 믿을 게 따로 있는 거지! 나는 한없이 답답했다. 급기야 그 자리를 조용히 빠져나왔다. 그리고 아무도 몰래 2층으로 올랐다.

두리반대책위원회

2층 구석에 앉아 전화를 걸었다. 한국작가회의 사무총장 김남일 선배한테 걸었다. 목회자정의평화위원회 부의장 김종수 목사한테 걸었다. 별명이 섭서비인 성미산주민대책위 김성섭한테 걸었다. 민노당 마포구위원장 윤성일한테 걸었다. 진보신당 마포구위원장 정경섭한테 걸었다.

 다음 날 오전 11시 그네들과 함께 마포경찰서 정보과를 찾았다. 다섯 사람만 안으로 들어가 정보과장을 만났다. 나는 밖에서 기다렸다. 당사자인 내가 들어가면 다섯 사람은 자칫 들러리가 될 수도 있었다. 내가 다 지껄일 게 분명하니까. 믿음이 있다면 나는 당연히 빠져야 한다. 나는 다섯 사람을 굳게 믿었다. 다섯 사람이 정보과장을 향해 어떻게 말할 건지도 충분히 그려낼 수 있었다.

 소설가인 남일 형은 뻥도 좀 섞어서 작가회의의 위력으로 정보과장을 몰아세울 것이다. 목사인 종수 형은 다분히 설득적으로 조근조근 말할 것이다. 만약 정보과장이 거드름을 피운다면 그건 윤성일의 몫이다. 정보과장의 태도가 부드러워질 때까지 여지없이 코너로 몰 것이다. 정경섭은 용역깡패들과 두리반이 한판 붙으면 어떻게 될지 나도 모르겠다는 식으로 정보과장을 설득할 것이다. 말끝에 용산참사를 기억하라고 은근한 압박도 가할 것이다. 그런데도 정보과장이 철거 중단에 대해 뜨뜻미지근하게 답변한다면 섭서비가 나설 것이다. 건설사를 설득해 철거작업을 중단시키는 건 한시가 급하다, 뜨뜻미지근한 답변을 듣고서는 우리가 돌아갈 수 없다, 분명한 답을 지금 이 자리에서 해줘야 한다고 화룡점정을 찍을 것이다.

애기가 잘되는 쪽이라면 한 시간 내로 나오기는 힘들 것이다. 나는 하릴없이 몇 그루 목련나무가 서 있는 마포경찰서 건물 오른쪽으로 오른다. 오늘 아침에도 두리반에선 오리털파카를 입었는데, 여기는 완연한 봄이다. 아니 벌써 봄이 가고 있는 모양이다. 꽃은 졌고 어느새 잎이 나오고 있다. 두리반만 여태 동토였다.

경찰서 담 너머로는 그 많던 한옥들이 죄 쓸려나가고 없다. 뉴타운 재개발로 인해 흔적도 없이 사라진 대신 민둥산이거나 듬성듬성 아파트가 들어서 있다. 그러니 공덕이라는 이름 또한 가버리고 없다. 마포나루에 정박한 황포돛배에서 곡식을 내리고 새우젓을 내리던 시절, 공덕엔 퇴직한 하급관리들이 살았다. 그들이 공자의 덕을 세웠는지, 아니면 깔아뭉갰는지는 모르겠다. 하여튼 그네들이 살았던 기와집말은 시대와 상관없이 건재해왔다, 심지어 한국전쟁의 참화 속에서도 살아남았다. 공지영의 『봉순이 언니』 배경도 공덕과 아현의 경계쯤이었지 아마. 그 기와집말 역시 확 쓸려버렸을 것이다.

그곳, 낮은 고개 아현을 넘으면 어디가 나오는가. 새우젓이나 소금 지게를 지고 목 끝에 닿는 숨을 헐떡이며 넘었던 다음 고개는 대현이다. 얼마나 길고 험하게 느껴졌으면 만리나 되는 고개 같다고 해서 대현을 만리재라고 했을까. 만리재 아래쪽, 그러니까 마포경찰서 건너편에 있는 서울지방법원 서부지원 자리는 안양교도소가 생기면서 없어진 마포형무소 자리다.

바깥에 나와 목련나무 아래에 앉으니 별 쓸데없는 것들이 물물이 지나간다. 두리반을 떠올리고 두리반으로 돌아갈 생각을 하면 기어이 난감해진다. 때문에 자꾸 다른 것들을 떠올리지만 실은 생각의 중심에는 늘 두리반이 있다. 하긴 두리반 말고 무얼 생각할 수 있단 말인가. 나는 단지 단애절벽 끝에 매달려 있는 남편 철거민일 뿐이잖은가. 이제 곧 4월이 간다. 4월이 가면 직장으로 돌아갈 수 없다. 그렇게 되면 더더욱 이판사판이 될 수밖에 없지 않는가.

꽤 오랫동안 답도 없는 것들을 생각하고 있었다. 시계를 보니 시간 반이나 흘러 있었다. 그런데도 다섯 사람은 아직 나오지 않고 있다. 이건 또 지나치게 긴 면담이다. 잘 안 풀리나? 걱정이 밀려든다. 만약 최악이라면 어떻게 해야 되는가. 결코 그렇진 않을 것이다. 경찰은 오히려 어제 인부들과 사단을 내지 않고 조용히 찾아와준 것을 고맙게 여길지도 모른다. 만약 어제 사단을 냈다면 건설사가 경찰을 찾았겠지. 건설사는 용역들을 풀 거라며 경찰의 입회를 요청하겠지. 폭력사태가 발생한다면 경찰로선 여하튼 좋을 게 없는 거지.

오만가지 생각이 교차하는 중에 휴대폰이 울렸다. 섭서비다.

"경찰서 현관 앞에 나와 있어요. 얘긴 잘됐어요. '51+ 두리반' 끝날 때까지 철거작업 중단시키겠대요."

아휴, 소리가 절로 나왔다.

위대한 다섯 사람과 늦은 점심을 먹었다. 식사 도중 누군가가 "코 꿴

다"는 말을 해서 나는 피식 웃었다.

 아닌 게 아니라 그렇게 됐다. 다섯 사람은 본의와 상관없이 두리반대책위원이 되었다. 농성 막판으로 갈수록 그들은 절대적 힘이었다. 물론 한국작가회의 사무총장 남일 형은 6월에 위암 수술을 받느라 계속 함께할 수 없었다. 대신 한국작가회의 자유실천위 부위원장인 시인 황규관이 함께했다. 또 늦은 가을부터는 예수살기 총무 최헌국 목사, 한국교회인권센터 사무국장 김은영 목사가 합류했다.

 그 일곱 사람이 두리반 외벽이었다. 두리반대책위원들이 있었기에 두리반은 자유로웠다. 늘 노래가 있었고, 다큐멘터리 영화 상영회가 있었고, 시 낭송회가 있었고, 각종 포럼이 열릴 수 있었다.

'51+ 두리반' 전야

두리반대책위가 마포경찰서를 다녀온 다음 날부터 건설사의 인부들은 거짓말처럼 보이지 않았다. 졸리나는 내 엉덩이를 두어 번 탁탁 쳐주었다. 장하다는 뜻이다. 원체 개무시를 당하면서 살아온 터라 기분이 무척 좋았다. 그래도 할 말은 해야지! "워낙 두리반대책위가 빵빵하잖아!"

 근심거리가 없어지자 일은 속도가 붙었다. 4월 30일 오전까지 세 군데 스테이지는 모양이 제대로 나왔다. 일일주점으로 삼은 1층만이 더뎠다. 집기가 없어서 그랬다. 강제 철거당할 때 모든 것을 들어냈기에 남아 있는 것이 없었다. 전철련 중앙에서 승합차를 보내온 점심 무렵부터 상황은 달라졌다. 어떻게 구했는지 승합차에는 가정용 싱크대까지 있었다. 사당동 정금마을철대위원장이 프로판 가스레인지와 싱크대, 선반을 설치해주었다. 이제 주방도 속도가 붙기 시작했다. 똥을 뺀 멸치 한 광주리를 거대한 들통에 쏟아붓고 그걸 우려내는 일부터 시작했다. 졸리나의 말로는 밤새 우려내야 죽여주는 멸치국물이 된다고 했다.

1층 홀에는 미리 사놓은 맥주와 막걸리가 쌓여 있었다. 영업용 냉장고 두 대가 들어옴으로써 그것도 해결되었다. 냉장고는 두리반이 영업할 때 거래했던 술도가에서 졸리나가 빌린 것이었다. 월간『르몽드 디플로마티크』독자들이 후원해준 500밀리리터 생수 1,000병도 한쪽 구석에 있었지만, 워낙 부피를 차지해 냉장고에 넣을 수 없었다.

호는 그린비출판사에서 또다시 책을 실어왔다. '51+ 두리반' 행사 때 팔 거라고 했다. 안 그래도 지난 3월부터 그린비출판사 책들을 판매해 농성자금으로 보태왔다. 그게 무척 싫었다. 대표인 유재건이 애가 탈 걸 생각하면 못할 짓이었다. 책 판매에 거의 열의를 보이지 않았는데도 이진경, 강신주, 슬라보예 지젝, 프란츠파농의 책들은 잘 나갔다. 기왕에 갖고 온 것 말고는 더는 후원하지 말라고 간신히 말려 한시름 놓는데, 호가 또다시 싣고 온 거였다. 호의 형인 재건이는 걱정 말라고 했지만, 그게 어떤 책들인가. 미안해서 죽을 맛이었다.

일일주점이 그러구러 정리된 뒤에는 지하로 내려갔다. 치약내가 훅 끼쳐왔다. 곰팡내를 없애느라 카즈와 스태프들이 치약으로 청소한 탓이었다. 치약내 속에서 조약골, 쏭, 이씬은 장비세팅을 하느라 바빴다. 하울링howling이 어쩌고저쩌고 하면서 스피커를 옮겨보고, 앰프를 이리저리 밀고 당겼다.

밴드대기실 겸 '51+ 두리반' 컨트롤센터인 2층은 난장판이었다. 스태프들마다 엉덩이를 하늘로 쳐든 채 바닥에 코를 박고 있었다. 뭐하는 거야, 하고 물었다간 '꺼져' 소리가 터져 나올지도 몰라 그냥 다가가 봤다. 제멋대로 자른 보드지에 저마다 뭔가를 쓰고 있었다. '세계노동절 120주년 기념, 51+ 두리반', '굴레를 벗어던져라!', '미친 발광 난장쑈!', '51+ 두리반', '뉴타운칼챠파티', '무패불패 인디신, 두리반!', '5월1일 12시!' '혁명이여 일어나라, 두리반이여 일어나라!' 'Get up, Stand up 두리반!' 같은 것들이었다. 오호라, 거리 홍보를 나서실 모양이군.

3층은 장비세팅을 끝냈는지 밤섬해적단이 쿵쾅쿵쾅 두드려댔다. 귀가 먹먹한데도 무대 옆에서 한받은 부나비랑 무슨 얘긴가를 나눴다. 밤섬해적단과 한받은 3층에서 공연한다. 한받은 포크계열 노래 대신 '51+ 두리반'에선 댄스곡을 하기로 했다. 댄스곡을 할 때는 이름도 바뀐다. 한받이 아니라 야마가타 트윅스터다. 야마가타 트윅스터의 〈돈만 아는 저질〉은 '사막의 우물 두리반'에서 이미 두어 번 선보였다. 무척 흥겨워서 전주만 나와도 고개가 까딱거려지고 온몸이 흔들린다.

그러고 보니 다들 자기 공연할 무대에 신경 쓰는 중이었다. 야외무대로 나오자 더욱 확실해졌다. 정동민과 박다함, 정한길, 단편선은 프린지에서 빌려온 야외 천막에 장비를 옮겨놓고 그걸 열나게 맞춰보고 있다. 유병서와 감동환은 아까부터 조명탑 몇 개를 세우고 크리스마스 트리 때 쓰는 반짝이 점멸등을 설치하는 중이었다.

저녁은 국수였다. 졸리나는 국수를 나눠주면서 일단 김이 새는 말을 했다. 아직 멸치국물이 덜 우러났다는 거였다. 밥 먹을 때마다 언제나 늘 반드시 김을 빼왔기에 그러려니 했다. 비린내도 안 나고 멸치냄새도 그윽하고 맛만 있었다. 박다함은 무려 세 그릇을 비웠다.

"이제 홍보하러 나갑시다. 마침 오늘이 클럽데입니다."

한받은 제일 먼저 일어나 기타를 멨다. 단편선이 우쿨렐레ukulele를 메고 따라 일어나자 박다함은 드럼세트에서 뜯어낸 스네어를 들었다. 토리는 카메라를 들었고, 스태프들은 낮에 써놓은 피켓을 들었다. 조약골과 괭이는 아무 것도 들지 않았다. 그냥 몸으로 뛰겠다는 거였다. 그들은 홍대 앞을 지나, 프리마켓이 열리는 놀이터를 지나, 365번지까지 한 바퀴 돌고 나서 돌아올 거라고 했다. 그들은 소풍을 가듯 재잘거렸다. 단편선이 우쿨렐레 반주로 〈인터내셔널가〉를 선창하자 그들은 이내 그걸 따라 불렀다.

깨어라, 노동자의 군대! 굴레를 벗어던져라!
정의는 분화구의 불길처럼 힘차게 타온다!
대지의 저주받은 땅에 새 세계를 펼칠 때!
어떠한 낡은 쇠사슬도 우리를 막지 못해!

그들은 거리로 사라져갔다. 비장한 각오가 아니면 거리로 나설 수 없던 나의 세대들에게 그들의 즐거운 모습은 아주 낯설지만 아주 놀라운 풍경이었다. 나는 점점 그들에게 빠져들 것만 같다.

51+ 두리반

4월 30일 그 밤은 무지무지 더디 갔다.

젊은 벗들이 '51+ 두리반' 홍보를 위해 거리로 나선 동안 야외무대 앞에선 술 먹은 인간 서넛이 아까부터 깔짝거렸다. 어쩌면 술 먹은 척 하는 건지도 몰랐다.

"뭐야 이거? 뭔데 이거? 여기서 공연해도 괜찮은 거야?"

"내가 허락 안 했는데? 시내 한복판에서 이런 거 하면 안 되지!"

장비만 건들지 않는다면 귀를 닫고 가만히 있는 게 상책이었다. 애써 가슴을 누르고 있는데, 한 놈이 다시 시비를 걸었다.

"아저씨! 아저씨, 귀먹었어? 이 아저씨 귀먹었나 봐!"

그때쯤에는 이놈들이 어떤 놈들인지 분명히 알 수 있었다. 그냥 넘어갈 수 없는 놈들이었다.

"반가한테 가서 말해! 난 이제 돌아갈 곳이 없어졌다고! 두리반은 끝까지 간다고!"

반가는 건설사가 내세운 바지사장이었다. 그는 단 한 번도 두리반을 품격 있게 대하지 않았다. 벌써 여러 차례 이런 식으로 비열한 짓만 해왔다. 그러니 애써 참느라 목소리를 죽였지만, 말끝이 파랗게 살아난 모양이었다.

두리반 안에 있던 사람들이 놀라 뛰어나왔다. 여자들은 다다다다 기관단총을 쏘아댔다. 그 밤에 두리반을 찾은 한신 민주동문회 후배들도 가만있지 않았다. 80년대에 전두환과 맞서서 얼마나 기막히게 싸웠던 벗들인가! 그들은 바주카포를 펑펑 쏴댔다. 그놈들은, 아 씨바 무서워 살겠나, 하면서 움찔움찔 물러나는 거였다.

그놈들이 멀리 가지 않았을 거라는 불안감이 맴돌았다. 그러니 그날 밤은 아주 베렸다. 밤새 불침번을 서야만 했다.

그런데도 2010년 5월 1일은 기막혔다. 추웠다 더웠다를 반복하던 날씨는 이상하게도 균형감을 찾았다. 바람 한 점 없이 약간 더운 전형적인 늦봄의 날씨였다.

1,000명이 넘는 이들이 예매를 했지만, 12시가 되도록 관객은 아직

100여 명에 불과했다. 그러나 밴드당 공연시간을 20분씩 박하게 잡아 놓은 터라 지체할 수 없었다. 정오의 그린 듯한 햇볕 아래서 더늠 풍물패가 길놀이굿을 시작했다. 풍물패의 꼬리를 잡고 관객들이 뒷마당을 덩실덩실 돌았다. 안전관리를 맡은 나사못회전과 진보신당 당원들도 아래쪽 공터에서 어깨를 으쓱으쓱하고 있었다. 죽이 맞아 히히덕대기 좋아하는 신준호와 고세진은 뭐하나? 아니나 다를까! 나사못회전 곁에서 또 킬킬거리고 있었다.

  오프닝 공연에 앞서 인사를 해야 되는 순서였다. 버벅대느니 안 하고 싶었지만 박다함이 손짓 발짓에 눈짓까지 하면서 어서 나오라고 재촉했다. 질질 끌려 나가듯 무대 앞으로 나서자 어느새 두 명의 통역원까지 따라 붙었다. 왼쪽은 조약골, 내 인사말을 영어로 통역한다고 했다. 오른쪽은 청소년인권운동가 둠코, 내 인사말을 일어로 통역한다고 했다. 눈 씻고 찾아봐도 외국인은 아직 없는 것으로 보였다. 폼만 죽여주게 잡는 모양새였다. 어쨌든 멋진 말을 해야 된다고 생각했다. 그게 심각한 중압감을 안겼는지 글쎄 나는 어, 어, 어로 말문을 열었다. 조약골은 블라블라로 통역했다. 둠코는 이, 이, 이로 통역했다. 그다음부터는 무슨 말을 했는지 도대체 기억이 나지 않았다. 나는 내 자신에게 약간 실망한 채 얼른 입을 다물고, 얼른 내려오고 말았다. 핑계는 시간이 촉박해서!

  오프닝 공연은 마이크 외에는 어떤 장비도 없이 노래하는 백현진의 몫이었다. 얼마나 대단했는지, 〈선운사〉를 부를 때는 주방에 있던 졸리나까지 뛰쳐나와 넋을 놓을 정도였다. 아, 하루종일 〈선운사〉만 들었으면 좋겠다. 나는 그토록 단순했고, 그토록 백현진의 〈선운사〉가 좋았다.

다음은 멍구밴드였다. 내게는 젬베djembe를 두드리는 멍구, 베이스를 치는 모글리, 기타 겸 보컬인 젤리가 공연해온 3인조 멍쿠스틱만이 기억에 있었다. 오늘은 일렉기타를 치는 즈우가 합류하고, 멍구가 젬베 대신 드럼을 치는 풀밴드였다. 그들은 〈나 이제 잘 살래〉와 2차대전 때 파시스트와 나치에 저항했던 이탈리아 빨치산의 노래를 펑크버전으로 번안한 〈벨라 차오 Bella ciao〉를 불렀다. 저절로 땅에서 몸이 튀어오르는 노래였다. 보컬인 젤리의 선동력과 관객과의 공감력도 대단했다. 젤리는 그 어떤 밴드보다도 관객을 무대 앞으로 끌어내는 재주가 있었다. 달변이거나 거들먹거림에서 오는 게 아니었다. 오히려 젤리는 좀 어눌한 편이었다. 확 도드라지게 무언가를 하는 것도 아니었다. "공연 보시면 알겠지만 멍구밴드는 별로예요. 죄송합니다. 잘하겠습니다." 그렇게 관객 앞에 고개를 숙이니 그게 좋았을까. 관객은 아우성을 치면서 젤리랑 같이 뛰었다.

아이앤아이장단이 공연할 때인 오후 3시쯤에는 1,500명 이상이 두리반을 찾았다. 두리반은 발 디딜 틈도 없었다. 지하 공연장과 3층 공연장은 한 사람이 나오면 한 사람이 들어가는 식으로 무작정 대기상태였다. 그나마 공간 여유가 있는 야외무대 때문에 숨통이 트였다. 그것도 오래 가진 않았다. 여의도에서 메이데이 행사를 끝낸 이들이 깃발을 들고 두리반을 찾았기 때문이다. 야외 공연장과 두리반 건물은 출퇴근시간의 신도림역 환승로 계단만 같았다.

건물이 무너질까 봐 불안 불안해서 침이 말랐다. 질서유지를 맡은 진보신당 당원들과 30여 명의 스태프들도 어찌해볼 수가 없었다. 자발적으로 질서를 지켜주십사 기대하는 것이 다였다.

불상사는 없었다. 공연을 못 봤다고 환불소동을 벌이는 일도 없었

드디어 '51+ 두리반'이다.

62개 밴드의 공연,

2,000명이 넘는 사람들,

이때부터 두리반은 문화예술운동의 해방구가 되었다.

3스테이지인 두리반 뒷마당에서

아이앤아이장단이 공연하고 있다.

다. 2,000명이 넘는 사람들이 관객의 의미로 '51+ 두리반'을 찾은 게 아니라, 연대의 의미로 두리반을 찾았기 때문이다. 눈물겨웠다. 이웃의 고마움, 연대의 고마움을 더 어떤 것으로 느낀단 말인가.

'51+ 두리반' 행사는 새벽 3시를 훌쩍 넘겨서야 끝났다. 최후까지 50여 명의 관객들이 남았다. 그들은 스태프들과 두리반 안에서, 또는 뒷마당에서 아침이 밝아올 때까지 술을 마셨다. 그날 처음으로 아침 청소를 하지 않았다.

이제 돌아갈 곳이 없어졌으니!

눈을 붙이긴 해야 하는데 그럴 곳이 없다. 뒷마당에도, 지하에서 옥상까지도 방방곡곡 쓰러져 자거나 술을 마시고 있으니 앞이 캄캄하다. 그 새벽까지 죽이 맞는 관객들과 한잔하고 있는 스태프들은 아직 싱싱해보였다. 그들은 잠자리를 찾으러 다니는 나를 붙잡았다.

"한잔하세요?"

나는 고개를 절레절레 흔들었다. 너희는 20대, 나는 김빠진 50대, 그게 이유였다.

어쨌든 자야만 그나마 몸이 말을 듣겠다. 새벽 4시 30분에 라면박스 두 장을 들고 3층까지 오르락내리락하다가 겨우 눈 붙일 자리를 찾았다. 3층 무대에 있는 드럼세트를 한구석으로 밀쳐놓고 그 자리에 라면박스를 펼쳤다. 눈을 감고 한참을 뒤척이다가 동이 트느라 희붐할 때쯤 나가떨어졌다.

깨어났을 때는 한낮이었다. 2,000명이 넘게 다녀간 두리반은 폐허에 가까웠다. 치워야 하는데 어디서부터 어떻게 치워야 할지 정신 사나웠다. 공중부양으로 쏙 빠져나가는 길은 없을까. 엄두가 안 나니 한자리에서 계속 뭉그적거렸다. 그러다가 빗자루를 들었고, 그러다가 뒷마당부터 치웠다. 그러다가 뒤늦게 일어난 뮤지션, 스태프들과 뒤엉켜 치웠다. 트럭에 실려 보내야 할 것까지 보내고 나니 다시 밤이었다.

어제의 열기가 식지 않은 탓에 두리반 1층은 젊은 벗들로 만원이었다. 쫑파티는 돌아오는 토요일에 하기로 했으나 그건 그거고, 좀처럼 흩어질 생각을 않았다. 이러다가 매일 쫑파티가 열릴 참이었다. 그들은 냉장고가 있으니 좋긴 좋다면서 맥주와 막걸리를 꺼내 연신 잔을 비웠다. 알코올 분해력이 없는 나는 그림의 떡 마냥 술자리를 구경하다가 분위기 깰까 봐 슬그머니 뒷마당으로 나갔다. '51+ 두리반'을 위해 석관동에서 실어왔던 50여 개의 파라솔 의자는 여전히 한쪽에 쌓여 있다. 잠시 두리반 안으로 옮겨놓을까 고민하다가 오늘밤만 그냥 두기로 했다. 술자리 분위기 깨면 안 되겠기에.

잘 정리된 텅 빈 마당, 그 한쪽에 있는 보안등 아래에 쭈그리고 앉았다.

꿈만 같다. 꿈 뒤로 밀려오는 것은 무엇인가. 잔치 끝에 오는 공허함인가. 허황한 또 다른 어떤 꿈인가. 불현듯 속이 허해지면서 감정이 복받친다.

이제 어떻게 되는 거지?

4개월의 휴직생활은 끝났다. 마침내 돌아갈 곳은 없다. 드러내지 않았을 뿐, 돌아가고 싶어서 그동안 속으로는 절박하게 애원했다. 이제라도 얘기하자는 건설사의 연락이 있기를 눈알이 빠지게 기다렸다. 그건 신물 나는 기다림이었다. 그건 도대체 멍청한 기다림이었다.

드디어 나는 완전한 철거민이 되었다. 우연히! 정말 우연히 철거민이 되었다가, 자존심이 상해서 철거민이 아닌 휴직 중인 출판부장이라고 몸부림쳤다가, 이제 완전한 철거민이 되었다. 그러니 루비콘 강은 건넜다. 퇴직금 받아서 두리반 열 때 대출받았던 빚 갚고, 나머지 돈으로 끝까지 가는 길밖에는 없다. 지금까지는 졸리나의 분함을 삭혀주고 자존심을 세워달라는 거였다면, 이제는 두리반을 다시 여는 것, 그게 최종 목표가 돼버렸다.

그런데 최종 목표를 위해 어떻게, 언제까지 싸워야 하는 거지?

피잉 뭔가가 눈자위를 스치고 지나간다. 눈물이었다. 큰아들 자전거, 고3이 된 둘째 놈 산, 두 아이가 떠오르자 목이 멨다. 용산 신계철대위원장의 눈물이 떠오른다. 공장에서 일하다가 학교에서 돌아온 딸내미의 전화를 받았다고 했다. 조퇴를 하고 정신없이 집으로 달려갔더니 이미 모든 게 끝나 있었다고 했다. 딸내미는 골목 입구에서 울고 있었고, 아침에 출근하면서 비운 집은 포클레인이 처참하게 뭉개버렸다고 했다. 그런데 이상도 하지! 다른 어떤 것도 생각 안 나고, 오직 딸내미 어릴 때 찍은 사진집만 떠올랐다고 했다. 그걸 찾기 위해 발버둥 쳤으나 용역들이 근처도 못 오게 막았다고 했다. 끝내 딸내미 앨범은 건축폐기물이 되어 어디론가 실려 가고 말았다. 지금도 골목 끝에서 울던 딸내미와 앨범을 떠올리면 그렇게 눈물이 날 수가 없다고 했다.

자식이란 게 그런 모양이었다. 분노가 되었다가, 눈물이 되었다가, 기다림이 되었다가, 또다시 눈물이 되는 게 자식인 모양이었다.

돌아갈 곳 없는데 두 아이를 지켜야 할 가장이라니!

가자, 사당동 정금마을로!

그걸 안에다 들여놨어야 하는 건데 후회막급이었다. 50여 개나 되는 파라솔 의자를 몽땅 도둑맞았다. 그따위 중고 플라스틱 의자를 집어가는 놈이 다 있다니! 아휴, 젠장! 하긴 유병서랑 감동환도 석관동에서 집어온 것이긴 하다. 물론 석관동에서 집어온 것은 재개발로 인해 버려진 것들을 모아서 갖고 온 거니까 다르긴 하겠다. 어쨌거나 아휴, 젠장!

3층을 공연과 영화상영, 각종 행사를 위한 공간으로 활용할 계획이었는데 일이 꼬이게 됐다. 1층은 주방이 딸린 농성 공간이어서 행사를 갖기에는 답답하고 좁았다. 3층은 스탠딩일 경우 100명이 넘는 사람도 수용할 수 있다. 의자를 두고 앉더라도 60명 이상 수용할 만하다. 더군다나 '51+ 두리반' 행사 때문에 무대까지 생기지 않았는가. 파라솔 의자만 있다면 딱인데 그걸 도둑맞다니!

범인을 잡아볼까. 분명 동교동 일대를 도는 고물수집상의 소행이리라. 모르긴 몰라도 팔아넘기기 위한 소행이렷다. 그렇다면 동교동이나 서교동 일대 고물상을 서너 군데만 뒤져도 나오지 않겠는가. 조를 짜서 돌아봐야겠다는 생각을 하고 젊은 벗들에게 얘기를 꺼냈다.

반응이 빡쳤다. "고물상은 인터넷 검색으로도 안 나와요." "그런 고물상을 어느 천년에 다 뒤져요?" "만약 이 일대 고물상에서 안 나오면 어떡하실 거예요?" "오늘부터 날씨가 무지 더워졌어요. 경북 구미는 31도까지 올랐대요." 심지어, 의자 없어도 돼요, 하는 소리까지 나왔다. 귀찮다는 이유로 똥 싸고 밑도 안 닦을 놈들이었다. 그런 놈들한테 뭔가 보여줘야 한다고 생각했다. 난 완전한 철거민이어서 품위를 지킬 것도 없었다.

"야이, 씨발놈들아!"

젊은 벗들은 깜짝 놀라 나를 쳐다봤다. 그리고 도저히 참을 수 없다는 듯 배꼽이 튀어나오게 웃었다.

우리는 이내 파라솔 의자 따위는 잊고 더 급한 무언가를 하기로 했다. 잠자는 공간을 확보하는 일이었다. '51+ 두리반' 행사가 끝난 뒤로 눌러앉게 된 이들이 네 명이었다. 그네들을 위해 기존의 잠자리 외에도 7, 8명이 더 누울 수 있는 평상을 2층에 놓아야만 했다.

우리는 1층에 있는 빈 맥주상자를 2층으로 들어 올리는 일부터 했다. 맥주상자 위에는 합판 대신 철판을 깔 생각이었다. 농성 초기에 1, 2층 창문들을 막기 위해 사다놨던 철판이 예닐곱 장 남아 있었다. 철판 위에는 스티로폼을 사다가 깔고, 그 위에 옥탑방 바닥 장판을 걷어다 깔면 평상은 완성된다.

고물상 돌자고 할 때는 어떻게든 안 되는 쪽으로만 얘기하더니 평상 까는 일은 달랐다. 스티로폼 사오는 일조차 군소리 없이 받아들였다. 사람이 많으니 일은 일사천리로 진행되었다. 불과 두어 시간 만에 레슬링을 해도 될 만한 큰 평상이 생겼다. 기념으로 평상에서 점심을 먹기로 했다.

졸리나한테서 전화가 온 건 류수사가 찌개를 끓이고 있을 때였다. 밥은 다 됐다. 찌개 말고는 이미 모든 것을 평상으로 옮겨놓은 상태였다. 분함을 견딜 수 없다는 듯 졸리나의 목소리는 날카로웠다. 새벽에 용역깡패들이 사당동 정금마을철대위 농성장을 덮쳤다고 했다. 전철련 중앙은 곧장 비상을 걸었다. 졸리나는 둘째 놈 산을 깨워 밥을 차려준 뒤 정금마을로 달려갔다.

정금마을은 개판이었다. 농성장은 용역깡패들이 똥물을 끼얹어놓아 코를 들 수 없을 지경이었다. 정금마을철대위 사람들은 길바닥으로 패대기쳐졌다. 철대위원장이 네놈들이 인간이냐고 절규하자 깡패들은 다시 달려들었다. 철대위원장은 호신용으로 갖고 다니던 생선 썩힌 물을 뿌리면서 저항하다가 농성장 옆 건물 2층으로 쫓겨 올라갔다. 용역깡패들이 그 2층까지 쫓아올라가 위원장을 짓밟았다. 위원장이 사지를 떨며 축 늘어지자 깡패들은 계단 아래로 굴려버리기까지 했다.

졸리나는 미치겠다면서 정금마을 폭력사태를 알리는 기고문을 써달라고 했다. 전철련 사람들은 동작구청과 경찰서로 달려가 항의한 뒤, 지금은 다시 정금마을로 돌아와 용역깡패들과 대치 중이라고 했다. 어쩌면 집에 못 들어갈지도 모르니 낼 아침에 전화로 산을 깨워줘야 한다고 신신당부도 했다. 현재는 어떠냐고 물었다. 철대위원장은 입원해 있고, 용역깡패들과 대치 상태는 언제 풀릴지 모른다고 했다.

엊그제만 해도 두리반에 와서 선반과 싱크대를 설치해줬던 정금마을철대위원장이 아닌가. 그는 입원해 있고, 새벽부터 달려간 졸리나는 여태 깡패들과 대치 중이라니! 이걸 또 어쩌나! 길게 한숨이 흘러나왔다. 밥맛도 떨어졌다. 평상에 앉아 숟가락을 들었지만 끝내 밥 한 술 못 뜨고 말았다.

류수사가 무슨 일 있는 거냐고 물었다. 졸리나한테 들은 대로 정금마을 얘기를 해줬다.

"그럼 우리 원정 가야 되는 거 아녜요?"

밥 먹다 말고 대원군이 불쑥 물었다.

"원정이라니?"

"원정 가야죠? 졸리나 사장님 구출해야죠!"

"뭐, 갇혀 있냐, 구출하게?"

"용역들과 대치 중이라면서요? 그럼 갇혀 있는 거나 마찬가지죠."

어린 대원군은 경우의 수 같은 건 생각지 않았다. 에둘러 말하는 법도 없었다. 느껴지는 대로 꽉꽉 말해버리는 타입이었다.

"맞아요. 연대하러 가요!"

공기까지 맞장구를 치고 지랄이었다. 나머지 인간들도 대원군과 공기 편을 들었다. 나는 궁리 끝에 오늘 저녁엔 하늘지붕음악회가 있으니 두리반을 뜨면 안 된다고 말했다.

정금마을은 가면 안 되는 자리였다. 대안도 없이 무작정 갔다가 질려서 돌아오면 아니 감만 못한 거니까.

대원군이 가만있지 않았다.

"더 잘됐네요. 하늘지붕음악회니까 엄보컬 김선수 오잖아요. 오늘은 정금마을에서 음악회하는 거예요."

끈질긴 놈이다. 나는 결국 그렇게 해보겠다는 말을 하고 말았다.

초저녁에 엄보컬 김선수가 왔을 때는 정금마을에 가게 될 걸 대비해 나름 궁리도 해놓은 상태였다. 그렇더라도 가지 않는 게 최선이었다. 엄보컬 김선수는 마다하지 않았다. 오히려 대원군 못잖게 적극적이었다. 아, 정말 꼭 가야 하나? 한 번만 더 생각해보자, 물불을 안 가리는 새파란 청춘들아.

졸리나한테 전화를 넣었더니 절대 오지 말라고 했다. 위험하다는 게 그 이유였다. 용역들이 정금마을 입구부터 지키고 있으니 와봐야 들어오지도 못하고 헛탕칠 거라고 덧붙였다. 그 말을 고스란히 전해줬으나, 돌아온 답은 그러니까 더더욱 가야 된다는 쪽이었다.

별수 없다. 그럼 가자. 가기 전에 작전이라도 짜자. 나는 아까부터 궁리해둔 것을 꺼냈다. 가톨릭을 팔아먹는 거였다. 청년회만 따로 똑

떼어 담당하는 신부가 있는지는 모르겠으나, 어쨌든 내가 서울교구 청년회 담당신부가 되는 거다. 젊은 벗들은 청년회 신도들이 되는 거다. 만약 마을 입구에서 용역들이 저지하면 우리의 목적은 철거민 위문공연이라고 밝힌다. 우리를 막는다면 방문은 계속될 것이고, 더 많은 신도들과 방문하게 될 거라고 엄포를 놓는다.

  모두 싱글싱글 웃으면서 좋다고 박수쳤다.

  그럼 출발이다!

원정 하늘지붕음악회

일상의 공간을 벗어나는 것만으로도 소풍이다. 지하철 안에서 젊은 벗들은 좋아 죽을 지경이다. 오늘 드디어 신부님 모시고 가니 진짜 수사가 됐네, 하고 류수사한테 농을 건다. 나한테는 신부님 된 심정이 어떠냐고 물었고, 성경은 갖고 왔느냐고 물었다. 어떤 놈은 목사님이 더 어울린다고 했다. 류수사처럼 머리만 밀면 스님도 괜찮아 보인다고 했다. 이래저래 난 고맙게도 성직자의 상인 모양이다. 하지만 난 지나치게 호불호가 명확하다. 포용력이 아주 없다는 말이다. 치명적인 자질 부족이다. 너그러워야 되는데 사막의 모래알처럼 팍팍하다. 더군다나 갇혀 사는 게 싫다. 성직자는 스물네 시간 자신의 신분에 갇혀 살아야 한다. 누군가를 신 앞으로 이끌 만한 신심이라도 있다면 그걸로 견뎌볼 수 있으련만. 불행히도 난 쉼 없이 신 존재를 의심하기까지 한다. 그러니 내게 성직자 운운은 금물이다. 그런데도 우리 엄마 평생 소원이 내가 목회자 되는 거였다. 아들의 자질 부족을 모르는 얼마나 슬픈 소원인가.

우리는 4호선 이수역에서 내렸다. 시계는 7시 반을 가리켰다. 정금마을까지는 1킬로미터 남짓 거리다. 그냥 걷기로 했다. 아코디언을 메고 걷는 김선수가 안쓰러워 그걸 뺏어 메고 걸었다. 정금마을이 가까워질수록 그렇게나 시끄럽게 떠들던 젊은 벗들이 조용해졌다. 긴장했구나, 나는 살까지 떨린다, 이놈들아.

정금마을 입구였다. 모두 텅 비었는지 길 양쪽 상가건물에는 불빛 한 점 없었다. 희멀건 가로등 빛이 겨우 길을 비추고 있었다. 시커먼 용역들 서너 명이 입구에서 그 빛에 의지해 우리를 뚫어지게 쳐다봤다. 시비를 걸지는 않았다. 우리는 그들을 개무시하고 도로를 따라 안쪽으로 들어갔다. 마을 안에 있는 작은 사거리에 이르자 빛이 보였다. 김밥천국집에서 나오는 빛이었다. 용역들이 똥물 끼얹은 농성장 대신 새로 마련한 공간인 모양이었다. 똥냄새가 안 났다. 전철련 사람들은 그 안에 있거나, 길 밖에 나와 있었다. 졸리나도 거기 있었다. 뼈만 앙상한 44킬로그램의 졸리나, 갑자기 눈물이 나오려고 해서 몇 차례 눈을 슴벅거렸다.

그런 내게 덩치 좋은 중늙은이 둘이 다가와 어디서 오셨느냐고 물었다. 용역 대장쯤으로 보였다. 폭력을 능사로 여기는 자식들, 불현듯 피가 끓어올라 도발적으로 되받았다.

"당신들은 누구요?"

"아, 형삽니다."

그들은 순순히 신분증까지 꺼내보였다.

"난 천주교 서울대교구 청년회 담당 신붑니다."

"그래요? 근데 어쩐 일로 이렇게?"

"우린 매주 월요일마다 상처받은 자들을 찾아갑니다. 오늘은 여깁니다."

"신부님 존함이 어떻게 되시는지?"

두 형사는 낯선 이들의 방문에 긴장한 것으로 보였다. 최대한 신분을 확인하려고 계속 달라붙었다. 그들이 달라붙으면 좋을 게 없으니 나는 엿 먹으라고 한마디 했다.

"야마가타 트윅스터올시다."

형사는 그게 세례명인 줄 알고 일단 수첩에 받아 적었다. 그리고 본명은 어떻게 되느냐고 다시 물었다. 나는 그만하면 됐으니 저쪽 용역 깡패들한테나 가달라고 말했다. 그런데도 계속 주저하는 형사들에게 한마디 더 했다.

"계속 달라붙으면 우린 여기서 밤샙니다."

두 형사는 몹시 아쉬워하며 정말 용역들이 있는 데로 갔다. 뒤늦게 정금마을철대위에서 뭐라도 먹겠느냐고 물었다. 우리는 컵라면을 먹고 나서 공연을 시작하기로 했다. 안 먹었어야 되는 거라고 후회했을 때는 이미 우리의 신분이 노출된 뒤였다. 컵라면을 앞에 두고 아무도 십자성호를 긋지 않았던 것이다. 심지어 담당 신부인 나까지도 그랬으니, 건너편에서 지켜보는 형사들에겐 더더욱 궁금증을 자아냈을 법하다.

공연은 김밥천국집 앞 작은 사거리에서 했다. 엄보컬 김선수는 첫 곡으로 피아졸라Piazzolla의 〈리베로탱고〉를 연주했다. 젊은 벗들은 흥을 돋우느라 빈 캔에다 쌀알과 콩알을 넣어 만든 셰이커를 흔들었다. 전철련 사람들은 멀찍이 떨어져서 구경만 했다. 그러나 엄보컬 김선수가 〈아빠의 청춘〉을 부를 때는 박수를 쳐주었고, 〈목포의 눈물〉이 끝났을 때는 '한 번 더'를 외치기도 했다.

우리가 그렇게 노는 꼴을 용역들은 못 봐주겠던 모양이다. 검은 티셔츠를 통일해 입은 7명이 일렬종대로 서서 우리에게로 걸어왔다. 그들은 셰이커를 흔들어대는 우리 사이를 힘차게 지나갔다. 딴엔 겁박을 하겠다는 뜻이었다. 하지만 웃겼다. 일렬로 초등학생처럼 발맞춰 지나갔으니 웃기지 않는다면 이상했다. 물론 덩치는 대단했다. 귀때기가 짓뭉개진 것으로 보아 하나같이 유도나 레슬링으로 단련된 몸 같았다. 그런 몸으로 여자들을 길바닥에 패대기쳤단 말이지. 2층까지 쫓아올라가 철대위원장을 짓밟고 계단 아래로 굴려버렸단 말이지. 셰이커를 흔들면서도 내 머릿속에선 어느새 기고문의 가닥을 잡고 있었다.

켕기긴 켕겼나

정금마을을 떠날 때까지 두 형사는 계속 우리를 주시했다. 용역들과 간간 얘기를 나누면서도 눈길만은 결코 우리를 놓치지 않았다.

형사들에게 우리는 누굴까. 용역들에게 우리는 또 누굴까. 서울대교구 청년회 신도들이라고 했지만 그걸 곧이곧대로 믿기에는 어설픈 점이 많았다. 십자성호를 긋지 않은 것도 그렇고, 공연 전후로 정금마을 철거민들을 위로하는 기도조차 없었으니 충분히 의심받을 일이다. 그러나 의심만으로는 확신할 수 없다. 그러니 피의자들의 신상 털기를 일로 삼는 형사들로선 더욱 답답할 뿐이다. 한시도 우리에게서 눈을 떼지 못하는 것을 보면 그 답답한 정도를 알겠다. 역으로 우리는 무척 고소해하고 있다. 설령 가톨릭 신도들이 아님을 안들 어쩌겠는가. 우리는 별일 없이 김밥천국집까지 들어왔고, 공연도 끝냈다. 다음에 또

오자는 얘기가 쉽게 나올 만큼 자신감도 생겼다.

한 번 왔다가 가는 것이 무슨 의미가 있겠는가. 그러나 그건 의미로 가득하다. 역겨운 표현이지만 농성해본 사람은 안다. 상대방은 긴장하고, 농성자는 힘을 얻는다. 그걸 번연히 알면서도 정금마을 방문을 꺼렸다. 용역들의 폭력에 위축되기라도 한다면 두리반 농성에 동력을 잃을까 봐 그랬다.

아코디언과 휴대용 앰프, 기타를 챙기는 동안 나는 정금마을 사람들에게 몇 가지 물었다. 시공사가 어디인지부터 물었다. 아픔을 느끼는 대상을 공격하기 위해서였다. 무엇이 들어설 개발인가도 물었다. 낮에 동작경찰서와 동작구청을 다녀왔다던데, 그 뒷얘기도 물었다. 동작구청 소독과에 소독 요청을 한 것과, 공무원들이 현장까지 왔다가 그냥 돌아간 이유에 대해서도 물었다. 기고문을 쓸 때 참고할 생각이었다.

우리가 떠날 때까지도 전철련 사람들은 해산할 기미를 안 보였다. 철딱서니 없는 공기랑 대원군이랑 병주는 무작정 졸리나를 끌어안으려고 했다. 기왕 끌어안으려면 정금마을 사람들도 다 끌어안아줘야 한다고 한마디 해줬다.

떠나는 길에 형사가 따라오면서 다시 물었.

"신부님, 성함이 어떻게 되신다고 하셨죠?"

켕기긴 무진장 켕기는 모양이었다. 아니면 보고할 건수를 기어이 챙기겠다는 건가? 질기지 못한 나는 엷게 웃었다.

"그렇게 궁금하면 문정현 신부한테 물어보세요."

그러고는 뒤도 돌아보지 않고 걸었다.

기고문은 그날 밤 새벽 2시를 넘겨서 끝냈다. 그 새벽에 『프레시안』 사회부 허환주 기자한테 보냈다.

정금마을은 귀때기 짓뭉개진 용역들의 세상

현대건설은 번들번들하다. 번들번들한 얼굴은 신뢰감을 못 준다. 현대건설도 이 점을 좀 아는지 올봄에 유엔글로벌콤팩트UNGC에 가입했음을 은근짜 과시했다. 이를 테면 번들번들한 얼굴에 분칠을 좀 했다는 것이다. 하지만 분칠을 해도 너무 심하게 했다.

기업의 사회적 책임 국제협약인 유엔글로벌콤팩트가 어떤 곳인가. 인권, 노동 규칙, 환경, 반부패 등 10대 원칙을 엄격히 준수함을 기본으로 하지 않는가. 그러니 서울 동작구 정금마을을 재개발하는 현대건설이 유엔글로벌콤팩트에 가입했다는 건 모질고 사나운 두억시니 따라가는 저승객조차 입 벌려 박장대소할 일이다.

현대건설이 어떤 곳인가. 다양성이 더욱 빛나는 삶의 공간 힐 스테이를 외치면서, 개개인의 단순함을 극대화하느라 콘크리트 기둥 힐 스테이를 세우는 곳 아닌가. 또 현대건설이 어떤 곳인가. 자신들은 피 묻히지 않겠다는 심보로 철거용역 업체를 내세워 수많은 점쟁이들을 애지중지 키우고 있는 곳이 아닌가. 뭣이, 점쟁이들까지?

그렇다. 현대건설은 정금마을 상가세입자들의 삶의 터전을 빼앗아, 그 돈으로 점쟁이들까지 키우고 있다. 못 믿겠다면 4호선 이수역에 하차하여 정금마을로 가보라. 마을입구에는 너덧 명의 점쟁이들이 주야장천 손님을 맞고 있다.

점쟁이들의 귀는 하나같이 짓뭉개져 있다. 레슬링 선수였는지, 유도 선수였는지, 아니면 현대건설에서 성형수술까지 해줬는지는 알 수 없다. 그들은 마을 입구에 버티고 앉아 오가는 사람들을 째려보면서 일일이 점을 치고 있다. '철거민을 응원하러 온 사람인가, 아니면 그냥 지나가는 사람인가?'

'못 지나가게 막아야 할 사람인가, 아니면 통과시켜도 괜찮은 사람인가?' 설령 마을 입구를 무사 통과하더라도 두 번째 점쟁이들을 만난다. 철거민들 사이를 왔다리 갔다리 하는 두 번째 점쟁이들은 입구에서 만난 점쟁이들과는 약간 다르다. 일단 귀가 정상이다. "어디서 오셨습니까?" "성함은 어떻게 되십니까?" 마치 손님을 심문해 일정한 답을 얻은 뒤에야 쫓아낼지 그냥 둘지를 따지는 점쟁이들 같다. 알고 보니 동작경찰서 정보과 형사들이다.

그런데 왜 이 자들이 여기에 있는가. 혹시 이 자들도 현대건설의 녹을 먹고 있나? 아니면 아현 뉴타운개발 때 마포경찰서가 그랬고, 상도4, 5동 개발 때 동작경찰서가 그랬듯, 뒤로 먹은 돈이 켕겨서 현대건설을 비호해주고 있는 것은 아닌가.

실제로 이 자들은 충분히 의심 살 만한 짓을 했다.

지난 4월 29일 새벽, 용역깡패들이 농성장에 난입하여 철거민들을 가차 없이 패대기칠 때였다. 동작경찰서 정보과 고 모某 형사는, "죽이지는 마, 죽이지는 마" 하면서 오히려 용역깡패들을 격려했다. 뿐인가. 지난 5월 3일 새벽은 더욱 아비규환이었는데도 실실 웃고만 있었다. 70여 명이 넘는 용역깡패들이 농성장으로 쳐들어가 철거민들을 닥치는 대로 내동댕이치는 동안 그들은 웃다가 전화 걸고, 웃다가 하품만 해댔다. 이게 동작경찰서 정보과 형사들이니 현대건설의 녹을 먹고 있는 게 아닌가 의심할밖에 없는 일이다.

5월 3일, 농성장에서 내동댕이쳐진 정금마을 철거민들은 다시는 그곳으로 돌아갈 수 없게 됐다. 용역깡패들이 문짝과 벽을 박살낸 뒤 어디서 구했는지 모를 똥물까지 끼얹어놓았기 때문이다. 두들겨 맞고 졸지에 농성장까지 빼앗긴 철거민들은 그날 저녁이 되어서야 겨우 몸을 추슬렀다. 그들은 전철련 사람들의 도움으로 간신히 김밥천국집에다 농성장을 꾸릴 수 있었다. 그러나 대한민국의 관청은 세수증대에 혈안이 돼 있고, 개발이익환수법에 따라 환수금 챙기기에만 급급하다. 건설사는 비열하고 야비한 온갖 수단을 동원해 개발이익에만 여념이 없다. 그러니 철거민들의 절규는 허황한 울부짖음일 뿐이다.

"내 가게를 빼앗은 자리에 685세대나 분양할 계획이면서, 나는 왜 길거리로 내동댕이쳐져야 하는가!"

고개 숙여 귀담아 들어야 할 생존의 절규를 돈에 눈먼 자들은 결코 귀에 담을 생각이 없다. 오히려 귀때기 짓뭉개진 용역깡패들을 동원하여 철저히 짓밟아대고 있으니 대한민국의 서민은 서러워라! 서러워도 모질게 서러우니 이를 어찌할거나!

건설자본 먹여 살리는 게 목적이 돼버렸으면서도 함께 사는 세상 운운하는 이 한심한 나라! 살려달라고 애원하는 할머니를 패대기치고, 저항하는 철거민을 계단 아래로 가차 없이 굴려버리기까지 하는 용역깡패들을 오히려 비호하는 이 한심한 나라! 그 같은 패륜의 뒷배나 봐주고 있는 동작경찰서 정보과를 도대체 어쩌지 못하는 이 한심한 나라! 전염병 위험이 있어 소독을 부탁했더니 철거민 주제에 별걸 다 걱정한다면서 핀잔이나 퍼붓고 돌아가는 동작구청을 또 어쩌지 못하는 이 한심한 나라!

용역깡패들의 패륜에 박수를 치는 무격의 기업주제에 유엔글로벌콤팩트 UNGC에 가입했다고 득의양양해하는 이 한심한 나라! 이 나라는 왜 정말 이다지도 천하고 한심한 것들뿐인가.

정금마을 협상 타결

그로부터는 열나흘이 지났다. 졸리나는 눈코 뜰 새 없이 바빴다. 어제는 위례 신도시로, 오늘은 일산 덕이지구로, 내일은 경기 광명지구로 연일 연대투쟁이었다.

그날 아침엔 서초구 내곡동에 있는 헌인가구단지로 간다고 연락이 왔다. 열두 자짜리 자개장과 악어가죽 소파를 사러 가느냐고 물었다. 졸리나는 휴대폰이 폭발할 것처럼 웃었다. 농담을 모르는 건조한 집안에서 자랐났기에 싱거운 우스갯소리에도 빵빵 터졌다.

헌인철대위에서 전철련 위원장단 회의가 있는 거라고 했다. 용역들과 싸우러가는 게 아니니 그나마 걱정은 내려놔도 괜찮겠다. 회의만 끝나면 돌아올 테니 오늘은 귀하신 분 얼굴도 볼 수 있을지 모르겠다.

헌인철대위는 헌인가구단지의 철거민대책위원회였다.

강남의 끝자락 서초구 내곡동에는 조선조 태종과 순조의 능인 헌인릉이 있다. 그 맞은편에 우리나라에서 가장 오래된 헌인가구단지가 자리한다. 하지만 지금은 폐허다.

원래 헌인가구단지는 화려했다. 48,000평에 이르는 방대한 대지에 가구공장이 400여 곳, 가구점이 100여 곳이나 들어서 있었다. 고객은 강남3구역의 상류층부터 성남의 변두리 지역 사람들까지 다양했다. 가구도 1,000만 원을 호가하는 이태리 수입품부터 메이커가 드러나지 않는 저가품까지 다양했다.

그곳에 2007년 봄부터 대단위 아파트단지가 들어선다는 소문이 돌았다. 그러나 그 엄청난 상권을 파괴시킬 개발이 감히 있을 수 있겠는가 싶었다. 그런데 있었다. 2007년 가을부터 가끔씩 원인 모를 화재가 발생했다. 상권을 죽이는 첩경이 화재라는 것을 아는 데는 오래 걸리지 않았다. 화재가 난 점포 인근은 사람 발길이 뚝 끊어졌으니까. 공장주들과 가구점 주인들은 화재에 대한 대책을 강구해야만 했다. 그들은 곳곳에 CCTV를 설치하기로 했다.

2008년 8월 말이었다. 한동안 잠잠하던 화재가 다시 발생했다. 이번엔 아주 심각했다. 화재 장소가 가구단지 초입인 데다, 가구전시장을 비롯해 네 군데 점포나 잿더미가 된 거였다. 이제 가구단지 안으로는 손님들이 들어와 보지도 않고 발길을 돌릴 판이었다. 눈에 보이는 재산피해도 어마어마해서 어림잡아도 15억 원에 이르렀다. 범인은 나중에 밝혀졌지만 철거업체가 고용한 용역깡패 3명이었다. 용역깡패들은 한 건당 1억에서 2억씩 받기로 하고 서슴없이 불을 질렀다. 철거업체는 폐허로 만들어야 개발이 쉽기 때문에 그 짓을 한 거였다.

물론 방화의 원흉은 삼부토건과 동양건설이었다.

몇 억씩 들여 점포를 열고, 공장을 연 주인들에게 삶의 터전을 옮겨주는 대신, 삼부토건과 동양건설은 철거업체를 끌어들이는 길을 택했다. 철거업체는 일단 불부터 질렀다. 폐허가 되면 떠나겠지! 그게 철거업체의 오랜 수법이었다. 그게 인간이 할 짓인지?

불을 지른 뒤에는 깡패들을 풀었다. 화재가 발생한 지 불과 20여 일쯤 지나서였다. 그날은 일요일이었는데 일이백 명도 아닌 1,500명이나 되는 깡패들을 풀었다. 깡패들 속에는 OB파 조폭들까지 섞여 있었다. 세렝게티 초원을 달리는 들소 떼처럼 용역깡패들은 48,000평의 헌인가구단지를 새카맣게 몰려다녔다. 눈에 보이는 대로 가구점 유리창을 박살냈다. 발에 걸리는 대로 가구공장 출입문을 때려 부쉈다. 입체안경을 쓰지 않고서는 제대로 볼 수 없는 찬란한 파괴였다! 항의하는 공장주들을 짓밟았고, 겁에 질린 가구점 주인들을 번쩍 들어 올려 패대기쳤다. 깡패들의 완전한 KO승이었다!

 자포자기하면 떠나는 것은 일도 아니었다. 그날 이후 헌인가구단지는 70퍼센트가 떠났다. 나머지 30퍼센트는 땅주인이 삼부토건과 동양건설에 땅을 팔지 않아서 남게 됐거나, 한 맺힌 억울함을 풀기 전에는 떠날 수 없다는 몇몇 가구점 주인들뿐이다.

 폐허가 된 곳, 갈 곳이 없고, 한 맺혀 떠날 수도 없는 공장주들과 가구점 주인들은 그곳에서 2008년부터 지금까지 버티고 있다. 공장을 열고, 가구점을 여느라 대출받은 돈은 이자가 쌓여 하늘을 찔렀다. 그날 이후 가족이 한자리에 모여 밥 한 번 따뜻하게 먹은 적도 없었다. 집도, 삶의 터전도 첩첩회색인 시베리아 동토가 돼버렸다.

 악랄했던 삼부토건과 동양건설은 법정관리에 들어갔거나 부도가 났다. 그러니 헌인가구단지는 폐허가 된 채 지금까지 버려져 있다. 빚더미에 앉은 공장주들과 점주들은 관리처분인가를 내준 서초구청을 찾아가 살려달라고 애원했다. 그때마다 구청장은 우면산으로 산책을 떠나거나 영화 예매티켓을 끊느라 바빴다. 허가 내주는 도장만 찍어댈 줄 알았지, 도장을 지우는 뒷감당은 할 줄 모르는 쪼다 구청장이었다. 헌인가구단지 철대위 사람들을 보고 구청을 드나드는 구민들은, 서초구에도 떼쟁이가 다 있네, 오히려 그렇게 눈살을 찌푸렸다.

 졸리나가 두려워하는 것은 두리반이 헌인가구단지처럼 깨끗이 버려지는 것이었다. 시공사인 건설사가 부도를 내고 가라앉아버리면 농성은 장기화되고 가정은 파탄 나버린다. 구청을 찾아간들 개발 허가 내줄 때의 구청장은 나는 모른다에 도장을 찍고 산책을 떠나기 일쑤다.

 삶의 자리가 파괴됐는데 복원이 불가능하다면 그 인생은 끝 아닌가. 국민의 녹을 먹는 자들은 그걸 모른다. 건설사는 더더욱 철면피한 이다. 얼마나 처참했으면 용산의 철거민들이 끝내 망루에 올랐을까.
 망루에서 죽어간 이상림 씨의 품에선 눈물겨운 유품 하나가 나왔다. 생전에 이상림 씨는 거주민들의 동의가 없는 관리처분인가를 유보해 줄 수 없겠느냐고 용산구청장 박장규 옹한테 질의서를 보낸 적 있었다. 유품은 법적으로 아무 문제가 없다는 구청의 답변서였다. 그런데 용산참사가 일어난 지 1년 10개월 뒤인 2010년 10월 20일, 법원은 관리처분인가는 무효라고 판결했다. 망루에 오른 철거민들은 죽어서야 떼쟁이가 아니었음을 인정받은 셈이었다.

 두리반 식구들은 빙 둘러앉아 저녁을 먹었다. 그때까지도 헌인가구단지에서 졸리나는 돌아오지 않았다. 대신 전화가 걸려왔다. 이제야 나왔다, 용산참사로 시아버지를 잃고 남편까지 감옥에 간 정영신과 신계철대위원장이랑 잠시 용산에 들르겠다, 그리고 곧장 집으로 가겠다, 그게 다였다. 오라 가라 말할 힘이 없는 나는 짧게 답했다. "알았다, 오버!"
 설거지를 할 때 다시 전화가 왔다. 희소식을 전해야 하는데 깜빡 잊었다고 했다.
 "오늘 낮에 동작구청에서 건설사랑 정금마을철대위가 합의했대."
 와우! 비명이 터져 나오려고 했다.
 합의 내용은 어떤 거냐고 물었다. 그건 비공개여서 전철련 사람들도 모른다고 했다.
 '역시 그랬구나.'
 용산참사 협상도, 정금마을 협상도 하나같이 비공개로만 갔다. 그건 칼자루를 쥔 건설사가 사례를 남기지 않겠다는 의지에서 나온 또 다른 폭력이었다. 칼끝에 수없이 찔려온 철거민들로서는 굴복할 수밖에 없는 현실이기도 했다. 그러나 이래서는 남아 있는 철거민들에게 어떤 희망도 줄 수 없다. 사례가 있어야, 그것을 딛고 다음 사람이 전진할 수 있을 게 아닌가.

두리반은 할 수 있을까, 두리반은 할 수 있을까!

대원군이 두리반에 온 까닭

화가의 아들인 그분은 강화도에서 성장했다. 학교 공부와는 무관하게 멋진 성장과정을 보냈다. 인수를 분해할 줄 몰랐고, 수數를 열列 지을 줄도 몰랐다. 인디indie가 인디언indian의 준말이냐고 물은 적도 있었다. 인디펜던트independent의 준말이라고 알려줬다. 그분의 최종 학력은 대안학교 고교과정 중퇴다.

그분은 2010년 초봄, 가수의 꿈을 안고 서울로 올라왔다. '하자센터'라는 청소년 대안교육 기관의 노래 배우기 강좌에 등록했다. 그분의 스승은 인디신Indie Scene에서 환상적 평가를 받는 하이미스터메모리였다.

안타깝게도 그분의 목소리는 꿈과는 다르게 노래와는 전혀 안 어울렸다. 저런 목소리로 어떻게 가수가 될 생각을 했지? 갈고 닦으면 좀 나아지려나? 하지만 내 옅은 귀로는 아무래도 안 될 것 같았다. 그런데도 그분은 가수의 일념을 버리지 않았다.

마침내 기회가 왔다. 하지만 가수가 되는 기회가 아니라, 가수를 포기하는 기회였다. 그분은 스승인 하이미스터메모리가 가르침에 성의가 없다는 이유로 드디어 가수의 꿈을 접었다. 그분의 얘기에 따르면,

하이미스터메모리는 휴강을 밥 먹듯이 한다는 거였다.

실망 속에 강화도로 가는 버스를 타려고 할 때였다. 홍대 앞 버스 정류장에는 황혼이 내리고 있었다. 강의를 곶감 빼먹듯이 하는 하이미스터메모리처럼 날씨는 몹시 변덕스러워 봄날인데도 영하였다. 그분의 둘도 없는 친구인 오피가 버스를 기다리는 그분을 불렀다.

"야, 경성수!"

"왜? 오피."

"두리반에서 스태프를 모집하는데 가보지 않을래?"

"두리반이 뭐하는 덴데?"

"그건 나도 몰라. 가보면 알겠지. 5월 1일에 51개 밴드가 공연을 한대. 한음파랑 구남과여라이팅스텔라랑 타바코쥬스랑 3호선뼈러플라이도 나온대."

"우와, 대박!"

그분은 그길로 오피랑 두리반을 찾았다. 그러나 스태프의 벽은 높았다. 세 군데 무대 스태프는 경쟁률이 엄청 세서 이미 접수 마감이었다. 안목이 있는 졸리나는 발길을 돌리려는 그분에게 일일주점 스태프는 어떠냐고 물었다. 그분은 늘 꿩 대신 닭이었다며 일일주점 스태프라도 하겠다고 지장을 찍었다.

그분은 그날부터 두리반에서 살았다.

'51+ 두리반' 공연 때는 우여곡절이 많았다. 그분은 국수를 나르다 말고 멍구밴드를 보느라 야외무대로 나갔다. 당연히 졸리나를 열 받게 했다. 그분은 파전을 나르다 말고 레나타수어사이드Renata Suicide 공연을 보느라 3층 무대로 올라갔다. 당연히 졸리나를 또 열 받게 했다. 그분은 막걸리를 나르다 말고 전국비둘기연합의 공연을 보느라 다시 야외

무대로 나갔다. 당연히 졸리나를 다시 열 받게 했다. 그러나 그분은 하이미스터메모리의 지하 공연 때는 재수 없다면서 내려가지 않았다. 당연히 졸리나의 귀염을 독차지했다. 나는 스승과 제자 사이가 그렇게 악의적으로 갈라진 예는 일찍이 본 적이 없었다. 정말 이러면 안 되는데 하면서 커피를 마실 때마다 근심하곤 했다.

'51+ 두리반'이 끝났지만 두리반에선 공연이 계속되었다. 그분은 그게 좋아서 계속 두리반에서 살았다. 하지만 그분도 인간이기에 음악만 듣고서는 살 수 없었다. 그분은 다양한 학습을 겸했다.

언젠가 조약골이 두리반에서 국제영어 강좌를 연 적 있었다. 초급반과 중급반으로 나눠 수업을 진행했는데, 그분과 나는 초급반이었다. 영국에서 363일이나 살았던 아즈, 샌프란시스코랑 뉴욕이랑 보스턴을 다녀왔다는 아름이, 카이로와 트리폴리를 가봤다는 김 선생 내외, 주로 영어만 잘 풀리는 주플린 등 10여 명은 중급반이었다.

중급반의 영어는 술술 풀리는지 조약골은 보람을 느끼는 것 같았다. 문제는 초급반이었다. 그분과 나는 거의 구제 불능이었다. 그분은 예습복습을 하도 안 해서 구제 불능이었고, 나는 약골에게 무시당하는 게 쪽팔려서 예습을 좀 했지만, 머리가 안 되는 구제불능이었다.

"Did you have any trouble finding our Duriban?"

두리반 찾는 데 어렵지 않느냐고 조약골이 물으면, 뭐라고, 뭐라는 거야, 하면서 그분과 나는 성정 더러운 약골을 열 받게 했다.

"What about some dung?"

똥 좀 드릴까요, 하고 약골이 물으면 우리는 우헤헤헤로 답하곤 했다.

"How does it taste?"

맛이 어때요, 하고 물으면 중급반처럼 고급스럽게 'This is delicious'라고 해야 되는데, 그분과 나는 들은 풍월은 있어서 'Very good'이라고 답했다.

안 되는 걸 억지로 해봐야 조약골만 손해였다. 중급반에서 얻은 보람은 초급반 때문에 절망으로 바뀌었다. 약골은 갈수록 주름이 늘어났다. 벼르고 별렀는지 어느 날 청천벽력 같은 선언을 해버렸다.

"다음 주부터 초급반을 없앨 거예요."

그분과 나는 배움의 길 하나를 잃게 됐다.

잠깐이지만 그분과 나는 좀 실망했다. 우리가 그동안 너무 안이하게 대처했다, 다시 잘해보자고 건의하는 건 어떨까, 잠시 그 같은 고민을 했다. 그러나 그건 아니라고 봤다. 그분과 난 영어를 위해 결코 코피를 쏟을 생각이 없으니까.

초급반을 살리는 방법이 아주 없는 것은 아니었다. 조약골이 두리반에서 국제영어 강좌를 개설할 때는 두리반에 사람 발길 끊기지 않도록 하는 것이 목적이었다. 그러니 초급반 수강생을 늘리면 폐강은 면할 수도 있었다.

그분과 나는 영어를 배우고 싶어서가 아니라 조약골의 취지를 살려주고 싶었다. 그게 곧 두리반을 지키는 길이니까. 우리의 고민은 당연히 누군가를 끌어들여야 한다는 것으로 이어졌다.

우리는 제일 먼저 류수사를 떠올렸다. 하지만 류수사는 호주로 3년 동안이나 유학을 다녀온 영어의 베테랑이었다. 다음으로 떠올린 게 두리반 식구 중 가장 어린 공기였다. 공기는 아무래도 그분이나 내 수준일 게 분명했다. 하지만 공기는 단편선처럼 제 잘난 맛에 사니까 결코 안 할 거라는 데 의견을 모았다. 우리는 고민 끝에 실수로 투쟁기획실의 섭서비와 알사탕을 끌어들일 생각도 해봤다. 그러나 불행히도 섭서비와 알사탕은 울대_{서울대} 출신이었다. 모름지기 기본은 될 거라는 데에 우리의 의견이 모아진 것이다. 반쪽이도 생각해봤지만 반쪽이는 기자니까 역시 기본은 될 거라고 보았다.

수많은 사람을 떠올렸다 지우기를 반복한 끝에 결론은 졸리나였다. 그러나 두리반에서 졸리나처럼 바쁜 사람은 없었다. 새벽에 둘째 놈 산을 깨워 학교 보내고 나면 곧장 연대투쟁을 위해 내달려야 했다. 서울은 말할 것도 없고, 성남, 수원, 인천, 김포, 남양주까지 거의 전방위적 연대였다. 졸리나는 자신이 연대한 만큼 두리반이 든든해질 거라고 믿는, 초급반으로 끌어들이기엔 너무 바쁜 몸이었다.

이리 재고 저리 잰 끝에 그분과 나는 도저히 초급반을 살릴 수 없다는 결론에 이르렀다. 아쉬웠지만 영어에서 해방됐다는 짜릿한 감동이 솔직히 더 컸다.

그분은 다른 여러 가지에 보다 더 집중하기로 했다. 다행히 두리반에는 그분이 배울 만한 것이 많았다. '3층 강좌'도 그중 하나였다. 인문교양을 넓히는 강좌였는데, 일방 전달의 수업방식 때문에 안타깝게도 그분의 관심을 끄는 데는 역부족이었다.

그분은 엉뚱한 것에 주력했다. 혼자 하는 것으로, 기타와 젬베와 드럼을 치는 일이었다. 물론 가수를 꿈꾸었던 전력이 있으니 아주 엉뚱하달 수는 없었다.

그분은 젤리가 준 기타를 옆구리에 끼고 살았다. 계명을 모르고, Am, C, Dm 같은 기본 코드조차 모르면서도 그분은 누군가에게 배움을 청하지 않았다. 이상 야릇한 고집이었다. 저래서야 아마츄어증폭기의 〈금자탑〉인들 칠 수 있을까 싶었다. 그런데!

아아, 오십 평생 그분처럼 타고난 꾼은 본 적이 없었다. 닭 모가지를 비트는 듯한 목소리가 문제였지, 음악적 재능만큼은 천부적이었다. 시와의 공연이 있고 나면 그 이틀 뒤, 시와의 노래를 쳤다. 연영석의 공연이 있고 나면 그 이틀 뒤, 연영석의 노래를 쳤다. 쏭의 빅밴드 공연이 있고 나면 그 이틀 뒤, 쏭의 빅밴드 노래를 쳤다. 그러니 시도 때도 없이 듣는 단편선의 노래는 못 치는 게 없었다. 계명도 기본 코드도 주법도 모르는데 어떻게 공연 한 번 보고 나서 따라 칠 수 있는 건지, 나로서는 불가사의한 일이었다.

멍구가 젬베를 갖다 준 뒤로는 틈틈이 그걸 두드리기도 했다. 젬베는 더 쉽게 배웠다. 불과 며칠 지나지 않아서 하헌진이 노래하면 거기에 맞춰 두드렸고, 쏭이 〈회전초밥 식음기〉를 부르면 거기에 맞춰 두드렸다.

드럼도 말할 게 없었다. 권용만이 드럼스틱을 갖다 주자 그걸 갖고 노다지 3층으로 올라가 두드려댔는데, 오래지 않아 정박은 물론이고 엇박까지 자유자재로 쳤다. 도중에 박자가 좀 빨라지는 게 흠이어서 아직 합주를 하기에는 이른 느낌이 들기는 했다.

그분은 악기 다루는 것에 관한 한 천재였다. 두리반에서 생활한 지 6개월쯤 지났을 때는 '동교동삼거리' 밴드에서 젬베를 쳤고, '며칠 후면 내 생일' 밴드에서 기타를 쳤다. 뿐만 아니라 어느 날부터는 작곡을 한다고 낮 동안 3층에서 내려오지 않았다. 명색이 작가인 나한테 작사라도 부탁하면 좋으련만 그분은 비록 오자가 있을지언정 작사까지도 해치웠다.

그분은 한국에서 태어나면 안 되는 분이었다. 인수를 분해할 줄 알고 수를 열 지을 줄 알아야 폼을 잡는 데가 한국이었다. 'Very good' 이

기타, 드럼, 젬베는 물론이고

작곡까지 하는 희한한 천재 대원군.

대원군을 좋아하는 여자는 많았으나

대원군이 좋아하는 여자는

지금도 없다.

아니라 'This is delicious'라고 해야 폼을 잡는 데가 한국이었다. 어른들의 훈계나 잔소리를 묵묵히 들어 넘길 줄 알아야 싹수가 보인다고 하는 데가 한국이었다. 그분의 천재성을 키우기에 한국이란 데는 더없이 잔인한 곳이었다.

그분의 이름은 경성수지만 난 그분을 대원군이라고 부른다.

『기업은 누구의 것인가』에서 김상봉 교수는 딸에게 헌사를 남겼다.

지방대 나와 노동하는 수미에게

여기 지도가 있다.
어서 지옥을 떠나,
자유의 땅으로 가라!

내가 지도를 만들 능력이 된다면 대원군에게 지도를 들려주고 싶다.
"어서 지옥을 떠나, 자유의 땅으로 가라!"

목포의 눈물

하늘을 지붕 삼아 날바닥에서 하는 음악회라고 하여 '하늘지붕음악회'였다. 성미산 마을에 사는 타잔이 붙여준 이름이다. 여든 노인네도 바람나는 초여름 밤만 같다면 하늘지붕음악회는 제격이다. 여든 노인네가 바람나는 얘기는 『희랍인 조르바』에 나온다.

하늘지붕음악회는 한겨울인 1월에 시작했다. 겨우내 두리반 뒷마당으로 가는 골목에서 열렸다. 엄보컬은 코드를 잡을 때마다 얼음조각을 쥐는 듯한 아픔 때문에 가끔 삑사리를 냈다. 김선수도 아코디언 건반을 누를 때마다 빙결의 아픔 때문에 종종 연주를 그르쳤다.

가혹한 추위였다. 귀가 얼고 손이 곱았지만 아무도 두리반으로 들어가서 공연하자는 말을 꺼내지 않았다. 지나다니는 사람들한테 두리반 사태를 알리는 게 목적이었기 때문이다. 나 역시 덜덜 떨면서도 구호가 적힌 피켓을 흔들었다. 나야말로 춥다고 엄살을 떨 수가 없었다.

초여름은 그런 겨울이 지난 뒤에 왔다. 뚜렷한 봄도 없이 어느 날 그냥 휘릭 와버렸다. 하늘지붕음악회는 보다 넓은 하늘 아래서 두리반을 알리자는 얘기에 따라 '굽고 싶은 거리'로 나갔다. '굽고 싶은 거리'의 마포구 지정명은 '걷고 싶은 거리'다. 길 양쪽으로 삼겹살집들이 늘비해서 밤이면 고기 타는 냄새와 연기가 진동했다. 무언가 달리 부르기를 좋아하는 젊은 벗들이 그냥 넘어갈 리 없었다. '굽고 싶은 거리', 그게 젊은 벗들이 만든 이름이었다. 아마도 김선수의 머리에서 나온 게 아닌가 싶다.

그날은 날씨가 기막히게 좋아 낮은 좀 더웠고 밤은 시원했다. 민소매와 반바지, 초미니스커트가 느릿느릿 거리를 지나다녔다. 홀랑 벗은 듯 원색의 아름다움이 거리를 가득 메운 그런 초여름 밤이었다. 엄보컬 김선수의 공연도 경쾌했다. 두 사람은 늘 첫 곡으로 연주하던 쇼스타코비치의 왈츠 대신 빠른 템포의 〈리베로탱고〉로 포문을 열었다. 절로 어깨가 흔들리는 곡이어서 날바닥에 앉았던 우리는 생각 없이 일어나 어깨를 흔들었다. 산책 나왔다가 들렀다는 중년 부인은 하늘색 원피스 차림으로 우리 앞에서 곱게 몸을 흔들었다. 둔부가 특히 무척 아름다웠다. 우리는 더욱 흥에 겨워 셰이커를 흔들거나 박수까지 쳤다. 중년 부인은 세 곡의 연주곡이 끝날 때까지 계속 몸을 흔들며 뛰었다.

연주곡을 끝낸 엄보컬은 잠시 두리반 사태에 대해 알렸다. 우리는 그 시간 동안 두리반 소식지나 행사 안내문을 사람들에게 나눠주었다. 엄보컬 김선수는 자작곡인 〈흘러라 강물아〉를 불렀고, 오랜만에 천지인 시절의 히트곡인 〈청계천 8가〉도 불렀다. 그가 나타난 것은 다음 노래로 넘어갈 무렵이었다.

그는 엄보컬의 마이크를 빼앗다시피 건네받았다. 그리고 우렁찬 목소리로 자신이 조용필의 삼촌이라고 밝혔다. 믿거나 말거나! 그는 자신의 나이가 일흔셋이라고 하면서 〈목포의 눈물〉을 부를 테니, 조용필이 낫나 삼촌이 낫나 비교해보라고 했다. 그는 〈목포의 눈물〉 반주를 부탁했고, 엄보컬 김선수가 준비하는 동안 노래의 내력에 대해서도 말했다.

일제는 1920년부터 15년 계획으로 산미증식계획을 세웠다. 920만 석 증산이 목표였다. 터무니없는 목표 설정이어서 애초 불가능한 계획이었다. 그런데도 일제는 미곡 수탈만은 목표대로 수행했다. 가을이 되면 목포항은 피눈물을 뿌리는 항구가 되었다. 조선 백성은 풀뿌리로 연명하는데, 일본으로 출항하는 증기선엔 더는 쌓을 데가 없을 만큼 쌀과 김이 실렸다.

유달산에 올라 일본으로 출항하는 증기선을 바라보는 심정은 어떠했을까. 이순신 장군이 활약했던 300년 전에는 호남 땅에 발 한 번 못 붙이던 왜놈들이었다. 그런데 지금은! 견딜 수 없는 처참함! 증기선에 실려 가는 쌀은 굶주린 조선 백성의 부모였고, 자식이었고, 임이었다. 1935년에 발표한 이난영의 〈목포의 눈물〉은 유달산에 오르지 않고서는, 일본으로 출항하는 증기선을 상상하지 않고서는 가슴으로 부를 수 없는 노래였다.

사공의 뱃노래 가물거리며

삼학도 파도 깊이 스며드는데

부두의 새아씨 아롱 젖은 옷자락

이별의 눈물이냐 목포의 설움

삼백 년 원한 품은 노적봉 밑에

임 자취 완연하다 애달픈 정조

유달산 바람도 영산강을 안으니

임 그려 우는 마음 목포의 사랑

깊은 밤 조각달은 흘러가는데

어찌타 옛 상처가 새로워지나

못 오는 임이면 이 마음도 보낼 것을

항구에 맺은 절개 목포의 사랑

십 년만 젊었어도 삼촌이 조카보다 나았을 텐데, 어찌타 세월의 상처가 이리도 깊더냐. 삼촌은 이제 어디 가서 노래한다 말하지 마소.

각국 대사들, 안녕하쇼?

농성 초기에 국가인권위원회에 구제신청을 한 적 있었다. 동절기 강제철거금지조례를 서울시가 제정하지 않았나, 건설사는 이를 무시하고 2009년 12월 24일 두리반을 강제 철거했다. 동절기는 12월 1일부터 이듬해 2월 말까지다. 그러니 조례를 어긴 건설사를 어떻게 좀 해봐라,

그런 거였다. 돌아온 답은 한없이 후진 국가 인권위답게 '그러면 그렇지' 였다. '조례'를 어겨가며 동절기 강제 철거를 강행한 것을 두고 문제 삼을 근거가 없다, 우리는 노력했지만 우리 영역이 아니다, 이상!

그런데 눈 뒤집힐 일이 생겼다. 2010년 6월 22일 국토해양부가 도시개발법 시행령으로 강제 철거를 '제한' 한다고 나섰다. 동절기나 야간, 또는 시장이나 구청장 등이 세입자 보호를 우선에 두겠다고 할 때는 강제 철거를 단행할 수 없다는 것이다. 국가인권위가 권고하고 정부부처가 시정하는 게 순서지만, 거꾸로 됐으니 국가인권위는 새됐다.

대법원장의 눈으로 봐도 국가인권위는 법원보다 상급기관이다. 뿐만 아니라 정부의 어떤 부처보다도 홀로 빛나는 독보적 기관이다. 법 위에 윤리가 있고, 윤리적 근거로 법 집행기관들을 선도하기 때문이다. 하지만 낙하산을 타고 내려온 현병철 위원장의 국가인권위는 법 밑에서 허우적거렸다. 두리반이 구제신청을 했을 때 국가인권위가 보여준 행태는 이를 여실히 증명한 셈이다.

어차피 법은 지배 이데올로기로서 통치의 수단이다. 법을 제정할 때 이미 지배와 피지배, 군림과 복종을 전제로 한다. 흑백의 선명성이 날것 그대로다. 반발하면 억누르고, 거스르면 굴복시키는 것, 그게 법이다.

상가임대차보호법도 그중 하나다. 원래 상가임대차보호법은 민주노동당이 상정한 법안이다. 이전까지는 상가세입자를 보호할 법적 근거가 전무했다. 오죽하면 영업을 시작한 지 1년 만에 건물주한테 쫓겨나는 가게 주인들까지 심심찮게 있었을까.

신촌의 명물거리에는 '오늘의 책' 서점이 있었고, 서점 뒤로 먹자골목이 있었다. 그 꺾어지는 입구에 근사한 커피숍이 있었다. 2층에 자리한 커피숍은 40평쯤 되는 큰 공간이었는데, 단 한 곳도 허술한 틈이 없었다. 화장실조차 90년대 초반만 해도 보기 힘들었던 남녀 분리형에 변기까지 좌변기였다.

커피숍을 연 지 1년 반쯤 됐을 때 건물주의 아들이 군에서 제대했다. 건물주는 백수 아들에게 커피숍을 넘겨주고 싶었다. 그는 커피숍 주인에게 2년 계약이 끝나는 11월 말까지 커피숍을 비워달라고 했다. 그건 날벼락이었다. 권리금도 권리금이지만 시설투자에 얼마를 들였는데! 커피숍 주인은 2년 만에 가게를 비우라는 것은 나가 죽으라는 것과 다를 바 없다고 따졌다. 그래 봤자지!

2년 만기가 도래하자 커피숍 주인은 타협안을 내놓았다. 월세를 올려주겠다고 했다. 군에서 제대한 아들한테 넘겨줄 생각만 하는 건물주에겐 지나가는 헛소리에 불과했다. 커피숍 주인은 최후에 이르러, 그럼 시설투자비라도 챙겨달라고 했다. 건물주는 노발대발했다.

"인테리어 다 뜯어내고 당장 원상 복구시켜!"

결국 커피숍 주인은 눈물을 머금고 맨몸으로 나갔다.

눈치는 좀 보였던가. 건물주는 그 즉시 물려주지 않았다. 3개월쯤 뜸을 들였다가 아들한테 물려줬다. 건물주 아들은 아버지 덕에 신났다.

민노당이 상가임대차보호법을 상정한 데는 그 같은 건물주의 탐욕으로부터 세입자를 보호하는 게 마땅해서였다. 여기에 재개발지역으로 묶이면 한순간에 알몸으로 쫓겨나는 세입자 문제까지 감안해 법안을 상정한 것이었다. 법안은 상가세입자의 영업권을 최소한 10년간 보장해야 한다는 데서 출발하고 있다. 단서조항? 그런 건 없었다.

그러나 여당과 보수 야당을 모르는가? 국회의원의 70% 이상이 상가 주인이거나, 주인의 동생이거나, 주인의 아들이거나, 주인의 사위이거나, 주인의 동서이거나, 후원회장이 주인이다. 그러니 민노당이 상정한 상가임대차보호법은 볼 장 다 본 거였다.

2001년 12월 29일, 국회는 웬 걸레쪼가리를 내놓았다. 상가임대차보호법이었다.

'제10조 : 상가세입자는 5년간 영업권을 보장받는다. 단 재개발, 재건축, 리모델링일 경우는 예외로 둔다.'

제정하나 말지. 상가세입자는 성문화된 법 때문에 오히려 해볼 것도 없이 백전백패였다. 재건축할 거라고 내보내면 그만이고, 리모델링할 거라고 내보내면 그만이었다. 아니면 재개발지역으로 발표됐으니 그냥 나가야 되는 거였다. 윤리적으로는, 저 사람 저렇게 내보내면 안 되는데, 저런 식으로 내보내면 한 맺힐 텐데, 그 같은 양심이나마 작동한다. 양심이 없는 법은 피맺힌 절규조차 오히려 법 위반으로 구속하거나 벌금을 안길 뿐이다. 투쟁하는 자가 법을 바꾼다는 말은 그래서 절세의 명언이 되었다.

여하튼 두리반은 법은 고사하고, 국가인권위에조차 무엇 하나 기댈 수 없는 처지였다. 때가 되면 법을 앞세운 용역깡패들이 반드시 밀고 들어올 것이다. 그 같은 불안과 불신이 팽배하니 늘 긴장하고 늘 무언가를 준비해야만 했다.

그날도 카즈가 어떤 정보를 갖고 와서 또 다른 준비를 종용했다. 카즈는 학교 앞 자취방에서 두리반으로 옮겨온 복학생이다. 그는 틈만 나면 두리반 관련 정보를 캤다. 두리반 일대를 개발하는 건설사의 자금흐름을 추적했다. PF Project Financing, 건축지원자금 자금을 끌어들인 과정이나 대략적인 사용 내역까지 파악했다. 이전에 종로구 창진동에서 건설사가 어떤 식으로 개발을 진행했는지도 밝혀냈다. 심지어 건설사가 내세운 자子회사의 대표에 대한 신상까지 털었다.

이번에 캐낸 것은 정보라기보다는 무언가를 준비하도록 하는 동기부여였다. 두리반 일대를 개발하는 건설사가 불과 보름 전에 서울 주재 각국 대사를 초청해 만찬을 베풀었다는 것이다. 건설사는 만찬장에서 해외사업 현황을 설명했고 잘나가는 국내 사업 현황도 소개했다고 한다. 그게 특별한 정보일 리는 없었다.

"그래서 뭘 어쨌다는 거지?"

"우리도 그렇게 하자는 거죠."

"오잉, 우리도 만찬을?"

"아뇨. 두리반 사태를 영문으로 작성해 각국 대사한테 알리자는 거예요. 건설사의 비열함과 부도덕성을 국제엠네스티에도 알리고요."

국가인권위에 구제신청을 했다가 외면당한 기억이 먼저 떠올랐다. 해고노동자들의 불매운동에도 아랑곳 않는 기타 생산업체 콜트콜텍도 떠올랐다. 학습지 해고노동자들의 불매운동에도 아랑곳 않는 재능교육도 떠올랐다. 그러니 실망스러웠다. 하지만 2010년 3월 17일, 국제환경보호단체 그린피스가 스위스 네슬레를 공격했을 때는 엄청난 파장을 일으키기도 했다. 유럽 시장을 석권한 키트카트kitkat 초콜릿 바를 생산하는 네슬레는 그린피스가 올린 동영상으로 묵사발이 됐다.

초콜릿 원료 중 하나인 야자수기름palm oil을 얻기 위해 인도네시아 원시림이 무차별 파괴되었다. 원시림을 파괴시킨 자리에는 야자수를 심었다. 그로 인해 삶의 터전을 잃은 오랑우탄은 멸종위기에 처했다. 그린피스는 초콜릿 바를 깨물 때마다 오랑우탄의 피가 입가에 번지고, 바닥으로 뚝뚝 떨어지는 동영상을 올려 네슬레를 공격했다. 네슬레는 인도네시아산 야자수기름을 사용하지 않겠다는 타협안을 내놓았다. 그러나 네슬레는 이미 심대한 타격을 입었다. 심지어 원시림 파괴를 계기로 과거 칠레의 민주 정권 아옌데를 무너뜨린 내력까지 도마에 올랐다. 분유 팔아먹을 시장 때문에 아옌데 민주 정권을 무너뜨린 네슬레는 피도 눈물도 없는 다국적기업이다, 잊지 말자 네슬레! 분노의 유령이 한동안 세계의 양심을 달궜다.

그러니 하자! 농성한 지 160일이 넘도록 침묵으로 일관하는 건설사를 기어이 자극하자! 그 대신 건설사한테 먼저 보내자! 답을 기다린 뒤, 국제엠네스티나 각국 대사에게 보내도 늦지 않다.

그리하여 내가 맡은 건 두리반 사태를 속속들이 알리는 한글 서한 작성이었다. 그 한글 서한을 갖고 동글동글하게 생긴 미나가 영문 초벌 작업을 하기로 했다. 그걸 아즈가 보완하고 다듬기로 했다. 완성되면 두리반대책위가 검토하고, 특별한 문제가 없다면 대책위 이름으로 송달한다는 동의도 얻었다.

접두사 '개'

한글 서한 작업을 하다가 뒷마당으로 나갔다. 대학 학보사 기자가 찾아오면 인터뷰를 그곳에서 하기로 미리 얘기해둔 상태였다. 오동나무 그늘 아래로 갔더니 여학생 둘이 담배를 빨고 있었다. 피해주려고 하다가 귀찮아서 그냥 멀찍이 떨어져 앉았다. 앞치마를 두른 것으로 보아 여학생들은 두리반 인근에 있는 미술학원생들이었다. 오전 11시쯤에 와글와글, 점심시간에 와글와글, 오후 3시쯤에 와글와글, 집에 가는 길에 와글와글, 학생들은 두리반 뒷마당을 예비군 훈련장이나 민방위 교육장으로 만들었다. 때마다 장작을 때는 것처럼 연기를 피워 올렸다. 그 외 시간대에 삼삼오오 왔다가 가는 경우는 '개' 골초였다. 꽁초는? 물론 내 몫이었다. 이틀에 한 번 꼴로 빗자루로 쓸어 담았다.

두 여학생은 목소리가 컸다. 마치 나보고 들으라는 소리만 같았다. 아니면 말고!

"아휴, 어젯밤에 잠 못 잤더니 개졸리네."

초록색 앞치마가 연기를 뿜어내면서 하품을 했다. 하품과 연기 뿜어내기를 한꺼번에 해치우는 게 좀 신기했다.

"왜에?"

연두색 앞치마가 물었다.

"아빠가 개쩔어서 들어온 거야. 그냥 좀 자지, 내 방에 들어와 개흔들어 깨우고, 개난리 치는데 빡쳐서 혼났어."

"진짜? '개' 심했다."

"씨바, 죄수생이 벌써 자네? 자기는 개쩌느라 늦었잖아."

"몇 시였는데?"

"한 신가, 두 신가? 아무튼 개빡쳐서 시계도 안 봤어."

초록색 앞치마는 개쩔게 연기를 뿜어내고 꽁초를 바닥에 개던졌다. 연두색 앞치마는 발로 개비벼 껐다. 그들은 내 앞을 개지나갔다. 두리반 골목으로 가면서 초록색 앞치마가 다시 입을 열었다.

"냉커피 마실래?"

"패밀리에서?"

"거기 말고 또 있어?"

"난 그 귤 껍데기 개재수 없더라."

연두색 앞치마는 귤 껍데기를 노골적으로 싫어했다. 두리반 젊은 벗

두리반 뒷마당,

흡연장이 된 낮과 달리

밤은 근사했다.

오동나무와 보안등 아래서

시와가 공연하고 있다.

들도 오후부터 밤늦게까지 일하는 귤 껍데기를 자지러지게 싫어했다. 30대 중반쯤 돼 보이는 편의점 알바인지, 주인인지, 주인의 아들인지 모를 귤 껍데기는 만인의 불쾌남인 모양이었다. 나 역시 개재수 없었다. 일단 째려보는 게 싫었고, 또 다른 알바한테 내 앞에서 계산하고 나간 손님을 뒷담 까는 게 싫었다. 내 뒷담도 깔게 분명하니까.

"나도 존나 싫지만, 모 어때, 얼른 사 갖고 나오면 되지."

초록색 앞치마는 기어이 귤 껍데기한테 가겠다는 뜻을 보였다.

"그냥 25시로 가자. 지가 언제 봤다고 반말이냐구? 에세라이트 살 때마다 신분증 보여달래요. 근데 여자애들한테만 그래요. 민창이가 담배 달라 그러면 한 번도 보여달란 말 안 해요. 아주 사람을 개차별해요."

"그럼 넌 밖에 있어. 내가 사올게."

"그럼 고맙지."

연두색 앞치마는 분홍색 지갑을 열어 천 원짜리를 꺼냈다. 초록색 앞치마에게 주려는 모양이었다.

날씨는 아닌 게 아니라 냉커피가 생각날 만큼 개더웠다. 오동나무 잎도 개늘어져 있었다.

자전거의 입대

큰아들 자전거는 더위가 성큼 다가온 그 초여름에 입대했다. 입대 장소는 의정부였다. 졸리나는 자전거랑 둘이 불광터미널에서 의정부행 버스를 탔다. 나보고 같이 가자고 했지만 사치스러워 안 갔다. 철거농성자가 이것 챙기고 저것 챙기고 나면 두리반 지킬 새가 어딨겠나 싶었다. 다녀와도 괜찮다고 젊은 벗들이 계속 종용했지만 그때마다 피식 웃기만 했다.

타령 잘하고 그림 잘 그리는 타령소녀 병주가 웬일인지 커피를 타줬다. 입대하는 아들 배웅도 마다한 채 두리반에 앉아 있는 내가 딴엔 안쓰러운 모양이었다. 커피는 물론 맛이 없었다. 커피믹스 한 봉지에 물은 반 컵만 넣어야 내 취향인데, 찰랑찰랑 넘치도록 부었다. 그렇더라도, 고맙다, 맛있다, 그래야 나중에 한 잔이라도 더 얻어 마실 기회가 생긴다. 그러나 생각과 입은 같지 않았다. "이게 커피냐, 뜨물이지."

커피를 다시 타서 마시는 동안 류수사가 착잡하지 않느냐고 물었다. 착잡하지 않았다. 내 마음은 종잡을 수 없을 만큼 어수선하지 않았다. 자전거는 낙원으로 갔다. 낙원이 뭐 별건가? 보다 나은 환경으로 가면 낙원인 거지. 그래도 그렇지, 군대가 어떻게 낙원이 될 수 있을까?

낙원이었다. 철거민에게 군대는 낙원이었다. 농성하면서 가장 불안했던 것 중 하나가 그 나이면 있을 법한 자전거의 광기였다. 자전거가 보는 앞에서 부모가 용역깡패들에게 두들겨 맞는 장면, 질질 끌려 나오는 장면, 가장 상상하고 싶지 않지만 늘 근거리에 있는 장면, 그것만 떠올리면 한없이 불안했다. 자전거가 두리반에 온다고 할 때마다 극력 막은 것은 그래서였다. 용역들과 자전거가 마주치지 않게 됐다는 것, 그것만으로도 군대는 낙원이었다. 아비는 두리반 지키고 있지, 엄마는 전철련 연대 가 있지, 다 무너진 황량한 집, 그런 집에 비해 군대는 또 낙원이었다. 뭔가를 하려할 때마다 철거민 아들이라는 자괴감을 내려놓을 수 없었을 테니, 군대는 또 낙원이었다.

스물한 살이면 어린가? 부모가 못 챙겨주니까, 짜식이 고3짜리 동생을 좀 챙겨주면 안 되나. 일주일에 두어 번씩 집 안 청소도 하고, 빨래도 좀 하면 안 되나. 그 같은 내 마음을 자전거인들 모르겠나. 하지만 희망이 있어야 마음도 끌리는 법이지. 어떤 것도 희망할 수 없는 하루하루가 불안한 철거민 처지에 마음이 끌리겠는가. 그게 안 되니 자전거도 괴로웠겠지. 그러니 군대는 더더욱 낙원 아닌가. 그 낙원으로 끽소리 말고 가라! 그게 날마다 모욕을 견뎌내는 아비의 심정이다.

하지만 그렇더라도 젠장! 입대하는 자전거를 이렇듯 쉽게 받아들이게 될 줄은 몰랐다. 보내긴 보낸다만, 정말 어쩔 수 없어 보낸다! 철거민이 아니었다면 말이라도 그렇게 했을 것이다. 하물며 내게는 군대가 개똥밭이었다.

풀 뽑으러 군대 왔나 싶을 정도로 자나 깨나 풀만 뽑았다. 삽질하러 군대 왔나 싶을 정도로 자나 깨나 진지보수 작업이랑 도로보수 작업만 했다. 통신병이었는데도 그랬다. 일병 때는 육군 병장 김영호한테 쥐어터지려고 군대 왔나 싶을 정도로, 시도 때도 없이 김영호한테 시달렸다. 이유는 내 사수인 권 병장이 4개월 쫄따구인 김영호를 시와 때를 가려가며 두들겨 팼기 때문이다. 김영호는 권 병장의 조수인 나를 복수의 방편으로 삼아 시도 때도 없이 들들 볶았다. 이러다 열에 들떠 죽겠다 싶었다.

어느 날 한밤중 통신대에서 김영호랑 단 둘이 당직 근무를 서는 정말 재수 없는 밤을 맞았다. 이렇게 재수 없는 밤이 또 있을까 싶었다. 김영호는 손가락을 V자 그리면서 담배를 달라고 했다. 검지와 중지 사이에 담배를 끼워달라는 재수 없는 신호였다. 정말 재수 없는 놈이었다. 나는 있으면서도 없다고 했다. 김영호는 없으면 내무반에라도 달려가서 구해와야지, 육군 병장 김 병장의 말이 그렇게 좆같냐고 했다. 나는 좆같다고 했다. 놀란 김영호가 일어서라고 했다. 나는 전입한 지 열흘밖에 안 된 이등병처럼 발딱 일어섰다. 그리고 붕 떴다. 브라질의 도끼살인마 실바처럼 니킥으로 김영호의 가슴을 모질게 찍었다. 김영호는 의자와 함께 바닥으로 뒹굴었다. 다이폴 안테나를 꼬나들고 그런 김영호의 목덜미를 사정없이 후려쳤다. 김영호는 개구리복을 입고 고향으로 갈 때까지 다시는 나를 건드리지 않았다.

그런가 하면 하이타이, 고추장, 맥주 내기 축구에 나섰다가 번번이 발렸다. 100원짜리 하나 만져보지도 못하고 월급 3,600원을 모조리 꼴아박은 적도 있었다. 축구 하다가 다리 부러져 후송 가기도 했듯이, 도대체 내기 축구는 내 팔자가 아니었다. 하여튼 군대는 뭔가 해야 될 나이에, 뭔가를 하지 않고도 견딜 수 있도록 하는 대단히 소모적인 곳이었다.

그런데도 자전거에겐 낙원이었다. 막막하고 모든 게 불확실한 집보다는 24개월만 지나면 제대한다는 꿈을 주는 곳, 제대할 때쯤 되면 엄마 아빠도 어떻게 돼 있겠지 하는 꿈을 주는 곳이었다. 정말 쓸데없는 낙관을 심어주는 무릉도원이었다. 군대는 그런 곳이다.

그러니 나는 괜찮다. 아무 소리 말고, 그냥 잘 갔다 와라! 씨바, 잘 갔다 와라!

3부 (전기가 끊겼다)

우리들의 밤은 당신들의 낮보다 아름답다,

씨발 아름답다.

두리반에 전기가 끊기자
전국에서 1,000개가 넘는
건전지 촛불을 보내주었다.
세상에서 가장 아름다운 빛이다.

3부 〔 전기가 끊겼다 〕

느낌이 안 좋아

7월 8일 목요일 한낮, 농성한 지는 195일째였다. 한국전력 서부지점에서 기분 나쁜 세 명이 왔다. 신고를 받고 확인차 들렀다는데 기세등등했다. 무슨 신고냐고 물었더니, 도전신고라고 했다.

"무슨 전?"

"도전이요, 도전!"

윤봉현 대리라는 자가 목소리를 높였다. 마치 검사가 절도범 대하듯 했다.

"도전盜電이 아니라 마치 나한테 도전挑戰하시겠다는 투네요. 한번 붙어보시게요?"

이놈들아, 나 몹시 기분 나빠, 그런 감정을 군자도 아닌 내가 굳이 숨길 이유가 없었다.

"하하, 왜 그러세요?"

"하하, 기분이 나쁘거든요."

"하하, 유머가 있으신 분이군요."

윤봉현은 언제 그랬냐는 듯 부드럽게 웃었다.

그 와중에도 도전신고를 받고 왔다는 말에 머리는 꽤 복잡해져 있었다.

도전한 적이 없는데 도전신고를 받고 왔다? 신고는 누가 했을까? 그건 뻔하다. 그렇다면 하고많은 날 중에 하필 왜 이제 신고한 거지? '51+ 두리반'을 방해하기 위해 4월에 했어도 좋았잖아. 아니면 두리반 농성 100일 잔치를 방해하기 위해 4월 3일 전에 했어도 좋았을 테고. 이제 앞으로 무엇이 기다리고 있는 거지?

에너지만 소모되는 공회전이 계속되는 동안 머릿속은 무거워졌다. 시간을 끌면서 머릿속을 정리하는 게 좋겠다싶었다.

"누가, 언제 신고한 거죠?"

"신고자 보호를 위해 그건 밝힐 수 없구요, 도전하고 계신 건 맞죠?"

"도전하고 계신 건 안 맞아요."

"하하, 말씀을 참 재밌게 하시네요. 그럼 도전하지 않았다는 설명을 좀 해주시죠."

"하하, 도전하고 있다는 증거를 대는 게 옳지 않을까요?"

윤봉현은 수긍이 간다는 듯 고개를 끄덕이면서 같이 온 두 명의 얼굴을 쳐다봤다. 이형권 차장이라는 자와 현상학 팀장이라는 자였다.

"그럼 지금 쓰고 있는 전기는 어디서 따온 겁니까?"

배가 많이 나와서 저러면 머잖아 고생 많을 텐데 싶은 현상학 팀장이 물었다.

"따오다뇨?"

"따왔으니 전기를 쓰고 있는 거 아닙니까?"

"걱정 마세요, 두리반 전기는 합법적이니까."

"그러니까, 어디서 따온 건지 말씀하시라고요?"

현상학은 점점 목소리를 키웠다. 점점 기분이 나빠지는 인간이었다.

"이름값에 안 맞게 왜 자꾸 반복적으로 묻고 그럽니까?"

"그건 무슨 뜻입니까?"

현상학은 정색을 했다.

"'현상학'이란 분이 왜 자꾸 철거민은 다 도전한다, 아니면 대부분 도전할 거라는 선험적 바탕에 근거해서 묻고 그러냐고요? 현상을 있는 그대로 기술하는 거, 그게 현상학이잖아요. 두리반이 전기를 쓰고 있다, 그렇다면 전봇대에서 끌어다 쓰고 있는가 아닌가, 전에 끊어놓은 선에 다시 연결해서 쓰고 있는가 아닌가, 그것만 확인하면 되잖아요? 보이는 것 그대로 확인하고, 아니란 결론에 이르면 사과하고 돌아가시든가. 그게 내가 아는 현상학이에요."

현상학은 얼굴을 일그러뜨렸다. 나는 그 일그러뜨린 얼굴을 한 번 더 일그러뜨렸다.

"누가, 언제 신고했는지 밝히세요! 아니면 빨리 나가세요! 당신네들이 있으니까 더 더워요."

애초에 대화를 위해 온 게 아니면서도 그들은 대화가 안 된다고 투덜거렸다. 그러면서도 눈길은 전기선이 어디서 들어왔는지 계속 좇았다.

그들은 푹푹 찌는 두리반을 나갔다. 나가서도 그냥 간 게 아니라, 전기선이 어디서 들어왔는지 계속 찾았다. 전기는 지하철 공사장에서 지하로 넣어줬다. 들키지도 않겠지만 들켜도 상관없다, 합법이니까. 그러니 나 같은 소심파가 큰소리 칠 수 있는 거지!

그래도 느낌은 영 안 좋았다. 도전신고가 들어왔다면 전기를 끊기 위해 건설사가 발버둥 치고 있다는 반증이다. 이러다 혹 가기 전에 대처방안을 찾아야겠다. 그런데 뭘 알아야 대처방안을 찾지! 엄청 발이 넓은 조약골한테 「전력공급 약관」이라는 게 있다면 구해줄 수 있겠느냐고 부탁했다.

조짐이 안 좋아

다음 날은 마포구청 건축과에서 장만원 팀장이라는 자가 왔다. 구청 공무원의 방문은 농성한 지 7개월 만에 처음이었다. 후보 시절에 두 차례, 당선되고 나서 한 차례 방문한 구렁이 구청장은 예외로 두자.

장만원 팀장은 별일 없으시냐고 물었다. 불난 집에 와서 그렇게 물어도 되는 건지, 어이가 없었다. 하지만 그의 어눌한 말투가 나랑 닮은 때문인지 밉지 않았다. 장기하의 노랫말이 생각나서 "별일 없이 산다"고 답했다.

"덥네요. 에어컨이라도 있어야 되겠네요."

장만원 팀장은 여기저기 둘러보며 손부채질을 했다.

"에어컨은 있어요."

"정말입니까?"

"나흘 전에 '미래를 여는 포럼'이란 데서 이화영 씨가 후원했거든요. 중곤데도 쌩쌩해요. 대형 선풍기도 한 대 있습니다."

"근데 어디 있습니까?"

"아, 3층에요. 공연할 때만 잠깐씩 틀거든요."

장만원 팀장에겐 전혀 적대감이 들지 않았다. 이상하게 편했다.

"여름 나려면 1층도 에어컨 있어야겠는데요?"

"그럼 안 되죠. 나는 철거민이거든요. 3층은 관객용이에요."

우리 둘의 좋았던 짧은 대화는 그걸로 끝이었다. 계단을 내려오는 발자국 소리가 들리는가 싶더니 졸리나가 우리 앞에 나타난 거였다. 오늘은 연대하러 가는 대신 전철련 중앙위 회의실에서 위원장단 회의가 있다고 했다. 아침에 두리반으로 와서 내동 2층에 있다가 이제 회의하러 가는 모양이었다. 졸리나가 궁금해할까 봐 얼른 장만원 팀장을 소개했다.

졸리나의 낯빛이 날벼락처럼 변하기 시작했다.

"무슨 얘기했어?"

"그냥, 에어컨 얘기했는데……?"

뭔가 터질 것 같은 분위기여서 나는 말꼬리를 흐렸다.

"어제 한전 왔다고? 오늘은 구청이 오고? 그게 무슨 뜻이냐구? 이 놈들이 전기 끊겠다고 작심한 거 아니냐구? 그런데 뭐, 즐겁게 에어컨 얘길 하고 있었어?"

"그런 얘기는 천천히 하려고 했지."

"천천히? 그게 지금 말이 되는 소리야? 세금 꼬박꼬박 내고, 심지어 간판 세웠다고 허공세까지 받아 처먹던 구청이 감히 무슨 낯으로? 지들 멋대로 지구단위계획지역 발표해서 세입자 길바닥으로 내몰고, 그런데도 얼굴 한 번 안 비치던 구청이? 농성한 지 7개월 만에, 그것도 전기 끊겠다고 나타난 거 아니냐구? 나가요! 당장 나가!"

졸리나는 나한테 열 내다 말고 고개를 돌려 불쌍하기 짝이 없는 장만원 팀장한테 퍼부어댔다. 장만원 팀장과 나와의 몹시 짧았던 담소가 무색해지는 순간이었다. 한순간 장만원 팀장은 내 뒤에 숨으려 했다. 그건 졸리나가 누군지 전혀 몰라서 저지른 실수였다. 나까지 더욱 곤란하게 했으니까.

"이 양반이 근데? 나가라니까! 나가요!"

졸리나의 벼락 치는 소리에 내가 먼저 장만원 팀장의 등을 떠밀었다. 그는 기어이 두리반을 나가는 자가 되었다.

그가 나가고 나자 졸리나는 제발 정신 좀 차리라며 3분 동안 내게 훈계를 늘어놓았다. 대원군이 보고 있고, 병주가 보고 있고, 영희가 보고 있고, 상진이가 보고 있고, 하헌진이 보고 있는데도 그랬다. 몹시 민망했다. 어느새 2층에 있던 류수사랑 공기랑 쩡열이랑 아즈랑 날토까지 내려와 있었다. 나는 더욱 민망했다. 졸리나는 마지막으로 나를 일별한 뒤 위원장단 회의를 위해 총총 사라졌다.

장만원 팀장이 다시 나타난 건 한 15분쯤 지나서였다. 그는 살금살금 안으로 들어와, 어디 가시는 것 같던데 가셨죠, 하고 물었다. 내 편은 하나도 없고 모두 졸리나 편만 드는 젊은 벗들이 그런 장만원 팀장을 좋아할 리 없었다. 타령소녀 병주란 놈이 귀청 떨어지게 소릴 질렀다.

"가시라고 했잖아요!"

하지만 장만원 팀장은 실실 웃으면서 안으로 들어왔다. 나는 아까보단 확실히 좀 냉정해져야겠다고 생각했다. 졸리나한테 젊은 벗들이 고자질할지도 모르니까.

"근데 이 책들은 뭐예요?"

장만원 팀장은 새움출판사에서 후원해준 『요절시선』과 『종언 그 후』, 『금강산 최후의 환쟁이』 같은 책들과 『고래가 그랬어』 등을 가리켰다.

"파는 거예요."

공기가 짧게 대답했다.

"소설가란 얘길 들었는데 혹시 직접 쓰신 것도 있나요?"

영희가, 이거예요, 하면서 『금강산 최후의 환쟁이』를 들어 보였다. 나의 다섯 번째 소설이었다. 내 꿈을 산산조각 내버린 소설이었다. 문학 분야 최고라고 정평이 나 있는 최재봉 기자가 한 면을 할애해 서평을 써줬고, 교보문고에서 팬 사인회도 열어줬지만 초판도 다 안 빠진

책이었다. 그것만 많이 팔렸으면 직장 그만두고 죽어라 소설 쓰는 거였다. 그런데 철거농성하느라 직장을 관두다니! 나는 망해도 폭삭 망한 거였다.

장만원 팀장은 영희가 건넨 『금강산 최후의 환쟁이』를 받아들고 이리저리 살폈다. 지갑을 뒤지는가 싶더니 만 원을 꺼내 테이블 위에 놓았다. 멍청한 양반! 책을 살 때는 적어도 한 페이지라도 읽어보고 사야지! 만약 한 줄만 읽었어도 도로 내려놓았을걸. 그걸 왜 사? 골치 아프게 그걸 왜 사냐고?

한심스런 장만원 팀장은 내게 악수를 청한 뒤 가겠다고 했다. 마치 『금강산 최후의 환쟁이』를 사기 위해 두리반에 온 것만 같았다. 나는 단도직입적으로 물었다.

"구청에도 도전신고가 들어왔나요?"

"우리 담당이 아니니까 도전신고는 아니고요, 건설사 쪽에서 여러 차례 민원을 넣은 건 사실이에요."

그는 다음에 또 오겠다는 말을 남기고 떠났다. 그가 떠나고 나자 공기가 말했다.

"만원이 만 원 놓고 가셨네요."

1절 8조 5항

낮에는 조약골이 구해다 준 한전에서 발행한 「전력공급 약관」을 읽었다. 연두색 표지에 포켓 판형이었다. 모모하면 모모한다, 모모하지 않을 경우엔 모모하지 않는다는 강제 규율성이 대부분이었다. 한마디로 한전이 손해 보는 장사는 안 하겠다는 내용들이었다. 주욱 훑어가다가 눈에 확 들어오는 게 있었다. 공급약관 1절이었다.

「전력공급 약관」 1절 8조 5항
건물 소유자가 전기사용계약의 해지를 신청할 경우에는 전기수급거래 당사자인 사용자의 동의 없이는 해지할 수 없다.

이런 게 있었네! 감동한 나머지 몇 번이나 반복해서 읽었다. 건물주가 세입자를 쫓아내기 위해 한국전력에 전기사용 해지를 신청한다, 한국전력은 사용자의 동의 없이는 해지할 수 없으니 직원을 보내 확인한다, 한전 직원은 세입자인 사용자에게 건물주가 해지신청을 했으니 전기를 끊어도 되느냐고 묻는다, 사용자가 펄쩍 뛰면 한전 직원도 펄쩍 뛰면서 그냥 돌아가야 한다.

한마디로 전기를 폭력의 도구로 삼을 수 없다는 정의의 돌쇠 같은 약관이다. 에너지기본법보다도 훨씬 피부에 와 닿았다. 에너지기본법 제4조는 왠지 느슨하다. "국가, 지방자치단체 및 에너지공급자는 빈곤층 등 모든 국민에게 에너지가 보편적으로 공급되도록 기여해야 한다."

그런데 한전은 약관을 제대로 지켜왔나? 그게 문제겠지! 도전을 한 전농동 철거민은 벌금을 물었다. 도전을 한 신설동 철거민은 감옥까지 다녀왔다. 한전이 약관을 지켰다면 두 지역 모두 도전할 이유가 없었겠지. 약관을 지키지 않았다는 얘기다. 두리반도 그렇다. 농성을 시작한 지 이틀째 되던 날, 건설사 직원은 두리반 전기를 끊고 도망갔다. 전기를 한전 직원이 끊은 게 아니었으니 그것부터 잘못되긴 했다. 어쨌든 뒤늦게라도 건설사는 전기공급 해지를 신청했을 게 아닌가. 하면 한국전력 서부지점은 당연히 두리반을 찾아와 전기를 끊어도 되느냐고 물었어야 했다. 나는, 벌써 끊겼는데요, 라고 답했을 테고, 한전 직원은 '이런 젠장'이라고 했어야 옳다. 그러나 한전 직원은 도전신고 받고 왔다던 날 말고는 코빼기도 보인 적 없다.

전기를 끊으려는 음산한 먹구름이 두리반 주위를 뒤덮고 있다. 한국전력은 법대로 하기 위해 「전력공급 약관」을 둔 게 아니라, 있을지 모를 소비자의 저항을 효과적으로 막기 위해 약관집을 두었다. 이른바 방어용이라는 얘기다. 그러니 「전력공급 약관」은 보잘 것도 없고 맛볼 것도 없이 미미하다. 그래도 전운이 감도는 두리반한테 '1절 8조 5항'은 엄연한 빛이다. 만약 전기가 끊긴다면? 달리 무엇이 있겠는가? '1절 8조 5항'을 앞세워 한국전력 서부지점의 직무유기를 끝까지 따지고 드는 수밖에. 그리하여 원래대로 돌이켜놓아야 한다. 다양한 행사를 여하한 꾸려가야 한다. 하지만 그건 불가능할지도 모른다. 책임지지 않으려들고, 책임질 사람도 없는 데가 관청의 오랜 타성이니까.

혼자서 병 주고 약 주고를 반복하는 중에 해는 훌쩍 기울어 있었다. 건너편 오피스텔 그림자가 두리반 2층에 들어와 있었다.

두리반 문학포럼

몰입이 안 되는 모양이었다. 미대를 휴학한 영희는 1층에서 그림을 그리다가 지하로 내려갔다. 그런다고 그림이 되나! 역시나 30분도 안 돼 다시 1층으로 올라왔다. 노랫소리가 지하까지 들리니 엉덩이가 근지러워 견딜 수 없었겠지! 기어이 그림을 포기하고 자기가 낄 만한 자리를 찾아 두리번거린다. 국전에 출품할 것도 아니면서 따로 놀아봐야

제 신세만 볶는 거니까 잘 생각한 거였다. 이윽고 매트리스 위로 올라가더니 떡두꺼비 같은 손으로 박수를 치기 시작한다. 하지만 영희의 박수소리는 노랫소리와 엇박이다. 제멋대로 쳐댄다. 젊은 벗들과 영희가 뒤엉키지 못하는 이유다. 오히려 방해가 되니까.

괭이는 땀으로 희번들하다. 벌써 시간 넘게 노래를 하고 있는데도 흥은 오히려 최고조다. 쏭이 곡을 만들고, 괭이가 노랫말을 지은 〈강물을 살린다더니〉만 30분 넘게 불러대고 있다. 내가 지겹지 않은 걸 보면 대히트를 예감해도 좋거나, 팍 찌그러질 공산도 있다. 기성세대 입맛에 딱이라는 건 젊은 세대는 '내친다' 일 수도 있고, 세대 불문하고 다 좋아할 수도 있기 때문이다. 곡은 뽕짝이다.

강물을 살린다더니 강물을 살린다더니
이것이 웬 말이야 이것이 뭔 소리야
난데없이 강을 왜 파나

유기농 살린다더니 유기농 살린다더니
농사꾼 쫓아내고 작물은 다 뒤엎고
유기농 대회가 웬 말이냐

괭이의 노래에 대원군이 기타, 병주가 젬베, 김강은 멜로디언, 잔반은 셰이커를 흔들어댄다. 거기에 영희의 엇박까지 끼어든 거다. 잘들 논다, 아주 잘들 놀고 있다. 그런 오후의 일상을 찍는다고 류수사는 아까부터 자리를 옮겨가며 카메라를 들이대고 있다. 스킨헤드인 류수사의 머리에서 땀방울이 굴러 떨어져 목덜미로 스며든다. 덥긴 정말 덥다. 해는 기울었지만 낮 동안 달궈진 아스팔트의 열기가 곧바로 밀려들기 때문에 두리반 더위는 늦은 밤까지 상스럽고 오래간다. 그런데도 잘들 논다.

더위에, 노래에 머리가 몽롱해져 제일 먼저 나가떨어진 건 아무 것도 하지 않는 나다. 기타라도 치면 덕분에 버티겠는데, 박자가 안 되는 나는 듣는 것 말고는 어울릴 게 없다. 그러니 어쩌? 커피를 타가지고 밖으로 기어나가고 만다. 뒷마당 오동나무 그늘에 앉아 홀짝홀짝 커피를 마시는 게 더위를 버티는 힘이다.

그런데 뒷마당이 어제와 달리 좀 어지럽다. 뭐지 이거? 왜 그런 거지? 이런, 전봇대와 전봇대를 연결하고 있어야 할 전기선이 바닥에 늘어져 있다. 벌떡 일어나 전봇대를 보니 끊긴 자리에 니퍼로 싹둑 잘라낸 표가 역력하다. 두리반 뒷마당으로 오는 보안등 전봇대 세 개가 다 그 모양으로 끊겨 있다. 누군가가 의도적으로 한 짓이 분명하다.

누가 그랬는지는 역시 알 것 같다. 착착 맞아떨어진다. 각국 대사와 국제엠네스티에 보내기 전 건설사에 먼저 공문을 보낸 게 문제가 된 모양이다. 7월 10일까지 답을 달라, 무반응이라면 두리반은 모든 방법을 동원해 국제적으로 놀 거다, 건설사가 해외 수주를 따내기 위해 발버둥 치는 만큼 건설사의 부도덕성을 알리기 위해 두리반 또한 발버둥 칠 거다.

건설사는 반응했다. 쥐뿔도 아닌 것들이! 허, 참, 기가 막혀서! 건설사는 두리반을 떠올리며 그렇게 혀를 찼을 것이다. 그리고 열 받은 나머지 전기 끊는 일에 열을 내고 있는 것이렷다. 한국전력 서부지점이나 마포구청에 내용증명을 보내 도전신고를 한 것이 이를 잘 말해준다. 그런데 도전하고 있지 않다니? 의심을 풀지 못한 건설사는 급기야 사람을 보내 두리반 뒷마당 전봇대에 기어올라 보안등 전기선까지 끊었다. 두리반이 전봇대에서 전기를 따다 쓴다고 믿어 의심치 않았기에. 또 반드시 전기를 끊어서 본때를 보여주고 싶었기에.

아무튼 두리반에서 보낸 공문을 보고 열은 엄청 받은 모양이었다. 그렇더라도 건설사는 상종 못 할 만큼 좀스럽다. 두리반은 건설사 체면 세워준답시고 각국 대사와 국제엠네스티에 입때껏 공문을 보내지 않고 있으니까.

그나저나 건설사가 전기를 끊으려고 안달이 났다면 두리반 전기는 결국 끊긴다. 전지전능한 건설사가 하겠다는데 과연 막힐 게 뭐가 있겠는가. 그럼 어찌 되는 건가. 보안등 때문에 마포구청 담당 부서를 찾아 전화하고, 마포경찰서에 신고하는 동안 머릿속은 난마처럼 얽혀든다.

곧 전기가 끊길 거라는 난감함이 머릿속을 짓누른다. 그러니 저녁 '두리반 문학포럼' 때 앞자리에 앉긴 했으나, 귀에 들어올 리 없다. '두리반 문학포럼'은 한국작가회의 자유실천위 주관으로 시인 황규관이 기획했다. 두리반에 힘을 보태겠다는 동료 작가들의 배려 덕이다. 오늘 강사는 시인 신용목이다. 그는 '이 시대에 시인으로 산다는 것'이 어떤 것인지에 대해 이야기했다. 내 머릿속은 전기가 끊기면 농성을 어떻게 꾸려 나가는가로 꽉 찼을 뿐이다.

결국 내 머릿속 신용목은 오직 시 한 편만 남겨놓았다. 그날 밤 그가 선물한 『바람의 백만 번째 어금니』를 읽다가 「칼이 있는 잔치」에서 나는 오랫동안 머물러 있었다.

칼은 속맛을 안다 그러나 칼이 지나고 나면 모든 속은 겉이 된다 오로지 처

음이 마지막인

  그대가 지나간 길

  옹벽 너머, 파헤쳐진 붉은 황토가 여울처럼 부려져 있다 가장 캄캄한 곳을
택하여

  환하게 지나가는,

  아픔은 상처를 두 번 통과하지 않는다 상처가 또 하나

  아픈 몸으로 일어서는

  거기,

돌아온 답

2010년 7월 21일, 농성한 지는 208일째 되는 날이었다.

  감내하리라 각오는 했으되 이 정도일 줄은 몰랐다. 칠흑이다. 1층에서 2층으로 오르는 복도는 흰 벽조차 깊이 모를 시커먼 수렁만 같다. 다음 계단이 어디인지, 벽은 어디인지 좀처럼 감을 잡을 수 없다. 눈을 감고 기억으로 더듬는 게 훨씬 빠르다. 용역깡패들의 난입에 대비해 복도 창문마다 철판으로 막아놓은 탓에 달빛조차 스며들 수 없으니 영원한 암흑이다.

  전기가 끊긴 곳, 계단 중간쯤일까, 그 암흑 속에 앉아 치를 떨다가 이빨을 사려물었다. 여지없이 혓바닥 한 귀퉁이가 베어져 나갔다. 신음이 흘러나온다. 혓바닥 살점이 입 안을 도는지 뭔가 씹힌다. 줄줄 피가 흐르는지 찝찌름하기도 하다. 살점과 피를 칠흑 속에 뱉어냈지만 입

농성 초기 인천작가회의 이사들은 각별했다.

그들은 두리반을 지키느라 한국작가회의 회원들과

4개월 동안이나 『프레시안』에 릴레이 기고를 했다.

자유실천위원회가 이끌어준 '두리반 문학포럼',

6·9작가선언의 주역들과 '1월 11일' 동인들이 이끌어준 '불킨낭독회'는

막개발에 맞선 작가의 저항 방식이었다.

사진은 '불킨낭독회'의 한 장면이다.

안에는 계속 피가 고인다. 더럽게, 정말 더럽게 아프다. 그런데도 다시 이빨을 사려물었다. 네놈들이 결국 전기를 끊었단 말이지! 두리반을 인정해달라고 했더니 돌아온 답이 결국 이거란 말이지! 이놈들! 칠흑 속에서 다시 피를 뱉는다.

광명시로 연대투쟁을 나갔던 졸리나는 밤 9시를 넘겨 두리반으로 왔다. 집으로 가야 했으나, 전기가 끊겼다는 소식을 듣고 달려온 것이다. 그때까지도 암흑의 복도에 앉아 있던 나를 건물이 떠나갈 듯 부른다. 분노가 뚝뚝 떨어지는 목소리였다. 더듬더듬 걸어서 1층으로 내려갔다. 나를 끌어안는가 싶더니 내 앞에서 무너져 내린다. 분노는 어디 갔는지? 하염없이 통곡한다. 젊은 벗들이 밝혀놓은 네 개의 촛불이 졸리나의 통곡소리에 위태로워 보인다. 젊은 벗들은 그저 숙연하다.

아무것도 보이지 않는 주방에서 상진이가 촛불 하나 켜놓고 무언가를 젓고 있다. 지쳐 쓰러진 졸리나를 위해 전복죽을 쑨다고 했다. 전복은 고향에서 보내온 거라고 했다. 입이 쓰다고 하면서도 졸리나는 그 마음이 고마워 몇 술 떴다.

졸리나를 집으로 보내놓고 다시 복도를 타고 올라 계단에 앉았다. 1층 현관 앞에서는 조약골이 노래하고, 대원군과 병주가 젬베를 치고 있다. 오늘은 노랫소리가 처량하다. 어둠을 타고 더위는 더욱 상스러워졌다. 늘 심장 뛰는 청년만 같던 두리반이 이렇듯 한순간에 가라앉을 수 있는 건지. 견딜 수 없는 모욕감, 그것 말고 머릿속에 떠오르는 단어는 없었다.

지하철공사 현장에서 소장이 찾아온 것은 닷새 전이었다. 소장의 얼굴은 상기돼 있었다. 그는 조심스러웠다.

"전기를 끊어야 되겠습니다. 여기 건설사가 우리 본사에 내용증명을 보냈습니다. 어떻게 알았는지 두리반에 계속 전기를 공급하면 손해배상청구를 하겠답니다. 마포경찰서에서도 전기 끊으라고 압력을 넣고 있습니다."

무슨 말을 하겠는가. 그동안 고마웠다고 말했다. 그리고 나흘 동안만 시간을 줄 수 있겠느냐고 물었다. 소장은 고개를 끄덕였다.

"마포경찰서에서 전기 넣으라고 하면 언제든 다시 넣을 수 있습니다. 방법이 없으면 경찰에 얘기해보시는 것도 좋을 겁니다."

묘한 여운을 남기고 소장이 돌아간 뒤, 곧바로 마포에 사는 두리반 대책위원들을 불렀다. 투쟁기획실의 섭서비, 윤성일, 정경섭이었다.

다음 날 그들과 한국전력 서부지점을 찾았다. 두리반을 찾았던 윤봉현 대리와 이형권 차장이 맞이했다. 우리는 '1절 8조 5항' 얘기는 꺼내지도 않았다. 그냥 두리반에 전기를 달라고 했다. 이형권은 잠시 자리를 떴다. 안쪽에 있는 누군가와 얘기를 나누고 돌아왔다.

"어렵지 않습니다. 전선이 살아 있어서 계량기만 달면 된답니다. 근데 체납 요금이 있네요. 그걸 납부하셔야 전기를 넣을 수 있습니다."

"체납?"

"예. 한 번도 안 밀렸으니 신용 상태는 좋네요. 2009년 12월, 한 달만 체납하셨네요."

12월은 농성을 시작한 달이었다.

"체납액이 얼마죠?"

"38만 원 정도 되네요. 영업용으론 보통 수준입니다."

그것만 납부하면 전기가 들어온다는데 무얼 망설이겠는가. 마음이 급해졌다. 갖고 있는 돈이 없어서 우선 섭서비의 카드로 대납했다. 이형권은 정확히 이틀 뒤, 두리반에 전기가 들어올 거라고 말했다. 일전을 불사할 각오를 다지고 왔는데, 뜻밖에 모든 일이 너무 싱겁게 끝났다.

이렇게 간단할 수가! 돌아오는 길은 신났다. 두리반에 도착해 젊은 벗들에게 결과를 얘기할 때는 더욱 신났다. 체납 요금만 내고 왔을 뿐인데도, 농성하면서 가장 엄청난 일을 해낸 기분이 들었다. 파티 하자는 젊은 벗들 얘기에 그쯤이야! 근사하게 기분도 냈다. 대원군이 유독 좋아하는 짜장면 파티를 열었다.

우리는 신 나서 노래도 불렀다. 졸리나를 보기 전까지는 그랬다. 졸리나는 찬물을 끼얹었다. 연대투쟁을 마치고 온 졸리나는, 낼모레 확실히 전기를 넣어준다고 했느냐고 물었다. 내가 대답하기도 전에 젊은 벗들이, 넵, 하고 합창을 했다. 졸리나는 미덥지 못한지 한전에 갔을 때 상황을 좀 더 자세히 얘기해달라고 했다. 그쯤이야 어렵지 않았다. 나는 입을 열고 액셀러레이터를 힘차게 밟았다. 납입 영수증도 보여줬다. 영수증을 면밀히 살피던 졸리나가 남자들 넷이 가서 바보짓만 하고 돌아왔다고 혀를 찼다. 일단 뭐든지 의심하는 졸리나한테서 좋은 소리 들을 리는 없었다. 그래도 좀 심한 말이었다. 뭐가 바보짓이었느냐고 따졌다.

"바보짓이지. 남자 넷이 갔으면, 전기부터 넣어라, 실사용자가 원해서 전기를 끊은 게 아니었고 당시 한전은 나와 보지도 않았다, 그러니 전기 사용하던 옛날처럼 계약 조건대로 해놔라, 그래야 사용료를 낼 거 아니냐, 원래대로 계량기도 달아놓고 그래야 요금 청구할 수 있는 거 아니냐, 왜 그렇게 한마디도 못했냐구? 이제 보니 영수증도 엉망이네. 두리반이 전기 쓴 게 2009년 12월 24일까진데, 어째서 2010년 2월

전기요금으로 2,880원, 3월 전기요금으로 4,110원, 4월 전기요금으로 1,470원이 부과된 거야? 이따위로 일 처리하니 한전이 엽전이고 땡전이고 복마전이지. 그런데도 떡하니 요금을 납부하셨어? 낼모레 전기만 안 들어와 봐라!"

따따부따 안기주 씨의 딸답게 졸리나는 조목조목 잘도 따졌다. 김이 팍 샜다. 한편으론 갑자기 일사천리로 진행된 전기 문제가 약간 의심스러워지기 시작했다. 에이 뭐, 의심이나 스트레스는 전염되는 거니까, 애써 좋게 생각하기로 했다. 졸리나한테는 피곤할 테니 어서 집에 가라고 재촉했다. 졸리나는 두리반을 나설 때까지도 구긴 인상을 펴지 않았다.

졸리나가 간 뒤에도 한번 가라앉은 기분이 영 달아오르지 않았다. 졸리나의 말이 계속 머릿속에서 맴돌았다. 한전은 복마전, 한전은 복마전, 한전은 악마의 소굴!

느낌이 도대체 안 좋았다. 불행은 느낌으로 오고 기쁨은 소식으로 오는 거니까, 이러면 안 되는 거였다. 느낌으로 오기 때문에 불행은 미리 감지하는 법이다. 소식으로 오기 때문에 기쁨은 닥쳐야만 만끽하는 법이다. 불행이 느낌으로 오는 이유는 미리 감지하고 대처하라는 본능적 방어기제의 작동 탓이다. 전기가 안 들어온다면 어떻게 헤쳐 나가야 하는 거지? 방어할 방법은 없었다. 그러니 애써 낙관할 수밖에 없었다. 설마, 철석같이 약속해놓고 번복이야 하겠어?

시시때때로 다가오는 안 좋은 느낌을 지우느라, 무려 이틀 동안 나는 쉴 새 없이 졸리나 욕만 해댔다. '여자가 말야, 재수 없게!' 이 말만 거의 3만 번은 한 것 같았다. 물론 젊은 벗들이 듣는 데서는 못했다. 고자질할지도 모르니까.

약속한 그 이튿째 되는 날은 아침부터 전전긍긍했다. 올 테면 빨리 와라. 전기 연결해주고 점심 먹으러 가면 좀 좋으냐. 그래야 내 마음도 놓이지. 이제나저제나 목이 빠지게 기다렸다. 가수 이장희처럼 콧수염을 기르고 다니는 정 감독과 카즈가 한전에 전화해보는 건 어떠냐고 물었다. 섭서비와 정경섭도 그게 좋겠다고 했다. 나는 전화하지 않았다. 묵묵히 기다리는 척하는 게 내 스타일이었다.

한전 사람은 가장 뜨거울 때인 오후 3시쯤에 왔다. 그런데 전기기사가 온 게 아니라, 이형권 차장과 영업팀의 조재승 부장이라는 자가 왔다.

"두리반은 강제집행당한 곳이더군요. 전기 공급하기가 힘듭니다. 죄송하게 됐습니다."

명함을 내밀고 가벼운 인사를 한 뒤 조재승이 꺼낸 첫마디였다.

"이 양반들이 장난 노시나?"

정경섭이 차갑게 웃었다. 나는 살얼음처럼 웃었다. 카즈는 얼음처럼 굳었다.

"상황이 종료된 곳이니까 어쩔 수가 없네요."

"상황이 종료? 뭐가요? 두리반은 상황이 종료된 곳이 아니라, 아직 분쟁 중인 곳입니다. 강제집행 운운하시는데, 연희동 전두환 집처럼 처남 명의로 개수작 부려놓으면 강제집행을 못 하고, 두리반처럼 힘없으면 강제집행을 하는 데가 우리 사회입니다. 그런데도 한전은 강제집행을 기준으로 삼아요?"

"그게 현실이니까요."

"그건 법원의 현실이고, 한전의 현실은 「전력공급 약관」 1절 8조 5항이에요. 전기 실사용자의 동의 없이 전기를 끊을 수 없다는 것, 그걸 지켜야 한다는 게 한전의 현실이라구요."

정경섭은 차갑고 분명하게 조재승을 내몰았다. 조재승도 가만있지 않았다. 그는 수첩을 꺼내들고 읽었다.

"「전력공급 약관」 15조 3항은 이렇습니다. '전기공급 대상 목적물이 없어졌거나, 전기사용자가 없어 전기를 사용하지 않는 게 분명할 경우, 또는 부도 등으로 전기요금 납부가 불가능할 경우엔 공급을 끝내기 위한 조치를 완료한 후 전기사용계약을 해지할 수 있다'고 돼 있습니다."

"그건 두리반 해당 사항이 아니잖아요. 건물이 없어진 것도 아니고, 사용자가 없는 것도 아니니까요. 철거민이라 전기요금 납부가 우려될 수 있다는 건 인정해요. 하지만 그럴 경우 미리 보증금을 걸어놓으면 되잖습니까? 실제로 일부 공사현장에서 그렇게 하고 있고요."

정경섭의 반박에 조재승은 힘들다고만 했다. 이미 전기를 공급할 수 없다는 내부 결론을 갖고 두리반을 찾았으니 길이 있을 리 없었다.

"어쨌든 두리반은 정당한 절차를 밟아 공급을 해지한 곳입니다. 이제 와서 건물주 동의 없이 공급을 재개한다는 건 현실적으로 불가능해요. 공급 재개로 인한 파장도 솔직히 어마어마하거든요."

가만히 있던 이형권이 입술에 침을 바르면서 끼어들었다.

"정당한 절차는 아니죠. 12월 26일에 건설사 직원이 두리반 전기를 끊었어요. 28일에 건설사는 공급해지를 한전에 신청했고요. 1절 8조 5항에 따라 한전은 그때라도 나와 봤어야죠. 한전이 직무유기를 한 거예요. 이 문제를 풀려면 건설사를 상대로 풀어야 돼요. 지들 멋대로 전기를 끊었으니 건설사는 전기안전법을 어겼어요. 그럼 당연히 그놈들을 조져야죠. 왜 매번 힘없고 빽 없는 사람들만 굴복시키냐구요? 삼성반도체를 봐요. 근무 환경 때문에 암으로 죽어간 노동자가 50명이 넘어요. 그런데도 이놈의 나라는 삼성만 떠받들어요. 심지어 산재 인정하라는 가족들한테 떼쓴다고 지랄까지 해요. 이게 나라예요? '가라'고 '다라' 지."

내내 조용하던 섭서비가 침묵을 깨고 이형권의 말문을 꽉 막아버렸다.

"잘 알겠습니다."

조재승은 그쯤에서 일어나려고 수작을 부렸다.

알긴 뭘 안다는 건가? 전기가 얼마나 절박한 것인지, 이 자들이 알 리가 없다. 오직 두리반에 전기를 공급함으로써 빚어지게 될 사태만 염려할 뿐이다. 두리반에 전기를 공급하면 직무유기를 인정한 꼴이 된다. 그동안 철거현장에서 빚어진 숱한 직무유기에 대해선 어떻게 답할 것인가. 앞으로 있게 될 두리반과 비슷한 사례에 대해선 또 어떻게 할 것인가. 건설사를 물고 늘어지기엔 덩치가 너무 크고, 일도 복잡해진다. 그러니 만만한 게 철거민이다.

조재승과 이형권을 못 일어나게 막고 싶었다. 이들이 떠나고 나면 전기는 끝이다. 그러나 잡아 둘 길도 없었다. 눈물겹지만 이 자들을 보내고 다른 길을 찾아야 한다.

잘 가라, 씨바!

그렇게 될 것은 결국 그렇게 된다

강원도 원주 치악산 금대리 계곡을 따라 30분쯤 오르면 시인 정용주가 사는 집이 나온다. 달랑 한 채뿐이다. 부엌을 가운데 두고 방이 두 개 있지만 혼자 산다. 두 방 모두 구들을 잘 놓은 탓에 초저녁에 군불을 지

피면 이튿날 아침까지 안온하다. 군불을 지필 때는 조심해야 한다. 특히 늦가을에는 아궁이에서 까치독사가 기어 나오는 수가 있다. 산 생활 10년이 넘은 용주조차 기겁을 하고 마당으로 뛰쳐나왔을 만큼 까치독사의 느닷없는 출현은 오줌을 지리게 한다.

지나치게 적요한 칠흑의 산중에서 용주는 외로움을 무지 탄다. 그래서 허구한 날 술이다. 시인이지만 술 때문에 축 늘어져 사는 탓인지, 간결한 시보다는 늘어지는 산문을 잘 쓴다. 그렇더라도 소설은 엄두를 못 낸다. 끈질기지 못하기 때문이다.

명성에 주눅 들었는지 어느 일간지에서 헨리 소로우의 『월든』을 일상에 지친 현대인들이 꼭 읽어야 할 필독서로 선정해놓은 걸 보았다. 웃겼다. 그냥 읽을 책이지 꼭 읽어야 할 책은 아니다. 오히려 일상에 지친 현대인들이 읽으면 지친다, 지쳐! 『월든』에는 구린내 나는 인간의 살내음이 없기 때문이다. 그런 점에서 용주의 『숲속의 게으름뱅이』는 뛰어나다. 방문객 중 어떤 여자가 마당 한 귀퉁이에 있는 변소에 들어갔다가 빤스를 내린 채 기겁을 하고 튀어나온 얘기는 팍 터진다. 오줌을 누다가 변소 구석에 똬리를 틀고 있는 까치독사를 발견한 때문이다. 들어갈 때 볼 것이지 하필 오줌 누다가 볼 게 뭐람!

용주는 『숲속의 게으름뱅이』 한 권만으로도 먹고살 수 있어야 했다. 하지만 대원군도 인정한 그 재미난 산문집이 초판에서 멈췄다. 총 다섯 권의 시와 산문집을 냈지만 하나같이 돈과는 멀다. 오죽하면 농성 초기에 나를 위로한답시고 두리반에 들렀을 때 남편 철거민한테 차비를 타갔을까.

물론 용주가 왔던 날을 떠올리면 지금도 주먹이 운다. 그날, 그 재수 없는 자식은 밤 9시쯤에 두리반 현관을 두드렸다. 문을 열고 맞아들였는데 술 냄새가 안 났다.

"웬일로 멀쩡하냐?"

"형이 철거민 돼서 농성하는데, 아우가 취해서 오면 안 되잖아?"

용주는 낄낄거렸다. 나는 웃지 않았다. 초긴장 상태니 웃음이 나올 리 없었다.

한 시간쯤 지났을까, 살벌한 분위기에 짓눌린 용주는 기어이 바깥에 나갔다 오겠다고 했다. 오직 바깥만 주시하고 있는 나를 더는 못 보겠던 모양이다. 나는 용주의 주사를 익히 알고 있어서 술 먹게 되면 그냥 아무 데서나 자라고 했다. 용주는 절대 술 안 먹을 거고, 반드시 12시쯤에 돌아올 거라고 했다.

용주는 새벽 5시경에 돌아왔다. 실천문학사 편집장 하던 박문수랑 둘이서였다. 이제 좀 쓰러져 자고 싶었지만 불행히 용주는 떡이 돼 있었다. 그렇게 될 놈은 결국 그렇게 되는 거였다. 용주는 떠벌이기 시작했다.

"형이 이러고 있으면 낭비야, 낭비! 도저한 멘탈리스트가 이게 모오야? 이렇게 밑바닥으로 전락해 있어도 되는 거야?"

지랄하고 있네!

"아침 되면 내가 찾아갈게. 건설사가 어디야? 이 존만한 새끼들이 감히 우리 형님을!"

또 지랄하고 있네!

돌아버릴 것 같은 그 새벽이 가고, 확 뒤집어질 것 같은 그 아침이 갔다.

용주도 갔다. 건설사에 들러 글로써 죽일 거라고 했는데, 건설사가 여태 안 죽고 전기까지 끊은 걸 보면 그냥 치악산으로 간 모양이었다.

그런 용주가 체로키 인디언의 경구라면서 즐겨 쓰던 말이 있었다. 내가 치악산에 갔을 때, 마침 시인 우대식도 와 있었는데, 두 인간이 어찌나 그 말을 밥 먹듯이 하는지! 나는 지긋지긋해서 외어버렸다.

"그렇게 될 것은 결국 그렇게 된다."

하지만 그건 체로키 인디언의 경구가 아니다. 포리스트 카터의 『작은 나무야 작은 나무야』나 『제로니모』에는 결코 그런 경구가 나오지 않는다.

어쨌든 두리반은 그 말처럼 됐다. 전지전능한 건설사가 전기를 끊고자 한 대로 마침내 두리반은 전기가 끊겼다.

그렇게 될 것은 결국 그렇게 된 건가?

두리반상회

반상회는 다음 날 오후에 열렸다. 단전사태 때문에 일주일 앞당겨진 긴급 반상회였다.

원래 두리반상회는 격주에 한 번씩 열린다. 적게는 열대여섯 명, 많게는 삼십여 명 이상이 두리반 돌아가는 이야기를 나눈다. 한두 명 정도 낯선 얼굴이 보일 때도 있지만 자기소개를 하고 나면 한데 어울려 이야기를 나눈다. 건설사 쪽 사람이 신분을 속이고 앉아 있어도 상관없다. 김 형사, 박 형사, 피 형사, 단 형사, 맹 형사가 신분을 속이고 앉아 있어도 상관없다.

두리반 카페의 경우도 마찬가지다. 다음 포털사이트에 '카페'라는 게 오픈한 건 1999년의 일이다. 2001년 4월까지 39만 개의 카페가 등록돼 있었다. 지금이야 트위터나 페이스북에 밀려 시들해졌지만, 한 해에 대략 13만 개 이상이 등록한 셈이다. 2010년을 기준으로 143만 개 이상의 카페가 등록돼 있다는 얘기다. 143만 개 이상의 다음 카페 중 운영자가 가장 많은 카페가 단연 두리반 카페다. 운영자만 60명이 넘는다. 기록적이다. 회원가입을 안 하고 로그인을 안 해도 글을 읽을 수 있고, 올려놓은 사진도 볼 수 있다. 정회원 이상, 우수회원 이상, 그런 규제도 없다.

숨길 것도 없지만 숨기고 싶지도 않았다. 숨길수록 사람의 발길은 멀어진다. 거짓말을 해도 사람의 발길은 멀어진다. 의도하지 않았는데도 "길을 닦는 사람은 흥하고 성을 쌓는 사람은 망한다"는 경구처럼 돼버렸다. 두리반은 두어 명이 머리를 맞대고 비밀리에 뭔가를 도모하지 않았다. 건설사 쪽 사람을 몰래 만나면서 전혀 아닌 척 내숭을 떨거나 거짓말도 하지 않았다.

비밀이 있고, 이것저것 재는 게 많다면 당연히 벽이 생긴다. 벽은 사람의 발길을 멀어지게 한다. 홍익대 미화노동자들이 농성할 때 보여준 벽은 여전히 뇌리에 남아 있다. 2011년 1월, 두리반에서 함께해온 뮤지션들이 홍익대 미화노동자들의 농성장을 방문했다. 뮤지션들은 농성장에서 자신들의 노래를 불렀다. 두리반에서 하던 대로 〈구지가〉, 〈오늘 나는〉, 〈사장님 개새끼〉, 〈히로시마〉 같은 노래를 그냥 불렀다. 〈철의 노동자〉를 준비하지 않았다면 〈불나비〉나 〈아침 이슬〉이라도 불러야 했을까? 홍대 미화노동자들의 농성을 지원하던 민주노총 공공운수노조 서경지부는 사흘 뒤 집회에서 순서에 넣기로 했던 두리반의 뮤지션들을 빼버렸다. 투쟁하는 사람들의 정서와 안 맞는다는 게 이유였다. 반대로 얘기하면 그건 뮤지션들의 정서와도 안 맞는다는 얘기였다. 홍대 미화노동자들의 농성장에서 뮤지션들은 존재감을 상실했다.

그들의 발길은 뜸해졌다.

두리반상회는 존재감을 확인시켜주는 장이다. 두리반상회는 회의가 목적이라기보다는 관계를 끈끈하게 맺어주는 면이 강하다. 그러니 숨겨서도 안 되고 거짓말을 해서도 안 된다. 다 터놓고 얘기하는 자리다. 처음 발길 하는 사람조차 편한 마음으로 한마디 거들 만큼 분위기도 좋다. 반상회가 끝나면 빙 둘러앉아 술까지 마신다. 서서히 달아오르면 너도나도 기타를 들고 노래한다. 젬베가 끼어들고, 우쿨렐레가 끼어든다. 전국에어밴드 경연대회에서 최우수상을 받은 주플린이 빗자루를 마이크 삼아 하수구 구멍처럼 입을 벌리고 몸을 흔들어댄다. 주플린은 모창도 탁월하지만 몸짓 흉내도 으뜸이다. 최우수상은 괜히 받나! 대원군은 젬베를 치면서 꽥꽥거리고 괭이는 노래하고 병주는 팔짝팔짝 뛴다. 반상회를 중심으로 정 감독이 촬영했다면, 류수사는 노는 거 중심으로 촬영한다. 한 잔 두 잔 마셔가면서 촬영하다 보니 류수사는 어느새 다큐멘터리 감독이 아니라 꽐라멘터리가 된다. 그래도 류수사의 카메라는 여러 사람의 손을 거치면서 본래의 기능을 잃지 않는다. 대원군이 찍다가, 공기가 찍다가, 조은이가 찍다가, 심지어 나도 좀 찍는다.

전기가 끊긴 다음 날 반상회도 그랬다면 두리반은 정신 나간 거다. 오히려 정신이 확 나가버렸으면 얼마나 좋았을까! 1층을 가득 메운 두리반 사람들은 일단 어두컴컴함에 치를 떨었다. 폭염이 파고들었으나 벽에 걸린 선풍기는 그림의 떡이었다. 두리반 사람들은 하도 더워서 일단 뒷마당에 있는 오동나무 그늘로 자리를 옮겼다. 회의가 시작되자마자 누구의 입에서랄 것도 없이 첫 마디가 튀어나왔다.

"두리반은 끝까지 간다!"

농성장을 방문했을 때

나의 존재감을 못 느낀다면 다음 발길이 쉽지 않다.

'두리반상회'는 소통의 장이었고,

나의 존재감을 확인시켜주는 곳이었다.

격주에 한 번씩 열렸지만,

상황에 따라 일주일에 두 번 열리기도 했다.

우선 단전사태에 대해 모든 수단을 동원해 알리기로 했다. 조약골은 보도 자료를 내고, 투쟁기획실의 섭서비와 알사탕은 소식지 호외를 내기로 했다. 대책위원들은 별무신통일 게 뻔한 줄 알면서도 국가인권위에 구제신청을 내기로 했다. 시인 박일환과 나는 『프레시안』에 단전사태와 관련해 기고하기로 했다. 박일환은 건설사와 마포구청의 행태에 대해 공격하고, 나는 전력공급 약관 1절 8조 5항을 근거로 한국전력의 직무유기에 대해 공격하기로 했다. 카즈는 『오마이뉴스』에 두리반 일대 개발과 관련하여 건설사의 PF자금 흐름을 추적하여 기고하기로 했다.

공연과 두리반 문학포럼은 여하한 중단되면 안 된다에 동의했다. 멍구가 가솔린 발전기를 구해오면 행사 때만 틀기로 했다. 정경섭은 진보신당 과천위원장이 선거 때 사용했던 태양광 발전기를 빌려오기로 했다. 또 마포환경단체에서 자전거 발전기도 빌려오기로 했다. 그거면 아쉬운 대로 30촉 백열전구 하나는 밝힐 수 있지 않겠는가 싶었다.

마지막 안건은 결론을 낼 수 없었다. 졸리나가 철거농성의 최초 원인 제공자인 마포구청에 항의하러 가겠다는 거였다. 단순 항의가 아니었다. 단순 항의라면 졸리나 성격에 꺼내지도 않았을 것이다. 여차하면 사생결단을 낼 게 분명했다. 하지만 두리반 사람들은 거기까진 생각이 미치지 않았다. 만약 마포구청에서 처참하게 들려 나온다면 다음 단계는 무엇일까? 거기에만 생각이 미쳤고, 좀처럼 대안을 찾지 못했다. 두리반 사람들은 지금 건설사한테 하드펀치를 맞아서 정신없는 상황이니 며칠만 생각하는 시간을 갖자고 여유를 뒀다. 졸리나는 뜻밖에도 순순히 알았다고 했다. 그러나 일단 꺼낸 말을 두고 졸리나는 결코 그냥 넘어가지 않을 것이다. 나는 그걸 알고 있었다. 기어이 마포구청을 찾을 것이고, 결코 그냥 나오지 않을 것이다. 모름지기 끝장을 낼 것이다. 나로서는 그게 한없이 두려웠다.

어둠을 타고 오는 것들

낮에는 처박혀 자고 밤에만 움직인다. 영역은 하수구뿐이다. 지상은 엄두도 못 낸다. 지상은 인쇄소가 기르는 고양이들의 영역이다. 두리반에서 가까운 삼영인쇄소는 암고양이 두 마리를 기른다. 고양이들은 허구한 날 두리반 주위를 배회한다. 그러니 놈은 시커먼 어둠 속 하수구에서만 산다. 그런데도 두리반이 전기 끊긴 것을 용케 감지하다니! 희한한 일이다.

전기 끊긴 지 사흘째 되는 밤 놈이 기어들어왔다. 놈은 주방으로 갔다. 달그락대는 소리를 들으면 환장하겠다. 랜턴을 켜들고 주방으로 들어가 사방을 비추면 조용해진다. 왼손에는 몽둥이를 들고 있지만 막상 기어 나오면 때려잡을 수 있을지 자신할 수 없다. 치악산에서 뱀 잡던 실력대로라면 못 할 것도 없지만 쥐는 빠르다. 한화의 김태균처럼 손목 힘이 좋은 것도 아니고, 기아의 이용규처럼 스윙이 짧고 간결한 것도 아니다. 정확도는 더 떨어져 안 풀릴 때 롯데의 이승호처럼 포볼을 남발하기 일쑤다. 그러니 바닥을 잘못 내리쳐 비눗갑이나 박살 내지 않으면 다행이다. 뱀은 회초리 같은 긴 막대로 걷어 올려 잡는다. 아주 쉬워서 눈 감고도 잡는다. 아니 눈 감고는 못 잡는다.

놈은 숨어서 내 일거수일투족을 살핀다. 보여도 잡을까 말까한데 보이지도 않으니 방법이 없다. 한 번만 더 달그락거리면 죽여버리겠다고 소리를 빽 지르고 주방을 나온다. 그러거나 말거나 5분쯤 지나면 다시 달그락거린다. 이 깊은 어둠 속에서 쥐 잡는 방법은 끈끈이뿐이다. 일만 하나 더 늘었다. 아침마다 쥐가 걸린 끈끈이를 치우고, 설거지해놓은 그릇들을 다시 헹궈야 한다.

쥐뿐만이 아니다. 어둠은 치 떨린다. 비 오듯 땀을 흘렸으니 밤이면 화장실로 달려가 온몸에 찬물을 끼얹는다. 그래 봤자 한 시간쯤 지나면 다시 땀으로 번들번들해진다. 복사열 때문에 두리반 실내 온도는 36도를 웃돈다. 거기다 깊은 어둠까지. 한없이 늘어지고 무기력해진다. 아무것도 할 수 없다. 아무것도 할 수 없다는 게 어둠이 주는 제일의 공포다. 선풍기를 틀어놓고 책이라도 읽던 밤이 언제였던가.

축 늘어져 있는 몸뚱이에 놈들이 달라붙는다. 겨울 동冬장군, 여름 문蚊장군이라고 하는 모기다. 보이지 않으니 수십만 마리가 달라붙는 것 같다. 미친다, 미쳐! 모기향을 피우거나 살충제라도 뿌리면 좋지만 그건 안 된다. 이상하게 그 향만 맡으면 목구멍이 헐어 물도 삼키기 어려워진다. 그나마 훈제 모기향은 괜찮다. 그동안 그걸 피워놓고 살았는데, 전기가 끊겼으니 이젠 날것으로 뜯기는 수밖에.

젊은 벗들은 보안등이 켜져 있는 두리반 뒷마당으로 갔다. 대원군이랑 공기는 M's 피시방에 가 있다. 갈 곳 많은 카즈는 어딘가에 가 있고, 그 외 젊은 벗들은 카페 룰루랄라에 가 있다.

밤에는 잠들되 깨어 있고, 낮에는 깨어 있되 잠들어 있다. 몸은 파괴의 파괴를 거듭한다. 환장하게 고통스럽지만 그건 고통이 아니라 건설사가 내게 안긴 모욕이다. 모기한테 뜯기다 지치면 벌떡 일어나 옥상으로 달려 올라간다. 홍대 앞 대로는 불야성이다. 승용차들이 가로등 아래에서 헤드라이트를 비추며 쉴 새 없이 달리고 있다. 칠흑의 섬에 와 있는 것만 같다.

전기가 없던 60년대 말, 그때는 어떻게 살았을까. 호롱불 아래서 밥 먹고 나면 어둠 속에서 무얼 했던가. 석유 아깝다고 불을 꺼놓으면 그대로 칠흑인데, 밤마다 동생들과 무엇을 했던가. 그냥 잤나? 그게 다였나? 달라붙는 모기는 어떻게 쫓았을까? 쉬 잠들지 못해 무척 뒤척였던 건 기억에 남아 있다. 마당 한쪽에서 들려오던 물소리도 또렷이 남아 있다. 어머니는 마지막 남은 잔광 아래서 물을 퍼 올려 설거지를 하셨다. 냉장고가 없던 시절, 매 끼니마다 음식 준비는 어떻게 하셨을까. 어쩌면 먹고산다는 게 하도 귀찮아서 거의 날마다 수제비만 뜨셨던 건 아닐까.

그러고 보면 지나치게 문명에 노출돼 있다가 급히 어둠에 잠겼기에 더더욱 고통스러운 건지도 모른다. 워낙 사치스러워졌다고 반성해보지만 그건 그거고 이건 이거다. 단전은 치를 떠는 최악이다.

이럴 때면 늘 떠오르는 게 있다. 나는 왜 한순간에 이 지경이 되었는가? 이대로 사는 것도 괜찮다고 여겼는데, 왜 느닷없이 절벽 아래로 굴러떨어져 울컥울컥 피를 토하고 있는가? 왜 여기서 내가 이 처참한 모욕을 당하고 있어야 하는가? 언제까지 이 견딜 수 없는 모욕을 견뎌내야 하는가?

눈가에는 또 핑그르르 물기가 돈다. 눈을 부릅뜬 채 밤바람에 물기를 말린다. 하지만 어쨌든 힘들다. 이빨을 사려물지만 정말 힘들다.

구청에 들어가다

7월 26일, 전기가 끊긴 지 엿새째 되는 월요일이다. 단전이 해결될 기미가 보이지 않는다. 기다려보자던 반상회에서 나온 얘기도 더는 졸리나를 붙잡아둘 수 없게 됐다.

올 것이 왔다. 오전 11시경 졸리나는 구청으로 갔다. 기초에너지 문제니까 복지와 관련 있는 것으로 보고 사회복지과를 찾았다. 졸리나의 얘기를 들은 담당자는 그건 개발과 관련된 문제니까 건축과로 안내하겠다고 했다. 졸리나는 따라나섰다. 엘리베이터를 기다리다가 뒤늦게 부서 안내판을 보았다. '도시계획과' 라는 게 있네! 졸리나는 그곳으로 안내해달라고 했다. 사회복지과만 아니면 된다는 생각에 담당자는 흔쾌히 그러겠다고 했다. 담당자는 졸리나를 4층 도시계획과로 즐겁게 떠넘겼다.

졸리나는 도시계획과장과 면담을 청했다. 과장과 민원인 사이에는 몇 개의 관문이 있었다. 일차 관문이 다가왔다. 마포구 동교동 쪽 담당이라는 정화영이었다. 마르고 여우 빤치게 생겼으나 약간 멍해 보이는 30대 초반의 여자였다. 정화영은 졸리나를 접대용 테이블로 안내했다. 사과주스도 한 병 갖고 왔다. 정화영은 이름과 주소를 물었다. 찾아온 용건도 물었다. 졸리나는 두리반을 아느냐고 물었다. 정화영은 모른다고 답했다. 그때부터 졸리나는 포문을 열었다. 어떻게 동교동 담당이라면서 피도 눈물도 없는 개발에 맞서 7개월 넘게 항의농성 중인 두리반을 모르느냐, 정말 동교동 담당 맞냐, 현장 답사도 없이 이런 식으로 책상에 앉아 개발계획만 쏟아내고 있으니 억울한 사람이 쏟아져 나오는 것 아니냐, 이제 와서 돌이킬 수 없다면 단전된 두리반에 전기라도 책임져라!

정화영은 기겁을 하고 발딱 일어섰다. 졸리나에게 건넸던 사과주스까지 낚아채서 자기 자리로 돌아가버렸다. 연애하다 헤어지면 돈가스 사준 것까지 토해내라고 할 여자였다. 아니면 돈으로 달라고 할 여자였다.

이차 관문은 반장인지 계장인지였다. 그는 근엄한 표정을 지으며 졸리나에게 다가왔다. 그는 점잖게 말했다.

"옆에서 들어보니 그건 도시계획과를 찾으실 일이 아니네요. 건축과에 가셨어야죠. 아니, 제가 지금 건축과 과장을 불러드리겠습니다."

이것들이 심지어 폭탄 돌리기를 하네! 졸리나는 피식 웃으면서 일단 기다려보기로 했다. 졸리나의 응원군은 그즈음 도착했다. 카메라를 든 정 감독, 멍구와 젤리, 이상민이 도시계획과 안으로 들어섰다. 곧이어 기타를 멘 단편선, 병주, 상진이도 들어섰다. 단편선은 차림만으로도 도시계획과 직원들을 얼어붙게 했다. 어깨까지 내려온 파마머리, 땀으로 착 달라붙은 울긋불긋한 태진아 남방, 란제리 천으로 만든 몸뻬 반바지, 맨발에 노스페이스 쪼리를 신고 있었다. 전반적으로 지저분해서 똥파리가 따라다닐 형상이었다. 여기에 정 감독의 카메라까지 있으니, 직원들은 오직 건축과장만 올라오기를 똥 빠지게 기다렸다.

건축과에선 팀장이 올라왔다. 두리반에도 왔던 장만원이었다. 딴엔 구면이라고 장만원 팀장은 졸리나한테 인사부터 했다. 졸리나를 매우 안심시키는 립 서비스도 했다.

"너무 걱정 마세요. 이런 일은 원래 도시계획과 담당이거든요. 알아서 잘해드릴 겁니다."

이차 관문은 장만원 팀장의 립 서비스에 오만 가지 인상을 다 썼다. 근엄해 보였던 표정은 정 감독한테라도 줬는지, 카메라를 든 정 감독의 얼굴이 근엄해 보였다. 이차 관문은 심지어 장만원 팀장을 향해, 무슨 말씀을 그렇게 하시느냐고 폭발해버리기까지 했다. 이차 관문은 일합도 겨뤄보지 못하고 제풀에 꺾여 퇴장하는 자가 되어야 했다. 다음은 삼차 관문?

장만원 팀장과 맞붙게 된 인물은 삼차 관문이 아니었다. 도시계획과장, 다시 말해 과대표가 직접 나선 거였다. 둘은 오랫동안 논쟁을 벌였다. 거의 나훈아 팬과 남진 팬들 사이에서나 볼 수 있던 불꽃 튀는 설전이었다.

과대표는 말했다. 도시계획과는 계획을 세우는 곳이다, 철거과정에서 생긴 문제니 우리 부서와는 전혀 상관없다, 건축과의 문제다, 제발 저기 앉아 있는 분을 데려 가라, 그렇게 말했다. 장만원 팀장은 별 해괴한 소리를 다 듣는다고 했다. 두리반 일대와 관련해 건축허가를 내줬다면 우리 부서 책임이란 걸 인정하겠다, 하지만 그 일대는 아직 건축허가를 내준 적이 없다, 그러니 금번 민원은 당연히 개발계획을 발표한 도시계획과의 책임이 맞다, 라고 맞섰다.

장만원 팀장은 말이 느리고 어리숙해서 패전 처리용으로 올라온 줄 알았는데 결코 호락호락하지 않았다. 오히려 완벽한 0점대 마무리였다. 설전이 길어질수록 밀리는 쪽은 과대표였다. 도시계획과 홈구장인데도 그랬다. 길고 긴 설전 끝에 장만원 팀장은 과대표를 눌렀다. 역시 겉만 봐서는 알 수 없는 게 사람 속이었다.

그는 졸리나한테 인사말을 남기고 총총 사라졌다.

"잘 될 겁니다."

농성이 별거야

과대표가 홈구장에서 패퇴하자 도시계획과는 침울해졌다. 폭탄을 떠넘길 데가 없어졌으니 온전한 몫이 되었다. 더군다나 건축과 장만원 팀장과의 설전에서 졸리나가 제기한 민원을 책임져야 할 곳으로 굳어져버렸다.

그들은 한쪽 구석에서 숙덕거렸다. 부서의 특성상 민원인이 거의 없다시피 하니 졸리나 외엔 찾아오는 이도 없었다. 그들은 꽤 오랫동안 머리를 맞댔다. 청원경찰을 동원해 그냥 끌어낼 생각도 해봤을 것이다. 하지만 출입을 막고 업무를 방해하는 농성을 하는 게 아니다. 민원을 제기하러 왔다지 않는가. 민원을 해결해주면 더 있으라고 해도 돌아갈 일이다. 그러면 어떻게 해야 하나? 그들은 숙의 끝에 일차 관문이었던 정화영을 다시 내세웠다. 하지만 그건 좋게 말해 장고長考 끝에 둔 악수惡手였다. 나쁘게 말하면, 철밥통 하는 짓이 다 그렇지!

그들은 퇴근 시간까지 끌다가 그냥 내보내면 되려니 싶었다. 연일 36도를 웃도는 폭염 속에서 단전된 채 살아가는 이의 절박성을 단 5초라도 헤아렸다면 그렇게는 못 할 짓이었다. 그들은 너무 안이했거나 그들은 너무 잔인했거나 그들은 너무 게을렀거나!

처음과 달리 정화영은 상당히 위축된 모습으로 졸리나 곁으로 왔다. 자신의 파르르한 성격을 반성한 때문이 아니라, 졸리나의 응원군이 많아서였다. 특히 울긋불긋한 태진아 남방을 입고 있는 단편선이 큰 부담인 모양이었다. 란제리 천으로 만든 몸뻬 반바지 차림도 만만치 않았을 것이다. 정화영은 단편선을 힐끔힐끔 쳐다보느라 정신이 없었다. 후에 단편선은 정화영이 자기 팬인 줄 알았다고 했다. 그때만 해도 단편선은 1집 앨범도 못낸 처지였다. 아주 근사한 1집 앨범 '백년'이 나온 것은 2012년 5월의 일이다. 그러니 제 잘난 맛에 사는 거지!

정화영은 말했다.

"전기 문제라면 한전을 찾으셔야지, 여기서 이러고 계시면 안 되죠? 잘못 오셨다는 생각 안 드세요?"

정화영은 말을 해도 참 재수 없게 말했다.

"당신 이름이 뭐야?"

"그, 그건 왜죠?"

"이름이 뭐냐구?"

졸리나는 빽 소리를 질렀다.

"정화영인데요."

"정화영은 저리 가! 난 도시계획과장과 면담하러 왔고, 민원 해결하기 위해 왔어."

정화영은 급히 저리 갔다. 과대표는 못 들은 척 오지 않았다.

그렇다고 도시계획과가 졸리나와 두리반 사람들을 무시하기로 태도를 바꾼 건 아니었다. 바꾸긴커녕 한껏 예민해 있었다. 단편선이 비어 있는 의자를 끌어당겨 앉고자 했을 때는 전광석화 같은 반응을 보였다. 어느새 이차 관문이 달려와 단편선의 손에서 의자를 잡아챘던 것이다.

"이건 직원 의자입니다. 이런 식으로 하시면 곤란하죠."

단편선은 즉시 미안하다고 했다. 돌아서서 병주와 상진이한테는 존나 빡친다고 말했다. 이차 관문은 단편선을 존나 빡치게 한 거였다. 그는 단편선의 손에 닿지 않는 곳으로 거칠게 바퀴 의자를 굴렸다. 그러나 제자리에 닿기도 전에 졸리나가 이차 관문을 멈칫하게 했다.

"이 사람들이 좀팽이가 뭔지 정말 제대로 보여주네! 아니, 민원인을 위해 미처 의자 준비를 못했으면 비어 있는 의자라도 내놔야 할 거 아녜요? 그런데 뭐, 오히려 뺏어가요?"

"직원들 의자라고 하잖았습니까?"

"직원들 의자 좋아하시네! 여기 직원들 의자가 어딨어요? 이거 다 마포구민들 세금 거둬서 장만한 의자고 집기들 아녜요? 그럼 내 돈도

들인 거잖아? 노출 간판 달았다고 허공세까지 받아 챙긴 데가 마포구청 아니냐구요?"

이차 관문은 의자를 밀지도 당기지도 못했다. 그 자리에서 주춤거렸다. 그때 안쪽에서 과대표의 목소리가 흘러나왔다.

"앉으시라고, 의자 그냥 내드려!"

과대표의 목소리는 분을 삭이는 게 역력했다. 그래 봤자 퇴근 시간 얼마 안 남았다, 그런 여운이 고스란히 묻어났다.

의자는 단편선 쪽으로 돌아왔다. 누가 앉을까 봐 단편선은 얼른 앉았다. 그리고 히히 웃었다. 이참에 멍구와 상민이도 비어 있는 의자 몇 개를 끌어왔다.

퇴근 시간이었다. 안에 있던 사람도 빠져나갈 시간이었다. 그 시간에 박다함과 기타를 멘 하헌진이 졸리나 곁으로 왔다. 도시계획과 민원용 테이블 주위는 밴드 대기실만 같았다. 물론 클럽이라고 해서 밴드 대기실이 다 있는 건 아니다. 상수역 가는 길에 있는 '롤링홀' 규모는 돼야 밴드 대기실이나마 있다.

밴드 대기실에서 뮤지션들은 기타를 튕기지 않는다. 어젯밤 술을 엄청 마셔서 아직도 덜 깼다는 말을 한다. 곁에 있던 뮤지션도 나 역시 엄청 마셨다고 답한다. 그건 피차 공연을 죽 쑬 경우를 대비한 포석이다. 누군가는 이번 달에 방 빼줘야 하는데 큰일 났다고 말한다. 누군가는 옥탑방은 살 곳이 아니라고 말한다. 누군가는 보증금 삼백뿐인데, 찬밥 더운밥 가리겠느냐고 되묻는다. 그러다가 불쑥 지금 공연 누가 하는 중이냐고 묻는다. 라인업을 살피다가, 어 씨바 다음이 우리네, 하면서 부랴부랴 악기를 챙긴다. 공연을 죽 쑤고 막 대기실로 들어온 밴드는 '개' 열 받는다고 말한다. 분위기가 어땠냐고 물어보면 다음 공연 때문에 먼저 간다고 말한다.

마치 밴드 대기실에서처럼 단편선은 뒤늦게 온 박다함한테 밥 먹었느냐고 묻는다. 낮부터 긴장 상태로 있었으니 단편선 자신이야말로 허기진 모양이었다. 박다함은, 개새끼야 벌써 밥 먹냐, 하고 말했다. 박다함에게 '개새끼'는 욕이 아니다. 그냥 아무 때나 튀어나오는 습관어일 뿐이다. 내가 두리반 산문집 낼 때 박다함 얘기에는 '개새끼'를 꼭 넣을 거라고 한 적 있었다. 박다함은, 아니 왜 그러세요, 저 그런 말 잘 안 써요, 하고 정색을 했다. 곁에 있던 단편선이 놓칠 리 없었다. 잘 쓰잖아, 하고 말했다. 박다함은 단편선의 등을 쓸면서 "개새끼야, 잘 안 써!" 하고 말했다.

정화영이 밴드 대기실이 되어버린 접대용 테이블 쪽으로 왔다.

"업무가 끝났으니 이제 민원인들은 나가주세요!"

직원들은 슬리퍼를 벗고 구두를 신고 있었다. 어떤 직원은 바깥 기온이 33도인데도 재킷을 입고 있었다. 과대표도 재킷을 입는 중이었다. 두리반 사람들은 일제히 졸리나의 얼굴을 쳐다봤다. 이제 어떻게 할 거냐는 의사 타진이었다. 졸리나는 자리에서 일어나 안쪽에 있는 과대표에게 말했다. 민원을 해결해주지 않는 한 도시계획과에서 한 발짝도 물러나지 않을 거라고 했다.

즐거운 퇴근시간이 엉망이 될 조짐을 보였다. 직원들의 얼굴에는 불쾌감이 역력했다. 정화영이 뭐라고 했지만 소용없었다. 이차 관문이 내일 오라고 했지만 소용없었다. 또 다른 직원이 퇴근해야 된다고 대들었지만 소용없었다. 그때부터 기나긴 승강이는 시작됐다. 졸리나는 워낙 단호했다.

마포구청 도시계획과에서

딸들이 소리치는 동안

구청 마당에선

뮤지션들이 노래로 응원했다.

비쩍 마른 기타맨과

통통한 이씬이 노래하고 있다.

과대표는 청원경찰을 불렀다. 두리반 사람들은 전부 일어나 졸리나 주위로 모여들었다. 청원경찰은, 나가요, 나가세요, 하고 말했다. 졸리나와 두리반 사람들은 꿈쩍도 하지 않았다. 과대표는 7시까지 안 나가면 이젠 경찰을 부르겠다고 했다. 졸리나는 민원을 해결해주지 않는 한 결코 나가지 않을 거라고 답했다. 정작 7시가 되었을 때는 직원들만 모두 퇴근해버렸다. 과대표와 당직자, 청원경찰만 남았다. 과대표는 마지막 경고라며 8시까지 안 나가면 정말로 경찰을 부르겠다고 했다. 8시가 되었다. 과대표는 말한 대로 했다. 마포경찰서 정보과 형사와 몇 명의 경찰이 왔다.

정보과 형사는 과대표와 무언가를 두고 길게 얘기를 나눴다. 이윽고 결론이 났는지 정보과 형사가 먼저 도시계획과를 떠났다. 당직자만 둔 채 과대표도 뒤따라 나갔다. 경찰은 구청의 일을 경찰의 일로 만들고 싶지 않았을 것이다. 끌어내는 과정에서 불상사라도 생기면 이후 모든 일은 경찰의 몫으로 바뀌기 때문이다. 과대표도 그 정도야 알았겠지. 경찰이 안 받아주니 그게 난감한 거지.

딸들이 소리쳤다

아침잠이 없는 단편선은 6시경에 일어나 청사 4층에 있는 야외 휴게실로 나갔다. 졸리나와 병주, 상진이는 신문지를 깐 바닥에서 잠들어 있었다. 멍구랑 젤리는 밤 근무여서 한밤에 구청을 나갔다. 퇴근하면 다시 오겠다고 했다. 단편선은 기타를 조금 쳤고, 책도 조금 읽었다. 그가 세수를 하고 도시계획과로 돌아왔을 때는 다들 일어나 있었다. 졸리나가 신문지를 치우려고 하자 단편선은 그 위에 눕겠다고 했다. 직원들이 출근했을 때는 단편선만 자고 있었다. 태진아 남방은 돌돌 말려 배꼽이 훤히 드러났다. 졸리나가 두 번이나 수건을 덮어줬지만 뒹굴며 자는 자에게 수건은 붙어 있지 않았다. 뒹구는 돌에는 이끼가 끼지 않는 법이니까.

졸리나는 어제처럼 오전에 민원을 다시 넣었다. 처음에는 정화영만 좀 바빴다. 그녀가 일차 관문인 까닭은 동교동 두리반 일대를 담당하기 때문이다. 정화영은 졸리나를 만났다가 과대표를 만났다가 다시 졸리나를 만났다. 하지만 풀리는 건 아무것도 없었다.

두리반 사람들은 속속 모여들었다. 구청이 문을 열자마자 달려온 윤성일이 과대표를 만나 신랄하게 따졌다. 노트북을 들고 온 조약골은 트위터를 통해 도시계획과 상황을 실시간으로 알렸다. 기자들에겐 계속 보도자료를 보냈다. 진보신당의 오진아 구의원은 구청장 면담요청을 했고, 구청과 한전이 만날 거라는 얘기, 건설사 사장을 불러들였다는 얘기를 전했다. 얘기를 들어보니 건설사 사장은 토 나오는 바지사장이었다. 목회자정의평화위원회 부의장인 종수 형은 KNCC한국기독교교회협의회 인권 담당 목회자를 불러들였다. 섭서비와 알사탕은 새로 나온 소식지 호외를 들고 왔다. 머머스룸의 드러머 한길이는 낼모레 입대라면서 찾아왔다. 졸리나의 얼굴을 마지막으로 보고 간다고 했다. 졸리나는 한길이의 얼굴에서 큰놈 자전거라도 보았을까, 오랫동안 끌어안아주었다. 뒤늦게 온 공기는 아주 급한 게 있었다. 조약골한테 전기 콘센트가 어디 있는지부터 물었다. 전기 끊긴 두리반에선 밖으로 나오면 열 일을 제쳐두고 휴대폰 충전부터 해야 했다.

오늘자 『경향신문』에는 내가 쓴 두리반 단전 관련 기고문이 실렸다.

단전사태 기고문은 『프레시안』에 이어 두 번째였다. 시인 박일환이 기고한 것까지 합하면 세 번째였다.

오후엔 도시계획과 직원들과 제대로 붙었다. 졸리나가 붙은 게 아니다. 꽹이가 왔고 젤리가 돌아왔기 때문에, 그렇게 될 것이 그렇게 된 거였다. 먼저 붙은 것은 정화영과 젤리였다. 젤리의 표현대로라면 정화영은 어제 이미 젤리를 벙찌게 했다. 그런데 오늘 또다시 젤리를 벙찌게 했다. 젤리는 정화영을 한참이나 닦아세웠다. 어제 설명으로 모자랐어, 두리반이 도시계획과를 찾을 수밖에 없는 이유를 다시 설명해줄까, 계획만 세우지 말고 결과가 잘못됐으면 정직하게 시인해봐, 그리고 지금 당장 다른 부서나 다른 곳으로 떠넘길 생각만 하지 말고 내가 해보겠다는 생각 좀 해보라구!

꽹이는 과대표와 붙었다. 처음부터 붙었던 건 아니고, 과대표와 졸리나의 언쟁을 아이폰으로 찍는 과정에서 붙게 되었다. 꽹이의 행동이 거슬렸던지 과대표는 갑자기 꽹이의 아이폰을 뺏어 바닥에 던져버렸다. 꽹이는 눈이 휘둥그레진 채 아이폰을 주워 들었다. 다행히 망가지진 않았다. 집어던질 때 손목의 힘을 급격히 죽인 모양이었다. 그 정도의 순발력에 그 정도의 손목 힘이라면 한화의 최진행쯤 되는 거였다. 꽹이는 아까보다 더 과감히 과대표의 얼굴에 아이폰을 들이댔다. 열 받은 과대표는 초상권 침해 운운하면서 절대 그냥 두지 않겠다고 했다. 꽹이는 말했다. "공무원은 초상권이 없네요."

그 시간에 두리반에는 태양광 패널 두 장과 자전거 발전기 두 대가 들어왔다. 자전거 발전기는 1층에 두고 태양광 패널은 옥상에 끌어 올렸다. 설치는 해움터에서 일하는 조보영 씨가 해주었다. 자전거 발전기는 페달을 밟는 만큼 충전이 되니 틈만 나면 열심히 밟으라고 했다. 상식대로라면 1층 알전구 하나는 자전거 발전기가 책임질 수 있었다. 페달만 열심히 밟으면 선풍기 한 대를 두어 시간 돌릴 수도 있었다. 2층 알전구 하나는 태양광 발전기가 책임지면 되는 거였다.

암흑의 두리반에서 두 발전기는 광풍을 일으키는 혁명이었다. 두리반 사람들은 불이 켜졌을 때 감격한 나머지 발광을 했다. 대원군은 젬베를 치면서 꺅꺅거렸다. 카즈는 그 가냘픈 몸을 마구 흔들었다. 영희는 하도 들뜬 나머지 빈 페트병을 집어던졌다. 자칫 영희의 페트병에 맞아 내 머리통이 뚫릴 뻔했다. 나는 불이 들어왔다는 흥분 때문에 영희의 살인미수를 용서해줬다.

나는 류수사 옆에서 자전거를 탔다. 무려 15분 넘게 페달을 밟았다. 십 촉 알전구 하나만 불이 들어오도록 해놨는데, 전구의 불빛은 환상적이었다. 온몸이 흠뻑 비를 맞은 것처럼 축축했다. 그런데도 계속 밟았다. 오래오래 밟으면 오래오래 불이 들어오겠지!

주플린이 자기도 타보겠다고 계속 궁시렁대지 않았다면 한 시간도 밟을 수 있었다. 류수사 뒤로는 아즈가 대기하고 있었고, 아즈 뒤에는 엘리스가 바지를 걷고 있었다. 엘리스는 미국산으로 캘리포니아 주립대 박사과정이었다. 용산참사로 인한 충격 때문에 한국의 재개발에 대해 연구하는 중이었다. 우리말을 열심히 공부한 덕에 엘리스는 나와 대원군과도 말이 통했다. "나도 타고 싶어요!" 대원군이, 엘리스는 몸이 느려서 안 된다고 하면, 거북이보다는 빨라요, 하고 말할 줄 알았다. 이제 좀 내려오라고 하면, 제발 나를 걱정하지 말아요, 하는 개드립을 칠 줄도 알았다.

그런데, 아! 웬수 같은 자전거 발전기! 우리는 모두 땀으로 목욕했지만, 우리의 노동은 말짱 헛것이었다. 두 자전거에 올라타 한 시간 넘게 밟았는데도 페달을 멈추면 곧장 절망이 찾아들었다. 페달을 멈춘 뒤로 선풍기는 5분을 못 버텼다. 십 촉짜리 알전구도 30분을 못 버텼다. 조보영 씨는 배터리에 문제가 있는 것 같다고 말했다. 카센터에 가서 배터리를 충전해보고, 만약 그래도 안 되면 자신의 능력 밖이라고 했다.

우리는 해 지기 전에 실행에 옮겼다. 대원군과 주플린이 배터리를 들고 나갔다. 나머지 하나는 아즈와 영희가 들고 나갔다. 나는 후다닥 옥상으로 튀어 올라갔다. 컨트롤러의 스위치를 켜고 2층으로 내려와 알전구를 켜봤다. 불이 들어왔다. 금쪽같은 불, 밤을 위해 얼른 껐다. 안도의 얼굴로 다시 아래층으로 내려와, 이제나저제나 젊은 벗들을 기다렸다. 만약 자전거 발전기가 천덕꾸러기로 전락한다면 2층의 불을 아래층으로 옮길 생각이었다.

정말 그렇게 되고 말았다. 카센터에서 충전해왔는데도 알전구는 30분을 못 넘겼다. 자전거 발전기는 천덕꾸러기가 되었다. 2층의 태양광선을 1층으로 끌어 내려 불을 밝혔다. 그만만 해도 감동적이었다. 20여 개의 촛불을 켜놓고 지냈던 지난밤들에 비하면, 비록 십 촉 전구에 불과하지만 천 배는 밝았다. 특히 열기가 없는 게 꿈만 같다. 36도를 웃도는 더위에 촛불의 열기까지 더하면 차라리 암흑이 낫다. 오죽하면 지하철 공사 현장 소장의 말을 떠올렸을까. "경찰에서 넣으라고 하면 다시 넣을 수 있습니다. 경찰에 부탁해보세요."

그건 죽어도 못할 짓이었다. 아我와 타他의 경계는 분명한 거니까. 십 촉 알전구지만 두리반을 밝혔으니 전화 안 한 건 천만 번 잘한 거였다.

우리는 두리반이 밝아진 기념으로 맥주를 한 잔씩 하기로 했다. 마포구청에서 농성 중인 졸리나와 그 일당을 떠올리면 죽어도 마실 수 없는 일이다. 하지만 이 밤은 한없이 기쁜 밤, 36도 속에서 시원하게 딱 한 잔씩만 하기로 했다. 안주는 내가 좋아하는 소라과자 한 봉지로 결정했다.

우리는 편의점에서 5,600원짜리 피처 한 통을 사와 한 잔씩 돌렸다. 모기향을 세 군데나 피워놨기에 나는 벌써부터 코가 뚫렸다. 그래도 오늘 밤만은 기어이 참고 '불'을 즐길 생각이었다.

우리는 한 통을 더 사다 마셨다. 대원군이 기타 반주를 해줘서 우주히피의 〈어찌 그리 예쁜가요〉도 불렀다. 주플린이랑 같이 부르다가 전체 합창이 되었다. 결코 눈물 나는 노래가 아닌데, 구청에서 신문지 깔고 누웠을 졸리나가 떠오르자 갑자기 피잉 눈물이 돌았다.

어찌 그리 예쁜가요, 어찌 그리 예쁜가요, 어찌 그리 예쁜가요, 그녀는!
천사 같다면 바보라고 날 놀릴 텐가요, 그녀는!
딴 건 몰라도 내 눈에 마음에 쏙 들어요.
작은 사마귀도 난 부끄럽지 않죠. 믿어요.
코에 손가락을 넣어도 떠나진 않을게요.
정말 내가 미쳤나 봐요. 제정신이 아니죠.
마시멜로우를 먹는 기분이야, 이렇게!

어찌 그리 예쁜가요, 어찌 그리 예쁜가요, 어찌 그리 예쁜가요, 그녀는!
내가 줄 수 없는 것 빼고 모두 다 다 줄게요, 어때요?
지금 눈에 보이는 무엇이든 다 말해봐요.
달도 좋고 해도 좋고 저기 저 별까지 다!

따따부따 졸리나가

멍구밴드의 보컬인 젤리의 눈을 가리고 있다.

젤리가 아이폰을 들고 있는 것으로 보아

2010년 11월경이다.

3부. 전기가 끊겼다

그리 비싼 것 말고는 뭐든 다 사줄게요.

정말 내가 미쳤나 봐요. 제정신이 아니죠.

마시멜로우를 먹는 기분이야, 이렇게!

어찌 그리 예쁜가요, 어찌 그리 예쁜가요, 어찌 그리 예쁜가요, 그녀는

노래가 끝났다. 우리는 노래를 잘못 고르는 바람에 갑자기 숙연해졌다. 즐거운 노래로 분위기를 바꿔야 했다. 그러나 우리는 즐거워질 수 없는 운명이었다. 우리의 환상인 십 촉 알전구가 몇 차례 깜박거리다가 훅 가버린 거였다. 시간은 밤 10시를 조금 넘겼을 뿐이다. 불과 세 시간 만에 태양광 충전이 소진됐다는 얘기다.

우리는 다시 암흑으로 돌아갔다.

노래는 팔색조

그러고 보니 노래는 슬픔이다.

단전 둘째 날 가진 금요일 '칼국수음악회'에서 노래는 슬픔이었다.

멍구가 가져온 가솔린 발전기는 단전 둘째 날 낮에 옥상으로 올렸다. 용량이 달려 3층만 밝히고 장비를 연결시키는 것으로 족했다. 1층 홀과 3층으로 오르는 계단은 촛불을 밝혔다. 푹푹 쪘다. 그런데도 전기 끊긴 두리반을 응원하느라 이른 시간부터 사람들이 모여들었다. 칼국수음악회를 시작했을 때는 3층이 꽉 찼다. 모기가 녹아버리는 자카르타의 엄천보다 더 더운 곳에 아기를 안고 온 사람이 있었고, 어린이를 데려온 사람도 있었다.

인사말을 하기 위해 떠밀려 나섰지만, 말은 안 해야 맛일 때도 있다. 지금이 그렇다. 더없이 숙연한 분위기에, 전기 끊겨 환장하겠네요, 돌아버리겠네요, 라고 말할 수는 없다. 그냥 고개를 숙이고 인사만 하려는데 불쑥 『숫타니 파타』가 떠올랐다. 활활 타버린 뒤에는 다시 불붙지 않듯, 모든 번뇌의 매듭을 끊고 무소의 뿔처럼 혼자서 가라! 날벼락이 떨어져도 자빠져 자는 사자처럼, 진흙 구덩이에 뒹굴어도 더럽혀지지 않는 연꽃처럼, 그물에 걸리지 않는 바람처럼, 결코 굴하지 않는 무소의 뿔처럼 혼자서 가라! 그렇게 두리반은 가고 싶다고 과하게 뻥치고 말았다.

오프닝 공연은 해민이 해줬다. 숙연했다. 오늘 공연은 중년이거나 중년에 이르는 뮤지션들이니 계속 숙연 모드로 갈 것이다. 몸이 달아오르지는 않을 게 분명하다. 마음이 달아오를까? 마음이 달아오르겠구나! 3층을 가득 메운 관객들도 대부분 중년이다. 아니면 중년에 근접해 있거나.

노래는 신재창, 허영태, 김수진으로 이어졌다. 역시 숙연했다. 번번이 헤드뱅잉을 하면서 소리 질러온 두리반이 맞나 싶었다. 엄숙한 중에도 땀은 흘렀다. '노래 하나'가 세팅을 하는 동안 나는 겨드랑이에 손수건을 넣어 땀을 닦았다. 팔꿈치를 타고 흘러내릴 때는 물것이기는 것처럼 불쾌했기 때문이다. 나보다 젊은 낭만아저씨는 습기가 차는지 안경을 닦았다. '중년시대' 멤버들도 번들거리는 이마의 땀을 닦았다. 그렇게 찌는데도 아기도 어린아이도 칭얼대지 않는 건 놀라웠다.

노래와 노래 사이에 침 넘어가는 소리도 들려왔다. 의심할 수 없는 침묵 속에는 단전의 슬픔이 배어 있다. 그런데도 노래의 슬픔이 더욱 크다. 노래는 그날 슬픔이었다. 초인이 아닌 자들이 안타까움으로 전하는 아주 평범한 노래, 그날 노래는 슬픔이었다. '노래 하나'의 노래는 산을 넘어오는 땀 섞인 감동이었다. '햇볕 한줌'의 노래에 이르러 기어이 또 눈물이 났다.

전철련 대집회

졸리나는 마포구청 도시계획과에서 닷새째 나오지 않았다. 다들 하루 이틀 만에 나가떨어졌다. 거의 언제나 졸리나 곁에 있는 윤성일과 조약골은 안 봐도 죽을 맛이다. 대원군과 주플린은, 전기 들어오는 구청이 좀 좋아, 에어컨도 들어오잖아, 하면서 구청으로 가더니 하룻밤 지난 뒤 고개를 팍 꺾었다. 낮의 무료함, 에어컨 가동이 멈춘 유리온실 같은 밤의 도시계획과, 아침 출근 시간에 느끼는 공무원들의 비열한 시선들, 대원군과 주플린은 그걸 감내하기가 벅찼다. 절벽 저 아래, 날선 바위들 사이마다 해골들이 처박혀 있는 바닥을 내려다보는 건 졸리나였다. 졸리나는 단애에 매달려 생사를 결정하고 있었다.

그러니 둘째 놈 산을 깨우는 일은 별수 없이 내 일이 되었다. 아침마다 일어나라고 전화하면 받긴 받지만 다음이 문제였다. 산은 잠결에 전화 받고 잠결에 전화를 끊었다. 30분 뒤에 다시 전화하면 번번이 "클났네, 또 지각이네" 하면서 펄쩍 뛰었다. 다행히 그때는 보충수업기간이었다.

그 닷새째인 금요일 오후 2시에 전철련이 한국전력 서부지점에서 대집회를 열었다. 졸리나를 외곽에서 지원하는 연대투쟁이었다. 이 집회를 위해 내가 한 건 동대문철대위원장이랑 마포경찰서를 찾아가 집회

신고를 한 것뿐이다. 아, 한 가지 더 있다. 한국전력 서부지점장한테 던져줄 항의 서한도 작성했다.

오후 2시는 가장 뜨거울 때였다. 한전 서부지점 앞 인도에 전철련 회원 100여 명이 사열 종대로 줄지어 앉았다. 다 빼앗겨 몸밖에 없는 사람들, 아무것도 없기에 전철련 검은 조끼를 입고 몸으로 연대한다. 혼자서는 삼각 편대를 당해낼 재간이 없다. 투기자본, 깡패들의 욕설과 주먹, 구청과 경찰 같은 관청의 힘을 무슨 수로 당해낸단 말인가. 품앗이 연대는 그래서 시작됐다.

집회는 구호를 외치는 것으로 시작됐다. 발언, 구호, 발언, 구호가 반복되는 집회다. 무지무지 재미없는 집회인 데다, 무려 두 시간 넘도록 날바닥에 앉아서 치러야 한다. 허리가 무너질 것 같다. 그런데도 몸밖에 없는 철거민들은 의연함을 보이느라 몸을 비틀지 않는다. 그동안 졸리나도 그랬을 것이다. 나는 다르다. 허리가 끊어질 것 같으니, 허리를 붙잡고 계속 몸을 뒤틀었다.

발언, 구호가 반복된 뒤엔 웬일로 시인 오도엽이 나와 시를 낭독했다. 전철련 집회에선 좀처럼 볼 수 없는 삼자 개입이다. 허리가 아픈 나는 그때도 계속 몸을 비틀었다. 덕분에 오도엽의 시는 허리의 통증을 타고 날아가버렸다. 진행자는 다시 몇 차례 구호를 외쳤다. 이번엔 나를 지목했다. 날바닥에 앉아 있는 것보단 낫겠기에 벌떡 일어나 앞으로 나갔다. 5분 정도 짧게 발언했지만 분위기에 압도돼 오버했다. 얼마나 많은 철거민들이 전기 때문에 피눈물을 흘렸나, 두리반은 「전력공급 약관」 1절 8조 5항을 끝까지 문제 삼아 한전의 직무유기에 경종을 울리겠다, 이를 위해 두리반은 여하한 편법으로 전기를 끌어다 쓰지 않겠다, 그렇게 호언장담하고 말았다.

말이 호언장담이지 그 순간엔 꼭 그렇게 할 각오였다. 집회를 마치고 항의 서한을 전달할 때도 그랬다. 전철련 의장과, 구청에 있다가 달려온 윤성일이랑 한전 서부지점 철문 앞에 섰다. 전철련 사람들은 열 지은 채로 앉아 우리를 지켜봤다. 한전 직원 20여 명이 철문 안쪽에서 우리를 맞았다.
　지점장을 만나 항의 서한을 전달하겠다고 했다. 평화적이되 강력한 의사 전달 방식이었다. 뒤쪽에 있던 이형권 차장이 앞으로 나왔다. 철문을 사이에 두고 내 앞에 선 이형권은 잔뜩 긴장한 얼굴이었다. 그는 입술에 침을 바르면서 말했다. 지점장이 잠시 외출 중이니 항의 서한은 자신이 전달하겠다고 했다. 나는 고개를 저었다. 두 시간 넘게 집회하는 동안 지점장이 나가는 걸 본 적 없다, 지점장이 쥐새끼가 아니라면 이 안에 있는 게 분명하다, 아니 정말 외출했다면 지점장실에서 기다릴 테니 철문을 열어라, 그렇게 말했다. 이형권은 안쪽으로 돌아가 다른 직원들과 짧게 얘기를 나눈 뒤, 현실적으로 힘들다는 답을 들고 왔다. 현실적으로 힘들다는 진부한 표현은 한전의 사훈쯤 되는 모양이었다. 이형권도 조재승도 입만 열면 "현실적으로 힘들다"였다. 딱 한 번 이형권이 현실적으로 아무 문제가 없다고 한 적이 있기는 하다. 체납요금을 내면 전기를 넣겠다고 약속할 때였다. "현실적으로 아무 문제가 없네요." 그 뒤로는 번번이 현실적으로 힘들다는 말만 되풀이했다. 현실적으로 힘들다는 건 이상적으론 가능하다는 얘긴가? 처참하게 웃기는 안드로메다 같은 소리다. 나는 현실적으로 힘들고 이상적으론 아무것도 아닌 자들에게, 잘 알겠다, 오늘은 돌아가겠다, 그러나 어떤 식으로든 돌아오겠다며 쐐기를 푹 박아버렸다. 철문을 사이에 두고 무려 한 시간이나 치열하게 싸운 뒤였다.

전철련 사람들과는 그 자리에 앉아 김밥을 나눠 먹었다. 6시가 좀 넘어 있었다.

전철련 사람들과 헤어진 뒤 윤성일과 부랴부랴 마포구청으로 향했다. 5시부터 뮤지션들의 단전 항의 공연이 구청 앞에서 있기 때문이었다. 늦더라도 참석해야 했다. 구청 앞마당에 도착했을 때는 이윤혁이 〈분실물센터〉를 부르느라 다리를 떨고 있었다. "날아가고 싶지만 난 날아갈 수 없어, 기억 속의 너를 떼어내러 다시 떠나가 볼까, 아직도 난 모르겠어."

여자한테 채여서 만든 〈분실물센터〉가 끝나자 이윤혁은 내려왔다. 이번엔 여자를 찬 녀석이 기타를 들고 나왔다. '델타블루스'라는 음악을 하는 하헌진이었다. 신촌블루스라면 왕년에 들어본 적 있으되, '델타블루스'라니? 처음엔 희랍어 알파벳 알파, 베타, 감마, 델타, 엡실론에서 네 번째에 해당하는 델탄 줄만 알았다. 그럼 신촌블루스는 감마블루스쯤 되나? 기왕이면 알파블루스로 할 것이지, 기껏 네 번째 블루스로 할 게 뭐야? 겸손은 내 음악이 아닌 여자 앞에서나 하는 거야, 때가 되면 그렇게 조언해줄 참이었다. 이윤혁처럼 좀 채여봐야 음악도 무르익을 거라고 생각했다. 그런데 아니었다.

어느 날 하헌진이랑 쏭이랑 주고받는 얘기를 듣고 있자니, 델타가 그 델타가 아닌 것 같았다. 무식한 나는 델타가 그 델타가 아니냐고 물었다. 웃을 때마다 보조개를 패는 쏭은 그날도 포탄 떨어진 것처럼 보조개를 깊게 패면서 웃었다.

"미국 남부에 있는 삼각주 일대예요. 델타블루스는 그 거대한 목화농장에서 흑인들이 노동하면서 흥얼대던 게 원조죠. 1930년대 로버트 존슨이 델타블루스의 레전드예요."

쏭은 목화농장의 흑인들이 시카고 공장지대로 이주하면서 시카고블루스로 발전하게 된 얘기도 해줬다. 쏭은 원래 그랬다. 설명을 참 잘해서 대원군한테 기타를 가르쳐주면 안 되겠나 싶을 때가 많았다. 물론 얽매이는 걸 극도로 싫어하는 대원군이 거부할 테니 안타까운 일이다.

하여튼 하헌진의 기타 실력은 일류고, 노랫말은 엄청 재밌다. "미안해 나는 이만 가야겠어, 미안해 나는 이만 자야겠어, 내일 다시 또 만나." 〈언젠가 만나면 헤어지는 법〉의 가사는 졸리나와 보냈던 연애 시절을 떠올리게 했다. 나는 왜 하헌진처럼, "미안해 나는 이만 가야겠어"라고 못 했는지 하헌진의 노래를 들을 때면 나의 소심증을 종종 자책하고는 했다.

하헌진의 다음 노래는 〈새로운 나〉였다. "그제의 나는 어제의 난가, 어제의 나는 오늘의 난가, 오늘의 나는 내일의 난가, 내일의 나는 모레의 난가, 모레의 나는 글피의 난가", 그런 식으로 흥얼흥얼 넘어가는 노래다. 두 소절쯤 불렀을 때였다. 갑자기 구청 안에서 누군가가 벼락처럼 튀어나와 하헌진의 공연을 묵사발로 만들었다. 그는 두리반 사람들은 당장 안으로 와달라고 소리를 질렀다. 졸리나한테 무슨 일이 생겼구나, 즉감했다.

엘리베이터는 정지된 상태였다. 2층으로 오르는 계단 입구 철문은 청원경찰과 총무과 직원들이 둘러싸고 있었다. 그 철문을 당기기 위해 두리반 사람들 몇몇과 내 막내 동생 창원이가 버티고 있었다. 악기와 장비까지 팽개치고 뛰어들어간 우리는 무조건 졸리나가 있는 4층으로 가야 한다는 생각뿐이었다. 철문을 붙잡고 잡아당기는 한편 팔을 꺾는 직원들의 손길도 뿌리쳐야 했다. 그러나 그건 이미 구청 직원들이 막을 수 없는 싸움이었다. 인원수에서도 비교가 안 되지만, 결정적으로 여직원들이 단 한 명도 없었기 때문이다. 우리에겐 병주가 있고, 괭이, 공기, 은란을 비롯해 10여 명의 청춘녀들이 있었다. '으악, 어딜 만져' 하고 소리 지르면 구청 직원들은, '안 만졌어, 안 만졌어' 하면서 주춤주춤 뒤로 빼는 거였다. 우리는 철문을 열어젖혔고, 계단을 따라 4층으로 오를 수 있었다.

청원경찰과 총무과 직원들의 수작에 대해선 졸리나를 만나 들었다. 5시가 되자 졸리나 곁에 있던 젊은 벗들이 공연을 보겠다고 구청 앞마당으로 내려갔다. 졸리나 곁에는 수원 동탄에서 올라온 막내아우 창원이만 있었다. 6시 반쯤에 먹을 것 좀 사오겠다고 창원이도 구청을 빠져나갔다. 도시계획과엔 졸리나 혼자뿐이었다. 그때부터 총무과에선 일사분란하게 움직였다. 엘리베이터를 정지시키고, 청원경찰과 함께 계단 입구 철문을 막아서기 시작했다. 철문을 완전히 닫지 못한 건 퇴근이 늦은 직원들이 드문드문 빠져나가야 했기 때문이었다.

먹을 것을 들고 도시계획과로 돌아가려던 창원이는 난감해졌다. 그때부터 몸싸움이 시작됐다. 1층 로비에 있던 두리반 사람들 몇이 합세했고, 누군가 앞마당으로 달려 나와 구조요청을 했다. 아마 구청에선 고립무원의 상황에서 졸리나를 밀어내고자 했던 모양이다. 밀어내고 나면 철문을 닫아걸 것이다. 처음엔 아우성을 좀 치겠지만, 내일은 토요일, 모레는 일요일이다. 이틀이 지나고 나면 가라앉을 것으로 내다봤던 모양이다.

하지만 실패했다. 총무과의 수작은 악수였다. 벌집을 쑤셔놓은 꼴이 돼버렸다. 집회를 끝으로 집으로 돌아가던 전철련 사람들까지 마포구청으로 왔다. 금요일 밤 도시계획과는 만원이었다. 나와 몇몇만이 촛불이 밝혀져 있는 두리반으로 돌아갔다.

물러서지 않는 졸리나

다음 날은 토요일이었다. 구청에서 농성한 지는 엿새째 되는 날이다. 어제 일 때문인지 쉬는 날인데도 구렁이 구청장이 출근했다. 그의 출근을 알게 된 건 오전 11시경이었다. 6층 구청장실에서 비서가 내려왔다. 그는 과일 접시를 두리반 사람들 앞에 내려놓았다. 구렁이 구청장과는 이미 틀어졌기에 졸리나는 냉랭하게 맞았다. 비서도 할 말이 없는지, 몸은 좀 어떠시냐고 묻기만 했다.

비서가 올라간 뒤로 도시계획과는 다시 죽은 듯 고요했다. 두리반 사람들만이 가라앉은 먼지를 일으켰다. 움직여야만 살기 때문에 지난 엿새 동안 도시계획과 안에서 졸리나는 쉴 새 없이 움직였다. 그냥 조용히 넘어가는 것, 천천히 잊혀져가거나 죽어가는 것은 구청 직원들이 원하는 바다. 공무원들은 모난 돌이 정 맞는다는 격언을 철석같이 믿는 자들이다. 나서서 무언가를 한다는 건 금물이다. 말없이 자리보전하다가 별 탈 없이 퇴직하는 길이 원하는 길이다. 그건 안정된 길이다. 안정은 서서히 가라앉는 죽음의 길이다. 단애에 매달린 졸리나는 기어오른다. 저 아래 날선 바위틈마다 해골이 처박혀 있는 곳으로 추락하지 않으려고 졸리나는 끊임없이 기어오른다. 멈추지 않고 솟구치고자 발버둥치는 것, 그건 생명의 욕구에서 비롯된다. 생명의 욕구는 쉴 새 없이 움직이며 변화를 꿈꾼다. 그리하여 쉬는 날인데도 도시계획과는 솟구치고 있다.

시간은 더디 갔다. 몇 시간이 지난 것 같은데도 이제 겨우 2시를 넘겼다. 구청장실에서 얘기 좀 하자는 연락이 온 것은 그 무렵이었다. 졸리나 대신 윤성일이 6층으로 올라갔다. 그는 30분쯤 있다가 내려왔다.

"구청장을 믿고 돌아가면 두리반 사태를 해결해준다네요."

"난 안 믿어요. 구청장에 취임하면 두리반 문제부터 해결한다고 했어요. 그런데 새빨간 거짓말이었잖아요."

졸리나는 차갑게 말했다.

윤성일은 몹시 난처한 표정을 지었다. 한번 믿어보는 게 어떻겠느냐고 조심스럽게 말을 꺼냈다. 진정성이 보인다는 거였다. 졸리나는 고개를 절레절레 흔들었다.

"두리반 사태 해결할 생각 말라고 하세요. 구청에는 전기 때문에 들어온 거니까, 전기만 해결해달라고 해보세요?"

윤성일은 알았다고 했다. 비서실로 전화해서 올라가도 되느냐고 물었다. 그는 올라갔다가 다시 30분쯤 뒤에 내려왔다. 전기를 해결해줄 테니 농성을 풀고 돌아가서 기다려달라는 게 답이었다. 졸리나는 그럴 수 없다고 말했다. 두리반에 전기가 들어왔다는 얘기를 듣기 전에는 한 발짝도 물러나지 않겠다고 말했다. 윤성일은 다시 올라갔고, 얻은 것 없이 다시 내려왔다. 그렇게 오르내리기를 세 차례나 반복했다. 그사이 졸리나의 전화벨이 한 차례 울렸다. 전철련 중앙위의 전화였다. 강남에 있는 한전 본사 앞에서 하는 집회신고를 했다, 두리반 전기 문제가 해결될 때까지 계속해서 대집회를 강행할 것이다, 고통스럽더라도 구청 농성을 이어가달라, 그런 내용이었다. 졸리나는 더욱 단단해졌다. 그러나 그건 매우 위험한 모험이었다. 졸리나는 그동안 전기 문제를 해결하기 위해 주체로서 농성해왔다. 전철련의 한전 본사 앞 대집회는 졸리나가 볼모가 되는 농성으로 변할 수도 있었다. 그러니 내 속은 타들기 시작했다. 졸리나가 단호할수록 나와 윤성일의 속은 더욱 타들었다. 조약골이나 그 외 두리반 사람들은 침묵했다. 침묵은 깊었다.

이윽고 윤성일이 담판을 짓겠다고 다시 6층으로 향했다. 이번엔 꽤 길었다. 거의 한 시간이 흘러서야 내려왔다. 얼굴은 밝았다. 그는 구청장이 경유발전기를 보내주기로 했다는 얘기를 꺼냈다. 구청장과 면담 도중 총무과장을 불러올린 얘기도 했다. 월 임대료와 기름값에 대해 물었고, 월요일 오전까지 두리반에 설치하도록 지시했다는 얘기도 했다.

"그럼 여기서 월요일에 나가면 되겠네요."

졸리나의 답변은 간결했다. 나는 안도했다. 전철련 대집회 때문에 농성을 계속 이어간다고 하지나 않을까 그걸 걱정했기 때문이다.

윤성일은 그렇게까지 구체적으로 얘기가 됐는데, 굳이 월요일까지 기다릴 필요가 있겠느냐고 반문했다. 이쯤에서 구청장의 체면을 세워주는 게 좋겠다고 말했다. 오진아 구의원도 같은 소리를 했다. 그때까지는 졸리나가 참았다. 그런데 나까지 나서서 윤성일, 오진아의 편을 들자 졸리나는 열 받았다.

"내가 왜 약속을 헌신짝처럼 던져버린 구청장 체면을 세워줘야 돼? 일주일째 전기 때문에 농성하고 있는 거지, 구청장 체면 세워주느라 농성하고 있는 건 아니잖아?"

맞는 말이었다. 농성을 풀고 안 풀고는 구청장을 종용할 일이지 졸리나를 종용할 일이 아니었다. 우리는 늘 약자를 진정시키는 데만 익숙해왔다. 어릴 때부터 그랬다. 싸움을 하면 힘센 놈을 말려야 하는데, 오히려 힘없는 놈을 붙들고 싸움을 말렸다. 그사이 힘센 놈은 힘없는 놈에게 달려들어 한 대 더 쥐어박았다. 노사가 붙어도 그랬다. 여론은 시종일관 노가 양보하도록 몰아붙였다. 견디다 견디다 급기야 터진 건데, 도대체 노가 양보할 게 뭐가 있나? 그런데도 노는 등 떠밀려 늘 사

앞에 굴복했다. 이제라도 힘센 구청장한테 양보를 얻어내는 게 옳다.

우리는 다시 머리를 맞댔다. 마지막이라는 심정으로 윤성일이 일어났다. 그는 또다시 6층으로 향했다. 내 속은 탔다. 기다리는 동안 시간이 정말 더럽게도 안 갔다. 얼마나 지났을까, 휴대폰을 열어보면 이제 겨우 10분, 그걸 네 차례나 반복했다.

윤성일이 내려와서 말했다.

"내일까지 경유발전기를 보내주겠답니다. 그걸 보내주는 대로 나가달라고 했습니다. 아마 직원들이 새 출근하는 월요일, 두리반 사태가 정리된 걸 보여주고 싶은 모양입니다."

졸리나는 고개만 끄덕였다. 눈을 뜨고 있으나 아무것도 보는 것 같지 않았다. 무슨 생각을 하는지, 20년 넘게 같이 살았지만 그 순간만큼은 종잡을 수 없었다.

600킬로그램의 경유발전기

경유발전기는 일요일 오후 3시쯤에 도착했다. 도시계획과에서 농성한 지는 일주일째였다. 트럭에 실려 온 짙은 노란색 경유발전기는 지게차로 내려져 뒷마당 안쪽에 자리했다. 소형 트럭 반만 한 사이즈인 발전기의 무게는 600킬로그램으로 무소음이 특징이라고 했다. 하루에 20리터 들이 말통을 세 통씩 잡아먹는다고 했다. 매일 경유 60리터를 먹어치우는 괴물이라는 얘기다. 경유 1리터를 1,750원으로 잡으면 1일 105,000원씩 든다. 네 식구가 사는 가정의 한 달 전기요금이 35,000원 정도이니 한마디로 돈 잡아먹는 괴물이다.

발전기 임대업자는 엄두가 안 나는 괴물의 몸통에서 선을 뽑아 두리반 1층에 전기배선을 했다. 3층에도 연결해달라고 했더니 그건 안 된다고 했다. 구청과 계약할 때 1층에만 전선을 뽑아주기로 했다는 거였다. 그래 봤자 내가 연결하면 될 일이다. 그런데도 감정은 상했다. 공연과 행사에 어떻게든 딴지를 걸겠다는 구청의 얕은 수작을 감지했기 때문이다.

발전기를 가동시키자 1층 전구에 불이 들어왔다. 선풍기를 틀었더니 그것도 돌았다. '51+ 두리반' 때 술도가에서 빌린 두 대의 영업용 냉장고가 여태 있는데, 그것도 사용할 수 있느냐고 물었다. 발전기 임대업자는 웃었다.

"가정용으로 들어오는 전기가 5킬로와트거든요, 발전기는 10킬로와트예요. 무슨 뜻인지 아시겠죠?"

알다마다. 돈이 문제지. 그리고 양심의 문제지. 설령 페르시아 왕자가 경유를 대준들 하루에 10만 원이 넘는 기름을 때려 붓는 미친 양심을 가질 수야 없는 거지. 그러니 경유발전기는 도대체 아니었다. 하지만 이걸 돌려보내는 날, 구청에서 졸리나를 데리고 나올 길은 모연해진다. 졸리나를 살리기 위해 지금은 무조건 눈을 감아야 한다.

발전기 임대업자가 떠난 뒤, 밤에 틀기로 하고 일단 발전기를 껐다. 그리고 졸리나한테 달려갔다.

"전기 들어왔어. 선풍기도 돌고 냉장고도 돌아."

졸리나 곁에 있는 젊은 벗들은 와 소리를 질렀다. 졸리나는 내 속을 꿰뚫고 있는지 아무 말도 안했다. 그냥 짐을 챙겼다. 이대로 나가면 못 돌아오는 곳, 그걸 아는지 쓰라렸던 일주일의 흔적들을 그냥 천천히 챙기기만 했다. 경유발전기는 결코 아니라고 해도 이제 다시는 농성을 재개할 수 없다. 농성장은 원래 한번 나가면 되돌아갈 수 없는 곳이다.

수비가 강화된 탓도 있지만, 한번 맥이 풀려버리면 도대체 일떠세울 수 없기 때문이다.

완전한 전기공급이 아니니 이제 삼복염천에 죽어날 일은 분명해졌다. 겨울은 또 어떻게 견디나? 하지만 전력이 약해서 공연에 지장을 받는 일은 없을 거다. 그거면 된 거지. 충분히 졸리나를 살려낼 명분은 되는 거 아닌가.

나는 졸리나가 챙겨준 짐을 들고 앞장섰다. 나머지 짐들은 젊은 벗들이 나눠 들었다. 병주와 괭이는 졸리나와 팔짱을 꼈다.

우리는 간다! 건설사야, 잘 봐라! 우리는 결코 노르웨이의 송네피오르드 같은 단애의 저 아래, 빙하가 떠다니는 시퍼런 죽음의 절규 속으로 떨어지지 않겠다. 기어이 솟구칠 것이다. 한전 서부지점아, 잘 봐라! 우리는 결코 도전하지 않고, 우리의 길을 가겠다. 마포구청아, 잘 봐라! 두리반은 기어이 다시 세금 내는 날을 맞이하겠다.

우리는 쥐죽은 듯 고요한 마포구청을 빠져나왔다. 총무과 직원들 몇이 우릴 지켜보고 있었다.

두리반으로 돌아왔을 때는 축하공연 준비가 한창이었다. 장소는 현관 앞이었다. 3층에 있던 드럼세트가 내려와 있고, 스피커, 앰프, 마이크가 내려와 있었다. 경유발전기만 돌리면 모든 장비는 가동 완료 상태였다. 나는 발전기를 켜러 가면서 졸리나한테 보고 싶지 않느냐고 물었다. 졸리나는 안 보고 싶다고 했다.

혼자 가서 발전기를 켰다. 무소음이라고 했지만 워낙 덩치가 커서 돌아가는 탈탈탈 소리가 만만치 않았다. 괴물을 곁에 두고 하는 야외공연은 쉽지 않을 것 같았다.

현관 앞으로 돌아오자 괭이가 마이크를 잡고 있었다. 괭이는 축하공연 자리인데도 숙연 모드로 시작했다. 물론 그래 봤자다. 노래만 시작되면 제일 먼저 몸을 흔드는 게 꽹이였다. 한 팀이 끝나고 두 번째 팀이 준비할 즈음이면 꽹이는 늘 확 뒤집어져 있고는 했다.

오프닝 공연은 조약골이었다. 〈기타와 자전거〉를 불렀고, 〈평화가 무엇이냐〉를 불렀다. 그리고 세계에서 가장 긴 음악 장르 아방가르드 싸이코꽐라하드코어리스닝혁명펑크avant garde psycho drunk hard core listening revolution punk를 지향하는 '며칠 후면 내생일' 밴드에서 기타를 쳤다. 병주와 대원군은 젬베를 쳤고, 보컬인 꽹이는 〈그날이 오면 칼국수에 소주 한 잔〉을 불렀다. 두 번째 공연은 태진아 남방을 입은 단편선이었다. 태진아 남방은 빨지도 않은 채 일주일 내내 입는지 냄새가 좀 났다. 나랑은 원수지간인데 웬일로 내가 좋아하는 〈까마귀 떼〉를 불렀다. 단전사태로 좀 사람이 됐나 싶었더니 이번에는 내가 가장 싫어하는 〈구지가〉를 불렀다. 마지막 노래는 졸리나와 알사탕이 좋아하는 커버곡 현경과 영애의 〈그리워라〉를 불렀다.

뒤로 가면서 소리는 점점 세졌다. 밤섬해적단의 공연은 절정이었다. "솜방망이 받아랏! 커억!"으로 끝나는 10초짜리 〈솜방망이〉를 시작으로 밤섬해적단은 거의 10여 곡이나 불렀다. 그래 봤자 다른 밴드들이 세 곡 하는 시간밖에 안 걸린다. 물론 한 곡 끝날 때마다 여러 잡소리를 늘어놓아 시간을 많이 벌기는 한다.

밤섬해적단의 공연 동안 우리는 모두 일어나 광적으로 몸을 흔들었다. 슬픔이 깊은지, 몸이 망가졌는지 졸리나만 앉아 있었다. 도로를 달리는 차량마다 우리를 쳐다보느라 접촉 사고가 날 지경이었다. 그리고 초절정의 시간, 한밭의 공연이 시작되었다. 한밭은 야마가타트윅스터의 이름으로 댄스곡 〈돈만 아는 저질〉을 불렀다. 우리는 무선마이크를 목에 걸고 노래하는 야마가타트윅스터를 따라 춤을 췄고, 도로에까지 내려갔다 올라왔고, "저질! 저질!" 악을 써댔다.

밤이 됐는데도 그날만은 두리반이 환했다.

괜히 구렁이 구청장이라고 했겠어?

월요일 밤이 되자 괴물은 작동을 멈췄다. 여덟아홉 시간 만에 시체가 되었다. 축하공연 끝나고 세 시간쯤 지나서 껐으니 어제는 여섯 시간 정도 틀었다. 오늘은 세 시간쯤 틀었다. 발전기 임대업자는 경유를 가득 채웠다고 했다. 주입구 뚜껑을 열고 내가 확인했을 때 가득은 아니어도 삼분의 이는 채워진 것으로 보였다. 그럼 뭐야 이거? 공연과 행사 때만 서너 시간씩 튼다고 해도 연료비가 일주일이면 20만원이 넘게 드네!

안 그래도 오늘 낮에 연료비가 걱정돼 윤성일 위원장이 구청장 면담 요청을 했다. 일언지하에 거절당했다. 연료비도 지급 불가라고 했다. 전기공급을 약속했기에 농성을 접은 게 아니냐고 윤성일이 따졌으나 비서의 입에선 허망한 메아리만 돌아왔다. "불가능합니다." 구렁이 구청장은 전기공급 할 의지가 애초부터 없었다는 얘기다.

그런 조짐은 미리 있었다. 한전 서부지점에서 전철련 대집회를 하기 전날 조재승 부장이 찾아왔을 때였다. 조재승은 두리반에 전기를 넣기 위해 구청과 얘기가 잘 되고 있다, 며칠만 기다려보라고 했다. 차마 대집회를 취소해줄 수 있겠느냐는 말은 하지 않았다. 나는 물었다. 구청과 잘 되고 있다면 두리반 전기는 구청의 의지에 달렸다는 얘기냐? 조재승은 그렇게 봐도 된다고 했다.

구령이 구청장이 던져준

일제 경유발전기,

24시간 가동하면

무려 60리터의 경유를 집어삼킨다.

같은 무소음 발전기라도

중국제는 대포 터지는 소리가 난다.

경유발전기만 달랑 던져준

구렁이 구청장을 잡느라

우리는 회초리 대신 피켓을 들었다.

남편 철거민과 따따부따 졸리나.

이때부터 구청 앞 1인 시위가 시작됐다.

조재승이 거짓말을 했거나 구청의 의지가 없거나? 구청의 의지가 없는 쪽이 맞겠지!

구청은 두리반이 자꾸 목에 걸린다. 지구단위계획에 따라 개발이 팍팍 진행돼야 한다. 그래야 마포구에 부자 상인들이 들어온다. 그래야 하층 서민을 서대문구나 구로구나 부천 쪽으로 밀어내고, 양질의 중산층을 끌어들일 수 있다. 세금을 꾸준히 내온 구민을 쫓아내고, 세금을 많이 낼 구민을 받아들일 수 있다. 엄청난 세수 증대! 구청은 부자가 되고 싶어 환장했다.

다행히 마포구는 전체 필지 중 1.45퍼센트에 해당하는 793필지만이 기준용적률을 활용할 수 없다. 달리 말해 1.45퍼센트는 건설사에게 던져줄 떡고물이 없다. 그러니 이 지역은 개발계획을 세워봐야 건설사가 달려들지 않는다. 나머지 마포구의 98.55퍼센트에 해당하는 면적은 개발계획만 세우면 건설사들이 달려들 만한 인센티브를 제공할 수 있다. 용적률 확대라는 만지면 금이 되는 미다스왕의 손을 주겠다는데 건설사가 마다할 이유가 없다.

그리하여 돈에 파묻혀 살고 싶은 마포구청은 기존의 구민들과는 어떤 상의도 없이 멋대로 지구단위계획 지역을 확대해나갔다. 그러던 중 두리반이라는 뼈가 목구멍에 탁 걸렸다. 이걸 빼내버려야 개발계획을 지속할 수 있다. 하물며 농성을 계속하라고 전기를 공급해줘? 구렁이로서는 상상할 수 없는 일이다. 비록 선거철에는 두리반을 찾아와, 내가 구청장일 때 세운 개발계획 때문에 두리반이 고초를 겪게 돼 죄송하다고 했을지언정 지금은 재선 구청장이 아닌가.

괜히 구렁이 구청장이라고 했겠어!

의견광고를 내자

밤을 보낸다. 무서운 밤이다. 전기가 끊긴 뒤로 매일매일 참혹한 밤이다. 물을 끼얹고 누운 지 불과 한 시간 만에 땀으로 흥건하다. 이제 겨우 새벽 2시다. 더워서 깼는지 들끓는 모기 때문에 깼는지 모르겠다. 아무튼 끈적끈적하고 무한정 가렵다. 며칠 전 실험영화를 하는 이원우 감독이 모기퇴치 초라는 걸 한 보따리 주고 갔지만 모기는 건재하다. 심지어 모기퇴치 화분이 있다고 해서 주플린이랑 5개를 사다 두었지만, 웬걸 그놈의 모기는 날기만 잘 난다.

아래층은 모기향을 피워놓고 있다. 어떻게 돌아가고 있는가? 향내를 맡는다는 건 위험하다. 또다시 목구멍이 뚫릴는지 모른다. 2층 평상에서 잠들었던 나는 그래도 아래층으로 내려가본다. 촛불 앞에서 류수사랑 단편선이랑 영희랑 맥주를 마시고 있다. M's 피시방에 도장 찍으러 가신 대원군과 공기는 여태 좀비를 죽이고 계시는 모양이다. 병주랑 일군의 무리는 룰루랄라 카페에서 만화를 보시는 모양이다. 호흡이 막혀 나는 금방 2층으로 다시 오른다.

할 수 있는 건 아무것도 없다. 뭔가를 쓸 수도, 읽을 수도, 다시 잠들 수도 없다. 옥상에 올라 바람을 쐴까 하다가 3층으로 향했다. 무대 위에 설치된 드럼세트 앞에 앉았다. 발로 베이스를 쿵쿵 밟다가 감질나서 쿵쾅쿵쾅 밟았다. 그동안 공연 때마다 들어본 풍월은 있어서 하이햇과 스네어를 톡톡 치다가 하도 답답해서 그것도 미친 듯이 두드렸다. 박자도 없고 강약도 없고 감각도 없이 땀이 줄줄 흘러내릴 때까지 쳤다. 그러고 나면 속이 좀 시원해야 하는데, 박자도 없이 되는 대로 쳤더니 더욱 미친다 미쳐! 미쳐서 또 정신없이 드럼을 두드린다. 놀란 류수사가 올라와보고, 단편선이 올라와보고 영희가 올라와본다. 2층 창가 쪽 방에서 자고 있던 카즈랑 주플린도 올라와본다. 귀를 막고 비명을 지르면서 그들이 내려간 뒤에도 한참을 더 두드려댄다.

지칠 때까지 드럼을 두드리고 나면 온몸이 혼곤해진다. 화장실로 달려가 땀으로 범벅이 된 몸에 물을 끼얹고 애써 자리에 눕는다. 자신들이 자는 공간에다 모기액을 분사했는지, 내 자리에서도 향내가 좀 난다. 카즈와 주플린은 다시 잠든 모양이다. 조용하다.

그렇게 밤을 보내다 몽롱한 상태로 일어나 1층부터 3층까지 청소를 시작한다. 그건 내 몫이다. 분리수거를 한 뒤 바닥을 쓸고 봉걸레로 닦는다. 3층은 저녁 공연을 위해 의자 정렬까지 해놓는다. 가끔씩 멍구와 젤리, 구로구가 새벽에 청소해놓을 때가 있다. 대원군이 청소해놓을 때도 있고, 공기가 청소해놓을 때도 있다. 그런 날 아침은 엄청난 선물을 받은 기분이다.

단전된 뒤로는 한 가지 일이 더 늘었다. 말통을 카트에 싣고 주유소로 가서 경유를 사오는 일이다. 경유발전기를 채우고 나면 저녁 공연까지 준비는 끝난다. 쌀을 씻어 밥을 안치고, 일급요리사 류수사를 깨워 찌개나 카레를 부탁한다. 특히 류수사의 카레는 압권이다. 들통에 한가득 끓여도 두리반 사람들은 상해서 버릴 새도 없이 그날로 깨끗이 비운다. 밥이 다 돼 상을 차리면 좀비를 잡다가 지쳐서 쓰러지신 대원군과 공기를 깨운다. 밤새 독서를 엄청 하신 병주와 그 측근들도 깨운다. 그리고 모기떼와 상관없이 잘도 주무신 카즈와 주플린을 깨운다. 크고 넓은 둥근상 두리반에 빙 둘러앉아 우리는 아침 겸 점심을 먹는다. 설거지는 밥 차릴 때 상관 안 하셨던 놈들끼리 가위바위보로 결정한다. 오늘은 공기가 걸렸다. 쌤통이다.

공기랑 병주는 100미터 미인이다. 붙어 있을 때는 엄청 얄미워서, 개똥같은 놈들이라고 하는 건 기본이다. 네놈들을 덤프트럭에 실어 무인도에 쏟아붜야 하는데, 이 나라 덤프트럭은 다 어디 갔나 몰라, 그렇게 퍼붓기도 한다. 심지어 공기는 내 친구 흑마늘한테 눈물 콧물 빠지도록 혼난 적도 있다. 라면을 결코 안 먹는 흑마늘이 두리반에 와서 웬일로 컵라면을 찾았을 때였다. 끓인 물을 붓고 5분쯤 지나 막 젓가락을 뜨려고 하는데 공기가 들어왔다. 공기는 흑마늘이 앉은 맞은편에 앉더니 담배를 꺼내 물었다. 불을 탁 붙이고 길게 연기를 뿜어냈다. 흑마늘 쪽으로 연기가 퍼졌다. 비록 영문과지만 유교의 본산 성균관을 졸업한 흑마늘이 아닌가.

"너 몇 살이야?"

사실 이건 핀트를 잘못 맞췄다. 라면 먹고 있는데 '여기서 담배 피우면 되겠니'라고 했다면 그냥 끝났겠지. 하지만 그 상황에서 인사도 한 번 나눈 적 없는 새파란 아이에게 그런 여유를 부릴 중년남자가 어딨겠는가. 『임꺽정』의 벽초가 아들 홍석중과 맞담배질하면서 바둑 뒀다는 일화를 흑마늘이 모를 리는 없다. 그건 그거고!

"너는 아버지가 식사하실 때도 이렇게 담배 피워?"

"아버지 안 계시는데요?"

아, 이건 끝난 거다. 아무리, 몇 살, 아버지 앞, 같은 단어가 나왔기로서니, 꼰대는 다 그래로 맞설 일은 아니다.

흑마늘은 그날 열에 들떠 마구 퍼붜댔다. 공기는 찔찔 짜며 두리반을 뛰쳐나갔다. 컵라면은 불어터져서 버렸고, 흑마늘은 송파로 돌아갔다. 공기는 자정이 훨씬 지나서 들어왔다. 왕 꼰대인 나한테 또 한소리 들었다. "네가 잘못했다."

붙어 있으면 뭔가 일을 만들어 부아를 돋운다. 안 보면? 궁금하고 보고 싶다. 그래서 나한테 병주와 공기는 100미터 미인이다.

두리반상회는 그날 저녁에 열렸다. 졸리나가 구청에서 돌아온 지는 이틀 뒤였다. 못 보던 얼굴이 한 사람 있었다. 부산에서 올라왔다는 안기석 씨였다. 항렬로 보아 안기주 씨의 막내딸인 졸리나에겐 아버지뻘 되는 사람이었다. 두리반상회 때문에 그 먼 부산에서 올라온 건 아니었다. 서울에 볼 일 있어 왔다가 두리반에 들른 거라고 했다.

발전기 얘기가 제일 먼저 나왔다. 공연과 다큐상영회, 그 밖의 행사를 위해 경유발전기는 어쨌든 절대 필요하다. 두리반은 문화행사를 통해 지켜나가는 공간이니 이를 중단한다는 건 농성을 끝내겠다는 것과 다를 바 없다. 문제는 일주일에 20만 원이 넘게 드는 경유값에 있다. 그게 걱정이어서 어젯밤 졸리나를 배웅하며 대출금을 갚았느냐고 슬쩍 물어봤다. 반응은 언제 어디서나 한결같았다. "또 어디 쓰려고?" 나는 그냥 궁금해서 그런다고 얼버무렸다. 퇴직금은 들어왔는데, 연금 해지한 돈이 안 들어와 아직 안 갚았다고 했다. 다행한 일이었다. 공연이 계속될 수 있을 테니.

그렇다면 자전거발전기와 태양광발전기가 문제다. 촛불로 밤을 보내지 않도록 십 촉 전구라도 어떻게든 밝혀야 한다. 당연히 먼저 나온 얘기는 태양광 패널을 어디서 더 빌릴 데가 있는가였다. 부산에서 온 안기석 씨가 태양광발전기를 설치한 옥상을 좀 봐도 되겠느냐고 물었다. 그 방면으로 잘 아는 모양이었다. 그는 옥상에 올라가 패널의 위치, 컨트롤러에 연결된 전선의 굵기, 충전용 배터리 등을 살폈다. 자리로 돌아온 안기석 씨는 정상이라면 삼십 촉 전구를 밤새도록 켜놓아도 문제가 없어야 한다고 말했다. 아마 패널 중에 죽은 게 있거나, 배터리를 바꿔보는 게 좋겠다고 했다. 패널의 방향을 동쪽으로 두었는데 남쪽 방향으로 옮기고, 전선도 굵은 것으로 교체할 필요가 있다고 덧붙였다.

그런 거라면 걱정하지 않아도 된다고 타잔이 받았다. 일주일 뒤에 '다함께'에서 활동하는 김종환 씨가 개당 60킬로그램이 나가는 배터리 네 개를 갖고 오기로 했다는 거였다. 그리고 충청도 홍성에 있는 '에너지 전환' 단체에서 태양광 패널도 두 개를 빌려오기로 했다는 거였다. 문제는 일주일이었다. 이러다 암흑의 여름을 나겠네!

다음 안건으로 넘어갔다. 두리반 책사인 카즈가 입을 열었다. 전기 문제와 관련해서 『오마이뉴스』에 계속 기고하겠지만, 의견광고를 내보내는 건 어떻겠느냐고 물었다. 일인당 만 원씩 400명한테 후원을 받아보자고 했다. 『경향신문』에 내되 후원자의 이름도 명기하자고 했다. 반대하는 사람은 없었으나, 대부분 그게 될까 싶은 표정이었다. 카즈는 된다고 했다. 거의 1,000명한테서 건전지 촛불을 후원받지 않았느냐, 실용성이 없는 게 문제였지 전기 끊긴 두리반에 대한 관심은 치열하다고 했다. 그러니 해보자는 거였다. 나는 동의했다. 퇴직금이 있으니 후원받지 않아도 된다고 했다. 다들 후원받는 쪽으로 하자고 찬성했다. 부산에서 올라온 안기석 씨도 찬성했다. 광고료와 광고 지면을 잡는 건 카즈가 담당하기로 했다. 윤성일은 통장을 개설하기로 했다. 섭서비와 알사탕은 광고도안을 하기로 하고, 나는 문안작성을 해서 두리반 카페에 올려놓기로 했다.

다음은 긴급구제요청을 한 지 보름이 돼가는 데도 귓구멍에 말뚝을 박은 현병철의 '국가인권위'를 어떻게 할 것인가였다. 위대하신 대원군이 무조건 쳐들어가자고 하셨다. 조은이가 자지러지게 웃으며 엄지손가락을 치켜세웠다. 용산사태로 옥살이하는 전철련 사람 면회를 다녀온 졸리나는 내내 무표정으로 있다가 거기서 빵 터졌다. 단편선이 전선을 넓히는 건 안 좋다고 했다. 머머스룸의 정동민은 그냥 입 다물고 있었다. 조약골은 '국가인권위' 앞에서 기자회견을 하자고 했다. 다들 조약골의 의견에 동의했다. 세부 일정과 보도자료, 기자 회견문은 조약골이 맡기로 했다.

이제 안건이 없으면 녹번동 삼일교회 목사님이 사 오신 수박을 먹기로 했다. 농성 초기에 목사님은 걱정이 많이 되는지 하루에 세 번씩 방문하셨다. 요즘은 안심이 되는지 한 달에 한 번도 잘 안 오신다. 오시면 교회도 못 가는 내가 주눅들어하고 젊은 벗들도 눈치를 보는 것 같으니 피하시는 모양이다.

그런데 윤성일이 김새게 했다. 구렁이 구청장의 행태를 이대로 넘어갈 수 없다는 거였다. 마포구청 앞에서 출퇴근 시간에 1인 시위를 하자고 했다. 역량이 안 된다고 반대, 반대, 반대가 빗발쳤다. 그러나 윤 고집을 누가 말리나! 도저히 묵과할 수 없으니 나 혼자만이라도 아침저녁으로 두 차례씩 1인 시위를 하겠다고 했다. 덕분에 섭서비와 알사탕은 1인 시위에 들고 갈 피켓 만드는 일까지 하나 더 늘었다.

우리는 수박을 먹었다. 멀리서 문신부가 오고 있었다. 벌써 '화요다큐멘터리상영회'를 시작할 시간인가? 휴대폰을 열어보니 7시 40분이었다. 아직 20분 남아 있었다. 나는 경유발전기를 돌리기 위해 일어섰다. 앞으로 서너 시간 동안 두리반은 대낮처럼 밝겠다.

경향신문 의견광고

의견광고 초고를 두리반 카페에 올리자 가장 바쁜 건 대원군이 아니었다. 카즈도 아니었다. 섭서비와 알사탕도 아니었다. 뜻밖에도 한전 서부지점이었다. 두리반이 어떻게 돌아가는지 시도 때도 없이 두리반 카페에 드나들었던 모양이다. 조재승 부장과 하승구 차장이 두리반에 출근하다시피 했다. 하는 말은 똑같았다. 전기 넣는 일은 잘되고 있다, 며칠만 기다려달라, 믿어달라. 이틀 뒤에도 같은 말을 반복했다. 아마 내 무덤에 와서도 같은 소리를 지껄일 게 분명하다. 전기 넣는 일은 잘되고 있다, 며칠만 기다려달라, 믿어달라.

조재승과 하승구는 의견광고가 나가기로 한 목전에도 찾아왔다. 말은 좀 바꿨다.

"계량기만 떼어냈을 뿐 전선은 그대로 살아 있더군요."

자신들이 1절 8조 5항을 지키지 않아 꼬일 대로 꼬여버린 일을 결국 두리반에 떠넘기겠다는 거였다.

"도전하라는 얘기군요?"

"아, 아니요, 도전하라는 건 절대 아닙니다."

조재승은 무섭게 손사래를 쳤다.

"그렇군요. 감전 위험 있으니 그거 조심하라는 얘기였는데."

내가 멍청하게 웃자 조재승도 웃긴 웃었다, 쓰디쓰게.

그들을 보내놓고 두리반 사람들은 의견광고를 마지막으로 점검했다.

'4백인 선언'으로 준비한 광고는, 세상에! '573인 선언'이 되었다. 덕분에 시인 황규관은 '111인 작가선언'도 준비하기로 했다. '573인 선언'을 『경향신문』에 내기로 한 만큼, '111인 작가 선언'은

『한겨레신문』에 내기로 했다.

'573인 선언'은 우여곡절을 겪었다. 원래 그것은 『경향신문』 8월 13일 금요일자 2면에 나오기로 약속돼 있었다. 하지만 목요일 오후 6시경 『경향신문』 광고국에서 의견광고를 내보낼 수 없다는 전화를 해왔다. 무슨 일 때문이냐, 혹시 건설사 때문이냐, 그렇게 물었다. 광고국 직원은 구체적인 말은 할 수 없다고 하면서도 외압설을 부정하진 않았다.

두리반 사람들은 대책회의를 열었다. 그러나 뜻밖의 충격으로 한동안 별다른 이야기를 나눌 수 없었다. 도대체 『경향신문』이 이럴 수가! 그 같은 넋두리만 흘러나왔다. 대원군은, 이거 진짜 『경향신문』도 벌벌 떠는 데랑 두리반이 싸우는 거네, 하면서 낄낄거렸다. 괭이는 대원군의 옆구리를 찔렀다. 마침 순신애 씨가 얼린 물을 배낭에 지고 왔기에 우리는 물을 마시면서 기분 전환을 할 수 있었다.

외압이 있다면 건설사인지, 한국전력인지를 먼저 파악해야 했다. 『경향신문』 전체 결정인지 광고국 단독 결정인지도 파악해야 했다. 트위터를 통해 『경향신문』의 두리반 의견광고 거부 사태도 알려야 했다. 가장 급한 건 다음 날 덜 실망하도록 의견광고를 후원해준 573인을 위해 두리반 카페에 상황 보고를 하는 일이었다.

그런 일들은 어둠과 찌는 더위, 모기떼 속에서 두서없이 진행되었다. 『프레시안』, 『프로메테우스』, 『레디앙』에도 전화를 넣었다. 『프레시안』은 다음 날인 금요일 오전에 의견광고 전문을 내보내겠다고 했다. 『프로메테우스』와 『레디앙』은 『경향신문』 광고국에 연락해 외압의 주체가 누구인지를 묻겠다고 했다.

두리반이 『경향신문』 광고국을 찾아간 건 그로부터 사흘이 지난 월요일 오전이었다. 광고국장을 만나 광고 거부 사유를 다시 물었다. 광고국장은 솔직하게 털어놓았다. 사태가 이렇게 커질 줄 몰랐다, 두리반 광고를 못 내겠다고 한 건 광고국 단독 결정이다, 솔직히 의견광고에 언급된 건설사는 우리 신문사 최대 광고주다, 외압은 없었다, 알아서 기었다고 하는 편이 옳다.

광고국장은 구청이나 한전에서 만난 구렁이들과는 달랐다. 솔직한 사람이었다. 두리반 사람들은 그를 존중했다. 건설사를 문제 삼는 기사라면 몰라도 이건 광고가 아니냐, 기사와 의견광고는 엄연히 다르다, 그러니 제발 573인과의 약속이 지켜질 수 있도록 마음을 열어달라고 부탁했다. 그리고 신문사 대표에게 전달할 항의 서한만 전하고 깨끗이 광고국을 물러나왔다.

항의 서한에는 의견광고 거부의 뜻이 신문사 전체의 뜻인지를 묻고 있었다. 그에 대한 답변에 따라 두리반은 움직일 참이었다. 우리는 기다렸다. 기사 마감 전에는 답이 올 거라고 믿었다. 전화는 오후 6시쯤에 왔다. 광고국장은 내일8월 17일 신문 2면에 '573인 선언'이 나갈 거라고 했다. 고마웠다. 더없이 소중한 것을 되찾은 기분이었다. 심지어 경종을 울리는 게 목적인 데도, 두리반에 전기가 들어올 것 같은 멍청한 꿈을 꾸기도 했다. 그러나 아침 신문을 받아보고 기뻐할 573인과 『경향신문』을 되찾은 듯한 행복감이 훨씬 윗질이었다.

그 보름쯤 뒤에는 『한겨레신문』에 '111인 작가선언'이 나왔다. 『경향신문』과 달리 우여곡절은 없었다. 다만 두꺼비한테 속아 넘어간 게 길이 남는다. 두꺼비는 『한겨레신문』 광고국 부국장인 김땡땡의 별명이다. 『마의상법』을 앞에 두고 몇 달 관상 공부한 적 있는 내가 지었으니 뜬금없는 별명은 아니다. 물론 더 오랜 시간 공부했더라면 두꺼비

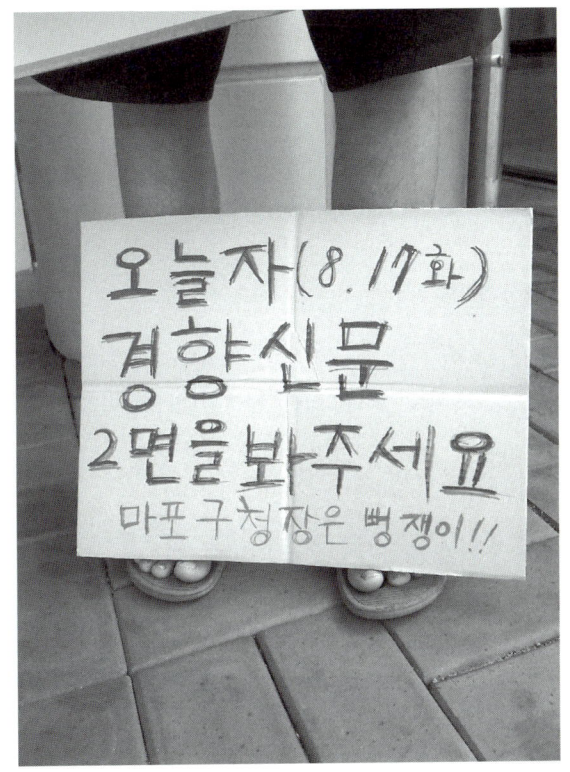

멍구가 찍은 1인 시위 사진.

『경향신문』에 의견광고가 나온 날이다.

그날 아침 대원군은 1인 시위 당번이었다.

한테 속아 넘어가는 일도 없었겠지.

『한겨레신문』 광고국에서 처음 만났을 때 두꺼비는 이 분야의 입지전적 인물로 보였다. 아마 『한겨레신문』이 탄생하기 전부터 영업을 해왔던 인물 같다. 내가 철거민이라고 밝히고 찾아온 목적을 얘기하자 두꺼비는 안 그래도 오만해 보였는데, 갑자기 십만은 돼보였다. 무시당할 처지에 놓였을 때 인간은 더욱 자존심을 세우고 싶어함을 두꺼비는 모르는 모양이었다.

그는 의견광고 따위는 받아도 그만, 안 받으면 짐을 더는 것쯤으로 여기는 것 같았다. 명색이 고객인데 시주승이나 동냥치로 대하는 투여서 그냥 나오고 싶었다. 그러나 이미 엎질러진 물이다. 111인 작가들과의 약속을 두꺼비의 방자함 때문에 폐기할 수는 없었다. 두꺼비는 경험이 많아선지 그 같은 약점까지도 알고 있는 것처럼 시종일관 배짱이었다.

간신히 끓는 감정을 눅잦히고 지면 얘기까지 나누게 되었다. 나는 2면과 3면을 얘기했다. 두꺼비는 사회면을 기본으로 하되 사설면도 괜찮으니 그렇게 하자고 했다. 2, 3면이 왜 안 되느냐고 물었다. 이미 예약돼 있어서 그렇다고 했다. 그럼 날짜를 늦춰도 되니 2, 3면으로 해달라고 했다. 두꺼비는 짜증을 섞어서 말했다. 아, 사회면이 어때서요, 사회성 있는 광고는 사회면이 좋은 겁니다, 그리고 2, 3면은 워낙 밀려 있어서 언제 나올지 몰라요. 말미에는 슬쩍 어르기까지 했다. 어떻게든 두꺼비가 하자는 대로 하고 싶지는 않았다. 그렇다면 사설면을 달라고 했다. 두꺼비는 마지못해 알았다고 했다. 근데 돈부터 입금시켜야 광고 나갑니다, 하고 덧붙였다.

그로부터 일주일 뒤인 8월 30일 '111인 작가선언'이 『한겨레신문』

에 나왔다. 아침 신문을 뒤적였다. 기사는 눈에 들어오지 않았다. 광고만 찾았다. 문예잡지가 배달되면 소설가는 소설과 소설 평론만 보고, 시인은 시와 시 평론만 보는 것과 비슷한 이치였다. '111인 작가선언'만 찾았는데 처음엔 못 찾았다. 사회면과 사설면을 다시 봐도 안 보였다. 사람 찾는 토막 광고도 아니겠다 안 보일 리 없는데 안 보였다. '조부 위독, 다 용서한다, 성수야 돌아와다오', '혜원아 네가 갖고 나간 이 조백자는 가짜다 어서 돌아와라', '여보, 둘째딸 향단이가 밤마다 엄마를 찾소', '명구야 큰형이 사법고시에 패스했다', '성건아 은별이랑 결혼 허락한다 장사 밑천도 대주기로 했다', '내 아들 용만아 엄마는 밤마다 베갯잇을 적신다', 사람 찾는 광고처럼 '111인 작가선언'을 찾는 광고라도 다시 내야 하나? 1면부터 다시 천천히 넘겼다. 웬걸? 6면에 있었다. 국제면이었다. 이슈가 되는 국제면이 아니라, 안 보고 넘어가도 아쉽지 않은 국제면이었다. 허탈하고 불쾌하고 울화가 치밀어 올라 그냥 있을 수 없었다. 두꺼비한테 전화를 걸었다. 사설면을 약속하지 않았느냐, 이렇게 약속을 파기해도 되는 거냐, 불같이 화를 냈다. 두꺼비는 파리 잡아먹듯 불덩어리 같은 내 말을 꿀꺽꿀꺽 삼켰다. 그리고 능청을 떨었다.

"요즘은 국제면이 뜹니다."

"국제면이 뜨거나 지거나 그건 내 알 바 아니고, 왜 사설면 약속을 당신 멋대로 파기했느냐고요-오?"

"참, 말귀를 못 알아들으시네? 좋은 지면 줘도 이러니, 참말로 못해먹겠습니다."

"난 지금 약속 파기에 대해 따지는 거라구요-오?"

"정말로 대화가 안 되는 양반입니다."

두꺼비와는 정말로 대화가 안 됐다. 말을 섞을수록 내 자신이 한심해졌다. 멍청하게 두꺼비 말만 듣고 윤성일한테 전액 입금시켜주라고 한 게 나였다. 사전에 계약서를 작성했어야 했는데, 광고는 그냥 구두로 하는 건 줄만 알았던 것도 나였다.

아무튼 졸리나와 젊은 벗들은 '111인 작가선언'이 와 닿는다고 했다. 선언문은 시인 황규관이 쓰고, 제목은 평론가 김정화 선배가 달았다. 광고디자인은 투쟁기획실의 섭서비와 알사탕이 해주었다.

⟨111인 작가선언⟩
　　야만과 폭력을 작가는 기록하고 역사는 기억한다

사람이 빵으로만 사는 것이 아니라는 말은 진리에 가깝도록 자명하지만, 그 말은 빵 없이 살 수 있다는 말도 아니요 빵의 착취를 묵인한다는 말도 아니다. 인천공항행 철도역사가 세워진다는 사실 하나로 그 인근의 땅값을 시세의 열 배 이상이나 주고 매입했다는 사실도 놀랍지만, 그 땅에 세를 내고 잠시 남루를 꾸린 이들에게 이사 비용만 운운하면서 '꺼져라' 하고 패륜을 일삼은 사실에 이르면 더욱 놀랍다. 우리는 그 일이 동시대를 살아가는 이들에 의해 저질러졌다는 점에서 경악을 금치 못한다.

태초에 대지가 있었다. 그 대지를 돈으로 타락시킨 시간을 두고 자본주의의 역사라고 부르거니와, 그 타락의 시간 속에서도 면면히 이어져 내려온 삶과 사랑과 노래의 역사를 생명의 역사라고 부른다. 두리반은 생명의 역사 속에서 칼국수와 보쌈을 팔며 살아가야 하는 운명을 묵묵히 받아들여왔다. 한데 오늘날, 개발의 이름으로 파괴를 일삼는 일군의 세력들이 나타났다. 저들은 자신들의 물질적 이익을 위해서는 우리가 숨 쉬며 사는 공기와 하늘마저 서슴없이 더럽힐 슬픈 존재들이다. 끊임없이 대지를 욕보이고 삶을 조롱하는 어둠들이다. 그들은 십수 년 땀과 눈물을 버무려 간신히 이룬 터전을 이사 비용만으로 땡 처리하고자 했다. 그럴 수 없다며 부르짖고 절규하자 마침내 삼복염천에 전기까지 끊어버렸다. 노래를 목 졸라버렸다. 시와 산문을 쓰레기통에 내던져버렸다.

이런 일은 누군가와 연합하지 않고서는 불가능한 일이다. 저들의 연합이라는 것이 고작 이해관계에 의한 저급한 동맹에 지나지 않지만 그 저급함이 우리 사회를 오염시키고 있다는 점에서 우리는 절망하지 않을 수 없다. 한국전력공사는 전기 실사용자의 동의 없이 전기를 끊어서는 안 된다는 전기 공급 약관마저 스스로 부정한 웃기 힘든 희극을 연출했고, 두리반이 칼국수 조금 팔 적에는 꼬박꼬박 각종 세금 청구서를 내밀어온 마포구청은 두리반이 자신들의 주민이 아니라는 듯 급기야 구청장이 한 약속마저 폐기해버렸다. 그게 웃을 일인가, 울 일인가! 우리는 최소한의 양심과 예의마저 돈과 출세 앞에 내던진 자들에게 깊은 연민과 분노를 동시에 갖지 않을 수 없다.

마포구 동교동 167번지 일대가 무슨 심심산골 깊은 계곡도 아니고 24시간 자동차 소음과 매연과 땡볕에 달구어진 서울의 한복판일진대, 전기를 끊어버린 속내는 죽든 살든 내 알 바 아니기 때문이란 말인가? 야밤에 켜놓은 촛불이 넘어져 화재가 나든 말든, 상한 음식을 먹고 탈이 나든 말든 제 몸뚱이 아니라면 상관없다는 말인가? 그게 인간의 양심에 따른 행동인지 입술을 사리문 채 우리 자신을 되돌아봐야 했던 시간이 있었음을 여기에 고백해둔다. 저들에게 생존권이나 기본적인 인권에 대한 잔소리를 할 마음이 우리에게는 없다. 돈과 출세, 자신들의 하찮은 입신을 위한 것이 아니라면 아무런 관심도 없는 괴물 같은 근성은 대체 어디서 출현했단 말인가. 우리의 상상력마저 이에 미칠 자신이 없다. 왜냐면 그건 인간의 생각일 수 없는 거니까.

두리반 농성이 240일을 넘으셨고 두리반 단전이 30일을 훌쩍 넘어섰다. 상대방이 무슨 말을 하든지 모르쇠로 일관하는 풍조가 급격히 번진 것은 정확히 현 정권의 탄생과 함께 벌어진 동시적 사태다. 역시나 두리반의 다급하고 목마른 절규는 허공에서만 맴돌고 있다. 그러나 허공을 통해 두리반의 절규와 노래와 시와 산문이 처처에 번지고 있는 것을 과연 저들의 눈에는 보이지 않는가. 보이지 않는 것에 대한 불신 자체가 이미 패배를 자인하는 꼴에 지나지 않지만 우리는 우리의 승리를 우리만 독점하고 싶은 마음은 없다. 이는 문학의 양심이고 또 바탕이다. 어서, 두리반에, 전기를 공급해 밝은 등불을 켜주기 바란다. 그리고 지금껏 뒤에만 숨어 있는 건설사도 밝은 등불 아래로 나와 작가들의 정언명령에 귀 기울이고, 인디뮤지션들의 기타 선율에 고개 숙이기 바란다. 지금 당장의 경제적 이익보다 더욱 아름다운 시간이 있고 기쁨의 생생한 순간이 있다는 것을 느끼기 바란다. 삶에게 무엇보다 소중한 것은 각자의 더운 가슴이며, 그 고동이 전하는 내밀한 감정이며, 그리고 함께 올려다보는 밤하늘의 별빛임을 상기하기 바란다. 이에 우리 작가들 111인은 분노와 슬픔과 연민이 뒤엉킨 복잡한 마음으로 다음과 같이 요구하는 바이다!

1. 마포구청은 두리반 사태에 책임 있게 나서고, 전기 공급을 책임지겠다던 약속을 이행하라!
2. 기초에너지를 무기 삼도록 직무를 유기해온 한국전력공사는 두리반에 전기 공급을 즉각 재개하라!
3. 건설사는 더 이상 삶을 모독하지 말고 두리반의 목소리를 겸허히 수용하라!

2010년 8월 27일, 111인 작가선언

▲ 경향신문 의견광고 '573인 선언'　　▼ 한겨레신문 의견광고 '111인 작가 선언'

4부 (야드바셈박물관)

망각은 포로가 되고 기억은

구원의 빛이 된다.

야드바셈박물관은

게토와 아우슈비츠에서 죽어간 유태인들의 추모관이다.

토리는 531일 동안 두리반을 기록했다.

죽음의 기록이 아닌 삶의 기록이었다.

4부 야드바솀박물관

국가인권위원회

시청 건너편으로 갔다. 국가인권위원회가 들어 있는 금세기빌딩 앞이었다. 두리반 사람들은 그곳에서 오전 11시에 기자회견을 열었다. 긴급구제요청을 한 지 보름이 지나도록 감감무소식인 국가인권위를 성토하는 자리였다. 우리보다 먼저 온 보살이 가부좌를 튼 채 목탁을 두드리고 있었다. '인권사랑방'의 명숙 얘기로는 열흘째 꼼짝 않고 목탁을 두드리는 거라고 했다. 보살의 입술은 굳어 있었고 얼굴은 파랬다. 우리가 현수막을 펼쳐들고 기자회견을 시작하려하자 돌처럼 굳어 있던 그 얼굴에 희미한 웃음이 번졌다. "잘 싸워! 개잡종 놈들한테 본때를 보여줘!" 기자회견을 하는 동안 보살은 목탁을 두드리지 않았다.

진행을 맡은 윤성일은 작심한 듯 아예 모두 발언까지 해버렸다.

만삭의 임신부가 버스에 오르면 내남적없이 자리를 양보한다. 졸고 있는 척, 창밖을 바라보는 척, 스마트폰에 몰입해 있는 척한다면 그 심정이 오죽하겠는가. 이런 것들은 약자를 보호해야 한다는 사회윤리의식이 작동하는 때문이다. 법은 자리를 양보하지 않아도 된다. 심지어 만삭의 임신부가 자리 양보를 부탁해도 싫다고 하면 그만이다. 미쳤어요? 내가 왜 자리양보를 해야 되죠? 그렇게 말해도 법으론 아무 문제가 없지만, 사회윤리 의식은 이를 허용하지 않는다. 법 위에 사회윤리 의식이 있다는 얘기다. 국가인권위는 그 같은 사회윤리의식에 바탕을 둔 기관이다. 말할 필요도 없이 사법부를 선도하는 기관이다. 그런데 현병철의 국가인권위는 어떤 곳인가.

윤성일은 계속해서 사자후를 토해냈다. 전기가 끊겨 천하의 모욕을 한 몸에 받고 있는 두리반이 긴급구제요청을 했다. 당연히 침해조사과에서 나와 봐야 한다. 전기 끊긴 두리반이 어떻게 인권을 유린당하고 있는가를 살피고, 50여 가지가 넘는 건설법들은 도대체 어떤 문제를 안고 있기에 누누이 철거민들을 양산하는가를 돌아봐야 할 때다. 면밀히 검토하고 인권의 잣대로 개선을 촉구해야만 한다. 하지만 현병철의 국가인권위는 철조망 통과를 하고 있다. 권력 밑에서 박박 기고 있다. 법 밑에서 박박 기고 있다. 한국전력 밑에서 박박 기고 있다.

윤성일의 모두 발언이 끝나자 우리는 박수를 쳤다. 보살은 박수 대신 목탁을 통통통통 두드려주었다.

회견문 낭독을 끝으로 기자회견을 끝내자 보살은 다시 목탁을 두드리기 시작했다. 두리반 사람들은 뭔가에 끌리듯 곧바로 국가인권위로 올라갔다. 침해조사과를 찾았다. 어디 나가려던 참이었는지 뚱뚱한 직원이 마침 자리에서 일어났다.

"침해조사과 직원이시죠?"

내가 묻자 그는 아니라고 말했다. 직원 좀 불러달라고 부탁했다. 그는 못 들은 척 우리 사이를 그냥 빠져나갔다. 윤성일이 밖으로 나가려는 다른 직원을 붙잡고 침해조사과 직원 좀 불러달라고 했다. 그는 잘 모르겠다고 했다. 하지만 그건 말이 안 된다고 생각했는지 그는 이내 말을 바꿨다. "아무도 없는 것 같은데요." 기자회견하는 걸 본 까닭인지 직원들은 어떻게든 우리를 피하려는 눈치였다. 그래도 그렇지!

　직원들과 말이 안 되자 두리반 사람들은 위층에 있는 사무총장실로 올라갔다. 자동 유리문이 우리 앞을 막아섰다. 비밀번호를 눌러야만 들어갈 수 있는 구조였다. 사무총장실만 있는 게 아니라, 인권교육과, 소강의실, 회의실, 휴게실 등이 함께 있는 곳이니 기다리면 드나드는 사람이 있을 거라고 믿었다. 우리는 무작정 기다리기로 했다. 오래 기다릴 것도 없었다. 안에서 두 명이 문을 열고 나왔다. 우리는 그 틈을 놓치지 않고 우르르 밀고 들어갔다. 당황한 두 명이 무슨 일이냐고 물어서, 우리는 사무총장을 면담하러 왔다고 답했다.

　"지금 안 계시는데요? 1시 넘어야 들어오실 겁니다."

　걱정 말라고, 기다리겠다고 했다.

　우리는 로비에서 기다렸다. 30분쯤 지났을 때 경비가 올라왔다. 그는 유리문을 어떻게 열고 들어왔는지 물었다. 마침 나오는 사람이 있어서 들어왔다고 했다. 무슨 일로 왔느냐고 물었다. 사무총장을 면담하러 왔다고 아까의 대답을 반복했다. 경비는 더 이상 묻지 않고 나갔다. 우리는 계속 기다렸다.

　한 시간 사십 분을 기다린 끝에 손심길 사무총장이 나타났다. 손심길은 직원 둘을 대동하고 있었다. 그중 뚱뚱한 직원은 아래층에서 내가 침해조사과 직원이냐고 물었던 자였다. 우리는 손심길을 따라 사무총장실 안쪽에 있는 소회의실로 들어갔다. 손심길 사무총장은 우리가 찾아온 경위부터 물었다. 류수사가 뚱뚱한 직원을 가리키며 어느 부서 직원인지, 그것부터 밝혀달라고 했다. 중년의 마른 직원이 명함을 내밀자, 뚱뚱한 직원도 마지못해 명함을 내밀었다. 둘 다 침해조사과 직원이었다. 중년 남자는 한병일 과장이었고, 뚱뚱이는 강철아였다. 강철아는 우리의 눈길을 외면하려고 애썼다.

"아래층에선 분명 침해조사과 직원이 아니라고 했잖아요?"

류수사가 묻자 강철아는 그런 적 없다고 했다. 그런 적 없다? 류수사가 노려보자 강철아는 '정말'이라는 감탄사까지 동원해 재차 거짓말을 했다. 왜 이렇게 관청 사람들은 인정하고 사과하면 마음을 누그러뜨릴 텐데, 하나같이 변명에다 시치미 떼기에 급급한지 모를 일이었다. 비굴한 현병철 밑에선 비굴한 강철아만 나오는지!

병주가 퍼붸댔다. 졸리나도 퍼붸댔다. 명숙도 퍼붸댔다. 멍구도 퍼붸댔다. 심지어 입술을 닫고 사는 알사탕도 퍼붸댔다. 대원군은 손톱만 물어뜯었다.

강철아 성토장이 된 곳에서 손심길은 찾아온 목적을 얘기해달라고 언성을 좀 높였다. 윤성일은, 강철아의 거짓말에 질렸다, 강철아와는 더 이상 말하고 싶지 않다, 안 그래도 우리의 얘기를 할 참이었다고 했다. 우리의 얘기는 조약골이 맡았다. 조약골은 동절기 강제철거 때부터 단전된 현재까지 두리반이 두 차례나 긴급구제요청을 했음을 상기시켰다. 단전사태 관련해 두 번째 긴급구제요청을 한 뒤로 여태 답이 없는데 어찌 된 일이냐고 따졌다. 업무가 많아 늦어지고 있다고 강철아가 끼어들었다. 손심길이 내일 두리반으로 조사관을 파견하면 되겠느냐고 타협안을 제시했다. 우리는 약속을 지켜달라고 했다.

국가인권위에선 다음 날 오후 2시경에 찾아왔다. 어제 봤던 침해조사과장 한병일과 강철아였다. 안으로 들어온 그들은 오래전에 작동을 멈춘 냉장고부터 열어봤다. 벽에 걸린 선풍기를 틀어봤고, 혹시 코드가 빠져 있는지 선도 확인했다. 그 잠깐 사이에도 강철아는 연신 땀을 닦았다. 한병일은 밤에는 어떻게 지내느냐고 물었다. 전기가 끊겨 가장 힘든 건 무엇이냐고도 물었다. 내가 답하는 동안 강철아는 줄줄 땀을 흘리면서 받아 적었다.

그들이 돌아간 지는 일주일이 지났다. '사람이 사람답게 사는 세상'이라는 표어가 박혀 있는 국가인권위의 공문이 배달되었다.

제목 : 진정사건 처리결과통지

1. 귀하의 무궁한 발전을 기원합니다.
2. 우리 위원회는 귀하가 진정하신 진정사건에 대해
 * 긴급구제조치 신청은 받아들이지 아니하고,
 *「국가인권위원회법」제32조 제1항 제1호의 규정에 따라, 한국전력공사는 우리 위원회 조사대상에 해당하지 아니하므로 각하하기로 결정하였으니 그 사실을 통지해드립니다. 끝.

국가인권위원회위원장

전기 끊긴 초상집을 향해 "무궁한 발전을 기원"하다니! 그렇게도 인사말 샘플이 없었나? 그냥 쉽게 모든 어려움을 이겨내도록 마음으로부터 응원한다고나 하지.

"한국전력은 조사대상이 아니어서 기각한다"는 건 또 어떤가? 실효적 관찰권을 행사할 수 없는 북한 인권에 대해선 밤낮을 가리지 않고 권고하는 자들이 낯도 두껍지! 이참에 아예 세계의 입으로 나서든가! 이스라엘의 통제를 받는 가자지구에선 하루에 8시간만 전기가 공급된다. 휘발유는 리터당 200달러에 달한다. 24시간 전기가 공급되는 예루살렘에 비해 차별이다, 1리터에 26만 원이니 1리터에 1,900원 하는 이스라엘에 비해 역시 살인적 차별이다, 이스라엘은 당장 시정해야 한다, 그렇게 권고하든가.

자리보전에 길들어버린 쪼다들! 마치 개미의 지능이 그렇듯 집단지능에 길들어버린 자들! 개성은 파괴되고 집단을 위해서라면 양심조차 버린 자들! 280조 원의 봉건왕조를 위해서라면 못 하는 짓이 없는 삼성집단이 국민을 노예로 삼듯, 권력의 끄나풀을 잡고 떨어지지 않으려고 발버둥 치는 국가인권위는 인권을 희롱거리로 삼고 있다. 공문 서두에 '사람이 사람답게 사는 세상'이라는 표어나 넣지 말든가.

어쨌든 두리반은 굴러간다

이제 어둠 밖으로 나가는 길은 없었다. 한밤에도 36도를 오르내리던 열대야가 사라진 건 그나마 위로가 되었다. 계피를 우려낸 물을 분무해서 모기를 쫓게 된 것도 알뜰한 위로가 되었다. 아침저녁으로 맞는 선선한 바람에선 단내가 묻어나기 시작했다. 그러고 보니 처서處暑가 지나 있었다. 밤엔 쓰르라미가 울었다. 풀은 생육을 멈추고 복숭아는 절정의 단맛을 자랑하는 때였다.

그가 온 건 처서가 지난 지 닷새째 되는 날이었다. 그는 아버지의 승용차를 끌고 왔다. 승용차에는 개당 60킬로그램이 되는 배터리가 네 개나 실려 있었다. 배터리를 내려놓은 그는 다음 날 저녁에 다시 왔다. 이번에는 충남 홍성까지 달려가 '에너지전환' 단체에서 빌려준 태양광 패널 두 장을 싣고 왔다.

그는 사흘 동안 두리반에서 지냈다. 전기배선을 다시 하고, 태양광 패널의 위치를 다시 잡았다. 배터리는 2층에 두 개, 옥상에 두 개를 놓았다. 2층 배터리는 경유발전기를 가동시키는 동안 충전이 되도록 연결해놓았다. 네 시간 충전하면 배터리 전압이 27까지 올랐다. 전압이 22.5 이하로 떨어지면 불을 밝힐 수 없었다. 태양광 발전기도 비슷했다. 햇빛 좋은 날은 배터리 전압이 26까지 올랐다. 전압이 23 이하로 떨어지면 삐삐 소리가 나면서 발전을 멈췄다. 2층 배터리로 십 촉 전구 세 개를 밝히다가 명이 다하면 태양광 배터리로 옮겨 전구를 다시 밝혔다. 십 촉 전구는 1층에 한 개, 화장실 복도에 한 개, 2층에 한 개였다. 노트북을 사용하거나 선풍기를 틀게 되면 배터리 전압은 두 시간이 안 돼 22.5 이하로 떨어졌다. 훈제 모기향이나 휴대폰 충전 정도라면 새벽녘에 배터리 연결선을 옮기는 수고가 따르긴 해도 밤새 불을 밝힐 수 있었다.

장마철에는 태양광 충전이 약해 애를 먹었다. 반면 늦가을 치열하게 밝을 때는 과다 전류가 흘러 전선이 끊어지는 일이 잦았다. 그럴 때마다 그는 전선을 다시 이었고, 배터리 점검도 다시 했다. 하루는 마지막으로 시도해본다면서 기존의 전선에 비해 두 배나 굵은 선을 그가 사온 적이 있었다. 전선이 끊어지는 원인이 과다 전류 탓이라면 굵은 선으로 갈아보는 게 맞지 않겠느냐는 거였다. 굵은 선으로 바꾼 뒤 효과는 금방 나타났다. 태양광 배터리 전압이 26 이상으로 오른 적 없었는데, 놀랍게도 29까지 올랐다. 굵은 선으로 바꾼 뒤로는 전선이 끊어지는 일도 없었다.

비록 십 촉 전구였지만 오십여 개의 촛불을 밝혀놓은 것보다 밝았다. 빛이 흐릿해 내 눈으로는 책을 읽을 수 없었지만, 대원군이나 공기

옥상에 설치한 태양광 패널.
'가난뱅이 다 모여' 공연 때
모히칸족들이
여기서 미끄럼을 타다가
공기한테 끌려내려왔다.
공기는 힘이 세다.

배터리 전압이 24.2를 가리키고 있다.
이 정도면 애저녁부터 새벽녘까지
십 촉 전구 3개를 밝힐 수 있다.

의 눈으로는 얼마든지 책도 읽을 수 있었다. 칠흑 속에서 촛불로 연명해온 두리반은 원을 푼 셈이었다.

두리반에 빛을 전한 그의 이름은 김종환이다. 신촌의 한 대학에서 천문학 박사과정을 밟고 있는 그를 두고 두리반 사람들은 발전기라고 불렀다.

두리반 후원 주점

유럽의 '민중의 집'을 돌아보기 위해 한 달간 출국하게 된 정경섭은 두리반 후원 주점을 남겼다. 연금 해지한 돈과 퇴직금이 있으니 걱정 없다고 누누이 말렸지만 정경섭은 수입이 없는 상태로 이미 8개월 넘게 농성하지 않았나, 경유값도 엄청날 거라고 하면서 끝내 밀어붙였다. 그는 마포 '민중의 집' 사무국장 안성민과 오현주에게 신신당부를 하고 먼 길을 떠났다. 안성민, 오현주, 민노당 마포구위원회 사무국장 황지영은 두리반의 젊은 벗들과 거의 한 달을 준비한 끝에 9월 4일 토요일 두리반 후원 주점을 열었다.

주점 티켓을 600여 장이나 판 데다 9월 2일 MBC 〈뉴스 후+〉에서 두리반 얘기 〈쫓겨난 이들의 슬픈 축제〉를 방영한 때문인지 후원 주점은 밤늦게까지 자리가 없었다. 시작부터 근사했다. 갤럭시익스프레스의 공연과 야마가타트윅스터의 공연은 좌석이 93석에 불과한 '살롱 드 마랑'을 뒤집어놓았다. 두리반의 젊은 벗들은 순대와 맥주를 나르는 대신 길길이 뛰었다. 먼저 와 자리를 잡고 있던 이들도 벌떡벌떡 일어나 머리를 흔들었다. 늦더위에 땀이 튀고 속옷이 감겨왔지만 팔다리는 움직이라고 있는 거였다. 주택가에서 민원이 들어오고 성질 급한 사람은 아예 쫓아와서 항의하기도 했다. 미안하다고, 금방 끝난다고 사과하는 동안 어떤 젊은 주부는, 근데 저 밴드가 누구냐고 물었다. 갤럭시익스프레스라고 얘기해주자 그녀는 엄청 놀라워했다. 말로만 듣던 갤럭시익스프레스! 사인 좀 받아도 되겠냐고 물었다. 그건 내 소관이 아니었다. 기다리는 자에게 복이 있을지어다. 그때부터 젊은 주부는 항의하러 온 게 아니라 사인 받으러 온 사람이 되었다.

그날의 후원 주점으로 선남선녀는 물경 400만 원이 넘는 돈을 졸리나에게 건넸다. 무서운 돈이었다. 내 인생에서 그렇게 무서운 돈은 처음이었다. 흑마늘이나 그린비출판사 유재건, 평론가 김정환 선배나 동욱이 형, 성희가 주는 돈이라면 덜 무서웠다.

무서운 돈은 후원 주점 뒤에도 종종 이어졌다. 이원우 영화감독, 성공회대 하종강 선생, 내가 일했던 한국기독교장로회의 동료 직원들, 나의 스승인 한신대 강순원 교수, 가수 이지상의 벗들, 은혜와 평화교회, 유익과 김은희, 그밖에 익명을 요구한 벗들이 건네는 돈은 참으로 무서웠다. 씻을 수 없는 신세를 졌으니 내 인생은 이제 원칙에 준해서만 살아야 한다. 그게 도대체 자신 없어서 정경섭이 후원 주점을 연다고 했을 때도 끝끝내 고사했던 거였다.

생각해보라! 코카서스 산 암벽에 묶인 채 날마다 독수리에게 간을 파 먹히던 프로메테우스는 얼마나 행복했던가. 인간에게 불을 훔쳐다 줬다는 정신적 행복은 간을 파 먹히는 육체의 고통에 비할 바가 아니었다. 나는 어쩌다 불이 절실한 철거민이 되었던가!

후원 주점을 남기고 떠난 정경섭은 그 무렵 스페인에 도착했다. 그는 첫 도착지인 마드리드에서 폭삭 망해버렸다. 승용차를 임대한 정경섭 부부는 마드리드 중심가에서 잠시 차를 세우고 마트에 들어갔다. 두어 가지 물건을 사들고 나왔을 때 이런, 이런! 정경섭은 거지가 되었다. 중세의 떠돌이 화가 카라바조의 레알 후예들이 승용차 유리를 깨고 텐트부터 시작해 노트북, 디지털카메라, 침낭, 옷가지까지 죄다 훑어간 거였다. 마드리드와 바르셀로나가 암스테르담, 로마 못지않게 위험지역이라는 걸 알면서도 '설마'에 혹 가버린 거였다. 스페인을 거쳐 이탈리아, 독일, 스웨덴의 '민중의 집'까지 돌아보기로 했던 정경섭의 계획은 표표히 날아갔다. 후원 주점은 두리반이 아니라 정경섭 부부를 위해서 열어야 했다. 정경섭은 런던에 사는 형한테 눈물 반 콧물 반 흘려가며 살려달라고 애원했다. 내게는 형이 9회 말 투아웃 역전 만루홈런이라고 울부짖었다. 형은 아우의 SOS에 텐트를 보냈다. 디지털카메라를 보냈고, 노트북을 보냈다. 그것만으로 모자라 유로까지 보냈다. 어쩌면 막내아우가 아니라 계수가 안쓰러워 챙겨준 것일 수도 있었다. 원래 세상의 모든 형은 계수를 안쓰러워하는 법이니까. 평소 사람 농사를 잘 지은 탓에 한국의 벗들도 가만있지 않았다. 덕분에 정경섭은 목적한 여행지를 두루 살피고 기고만장해서 돌아올 수 있었다. 그는 2012년 8월, 레디앙출판사에서 『민중의 집』을 출간했다.

카를레스와 길

아직 정경섭이 유럽에서 돌아오지 않았을 때 스페인 바르셀로나에서 카를레스Carles와 길렘Guillem이 두리반을 찾았다. 조약골이 올려놓은 두리반 영문 소식을 접한 뒤 꼭 한 번 오고 싶었다고 했다. 카를레스는 자신의 동네가 재개발에 묶여 쫓겨날 처지에 놓였다고 했다. 두리반과 흡사한 신세였기에 두리반을 배우러 왔다고 했다.

  길렘은 내가 길렘이라고 부르자 수첩을 꺼내 자신의 이름이 길렘이라고 하면서 그렇게 불러달라고 했다. 혀가 약간 짧아 세밀한 발음이 안 되기에 나는 줄여서 그냥 '길'이라고 불렀다. 길렘은 'road'도 맘에 든다고 했다. 길은 부산에 있는 경성대 교환학생으로 한국에 와 있다고 했다. 카를레스와는 앞뒷집 사이였다.

  스페인은 유럽에서 가장 한국적인 나라다. 축구가 그렇다는 게 아니다. 카스티야와 카탈루냐의 지역 감정이 경상도와 전라도의 지역 감정을 빼닮았다는 것도 아니다. 건설업에 목을 매고 있다는 게 그렇다. 유로존 4위에 해당하는 경제 대국인 스페인은 경기 부양을 위해 쉴 새 없이 건설 붐을 일으켰다. 스페인은 국민총생산GDP 대비 건설업 비중이 약 12%에 이른다. 유럽연합 평균보다 2배나 높다. 대한민국은 어떤가? 국민총생산GDP 대비 건설업 비중이 17~18퍼센트에 이른다. 4대강 사업이 한창일 때인 2010년에는 무려 27퍼센트까지 치솟은 적도 있다. 대한민국이 일본을 능가하는 아시아의 토건국이라면 스페인은 아일랜드를 능가하는 유럽의 토건국이다.

  성장 잠재력과 무관한 부동산 투기에 전력투구하다 보니 복리후생이나 첨단산업 기술 경쟁력은 뒷전이다. 내 대에서 한몫 잡겠다는 악의적인 건설 경기 부양의 끝은 '부동산 버블'로 이어진다. 스페인은 2007년 1억 원 하던 집값이 2011년에 이르러 6,800만 원까지 곤두박질쳤다. '돈 놓고 돈 먹기'라던 황금률은 '돈 놓고 빚더미에 앉기'로 바뀌었다. 우리나라의 저축은행처럼 스페인의 서민저축은행 '카하caja'도 당연히 폭삭 망했다. 24,000여 곳이나 되던 카하의 지점들은 줄줄이 문을 닫았다. 대한민국의 저축은행이 눈먼 건축지원자금PF자금을 대느라 줄도산했듯이, 카하 역시 건축지원자금을 대느라 뺑뺑 나가떨어졌다.

아일랜드나 포르투갈, 그리스처럼 스페인도 끝내 1,000억 유로의 구제금융 지원을 요청했다. 우리 돈으로는 145조 원에 달한다. 그런 스페인의 가계 빚은 130퍼센트에 이른다. 미국, 일본의 120퍼센트보다 확실히 높다. 하지만 가계 빚이 155퍼센트에 달하는 대한민국에 비하면 폭염과 혹한의 기온 차만큼이나 낮은 수치다. 대한민국의 앞날은 얼마나 깊고 얼마나 시퍼런 물일까.

카를레스와 길은 두리반에 와서 일주일을 묵었다. 길은 많이 게을렀지만 카를레스는 빠릿빠릿했다. 카를레스는 아침마다 빗자루를 들었다. 덕분에 일주일 동안 내 몫은 2층, 3층 청소로 줄어들었다. 청소가 빨리 끝나니 밥상에 앉는 시간도 빨라졌다. 카를레스와 길은 밥상머리에 앉으면 많은 걸 물었다. 재개발과 관련해서 물은 적은 없었다. 한남동에 있는 스페인 대사관에 가려면 어떻게 가야 하는지 물었다. 남산에 가려면 어느 역에서 내려야 하는지 물었다. 이태원에 가려면 몇 번 버스를 타야 하는지 물었다. 신발을 사려고 하는데 남대문시장이 싼가 동대문시장이 싼가도 물었다.

카를레스와 길은 아침에 나가면 밤 9시를 넘겨서 들어왔다. 하루는 감자를 사들고 초저녁에 들어온 적이 있었다. 웬 감자냐고 물었더니 오늘 저녁은 스페인식 또르띠아를 해주겠다고 했다. 3인분이나 될까. 그걸 누구 코에다 붙일까 싶었던지 손이 큰 류수사가 두리반 감자랑 달걀 한 판이랑 양파랑 올리브기름까지 죄다 꺼내놓았다. 카를레스와 길은 어둑시근한 십 촉 전구 아래서 거의 시간 넘게 또르띠아를 만들었다. 시집가다 단산할 지경이었다.

이윽고 산처럼 쌓인 또르띠아가 우리의 식탁에 놓였다. 먹을 것을 앞에 두고 두리반의 젊은 벗들은 겸양을 떤 적이 없었다. 내가 숟가락으로 팍 떠서 입에 넣고 먹을 만한지 음미하는 동안 주플린은 피스톤운동을 하듯 입과 또르띠아 사이를 벌써 너덧 차례 왕복하고 있었다. 먹을 만하다는 결론에 이르러 다시 숟가락을 들었을 때는 세상에! 그 높은 산이 한순간에 와르르 무너져 터파기 공사를 해야 할 지경이었다. 순식간에 바닥을 드러낸 또르띠아를 보고 카를레스와 길은 좋아서 어쩔 줄 몰라 했다. 떠나기 전에 한 번 더 해주겠다고 약속했다.

기분이 좋아진 그들에게 정경섭 얘기를 해줬다. 두리반대책위원 중에 정경섭이란 자가 있다. 그는 얼마 전 마드리드에서 디지털카메라를 도둑맞았다. 노트북과 전기면도기, 텐트, 침낭, 갈아입을 옷 같은 걸 모두 도둑맞았다. 임대한 차를 잠시 세워두고 마트에 들어갔다 나왔더니 승용차 유리창을 깨고 훔쳐간 거다. 마드리드는 도둑의 소굴이다. 마드리드는 도둑놈들의 소굴이다, 그렇게 생각하지 않냐?

카를레스는 아니라고 손을 저었다. 그렇지 않다. 한두 명만 나쁠 뿐이다. 전통적으로 황제의 도시인 마드리드는 품위가 있다. 정경섭을 만나면 내가 사과하고 싶다, 그렇게 말해서 나도 좀 헷갈렸다. 카스티야 지방의 마드리드와 카탈루냐 지방의 바르셀로나는 견원지간이 아니었나?

황제의 도시 마드리드는 상업도시 바르셀로나를 힘으로 굴복시켰다. 황제는 마드리드가 모든 면에서 바르셀로나보다 우위에 있어야 한다고 믿었다. 황제의 입김은 심지어 축구에서도 드러났다. 바르셀로나의 축구가 마드리드의 축구를 압도하던 시절, 황제는 일곱 번이나 판정을 번복시켜 마드리드가 승리하도록 방정을 떨었다. 심지어 마드리드에 레알real의 칭호를 하사해 귀족의 팀으로 만들어주기까지 했다. 그러니 마드리드에 대한 바르셀로나의 원한은 깊었다. 레알 마드리드와 바르셀로나의 '엘 클라시코'가 총성 없는 전쟁으로 비유되는 데는 그만한 까닭이 있는 거였다.

실인즉 황제는 우리에게도 있었다. 그는 18년 동안 이 나라를 통치했다. 내가 그를 가리켜 '18년'이라고 부르는 까닭이다. 제6대 대선 때인 1967년, 18년은 이 나라를 동서로 분열시키는 선거 전략으로 윤보선을 꺾었다. 심지어 1971년 대선 때는 '신라 임금님' 얘기까지 꺼내 들어 김대중을 꺾었다. 그건 동서 분열의 극단화였다. 한 국가를 통치하겠다는 자가 해서는 안 될 최악의 분열 전술이었다.

국가의 통치자는 모름지기 통합을 최우선 과제로 삼아야 한다. 그날 이후 동서의 분열은 끝 모를 가지치기를 거듭했다. 그러니 18년에게 과를 묻는다면 동서 분열만 한 게 어디 또 있겠는가. 18년은 분열자다.

드럼을 쳤다

어쨌든 짓밟고 깔아뭉개고 걷어차버린 자는 잊히기만을 기다린다. 힘을 앞세운 강자에게서 사과의 미덕은 찾아볼 수 없다. 모래밭에 구운 밤 닷 대를 심어 움이 돋기를 바라는 게 낫다. 그러니 강약은 부동이고, 그러니 강자에게 저항하면 안 되는가. 저항할수록 아베 코보의 『모래의 여자』처럼 모래 더미에 파묻힐 뿐이다. 내가 묻히고, 가족이 묻히고, 가족의 현재가 묻히고, 가족의 미래가 묻힌다. 그게 절대적 진리다. 하지만 진리는 중세의 터널을 벗어나면서 상대화됐다. 강자의 만용, 강자의 탐욕, 강자의 안하무인에 저항해야 한다. 저항하는 자에게 생존의 길이 열린다. 잊히지 않는 것, 그리고 잊지 않는 것! 버림받은 약자는 그걸 위해 몸부림칠 때 강자를 무너뜨린다.

　전기가 끊긴 뒤로는 거의 날마다 드럼을 쳤다. 다시는 떠올리고 싶지 않은 끈질긴 여름이 가고 가을이 왔지만, 여전히 드럼 스틱을 놓지 않았다. 누구에게도 배우지 않고 무작정 쳤다. 그냥 끓어오르는 대로 욕설 대신 쳤다. 캄캄한 미래에 대한 절규로 쳤다. 카메라를 들고 아이들을 가르치는 뮤지션 이지상이 방문한 날도 드럼을 쳤다. 그는 카메라를 내려놓고 기본박자를 가르쳐줬다. 뒤꿈치를 든 채 오른발로 베이스를 밟는 법, 왼손과 오른손으로 스네어snare와 하이햇high hat을 두드리는 법도 가르쳐줬다. 사지가 따로 논다는 건 쉬운 일이 아니었다. 자꾸만 뒤엉켰다. 그때마다 그는 시범을 보였다. 그가 떠난 뒤에도 그가 가르쳐준 대로 계속 드럼을 쳤다.

　드럼은 언제나 쳤다. 1인 시위를 하고 와서도 시간만 나면 드럼을 쳤다. 구렁이가 경유발전기만 던져주자 제일 먼저 1인 시위에 나선 건 윤성일이었다. 그는 8월 3일부터 아침마다 마포구청 앞에서 사흘 동안 1인 시위를 했다. 그때부터 두리반 사람들은 구청 직원들의 출퇴근 시간에 맞춰 1인 시위를 이어갔다. 순서를 짤 때 나는 제외되었다. 그건 내가 땜빵이기 때문이다. 누군가가 내일 아침에 시위를 할 수 없게 됐다고 하면 나는 다음 날 아침 피켓과 젬베를 메고 구청 앞으로 갔다. 피켓을 앞에 세워놓고 한 시간 동안 젬베를 두드리는 게 내가 하는 1인 시위였다. 물론 나만 그런 게 아니었다. 조약골은 한 시간 동안 기타를 치면서 노래를 불렀다. 대원군은 젬베를 칠 때도 있었고, 기타를 칠 때도 있었다. 류수사는 카메라를 들고 나가 출퇴근하는 직원들을 찍었다. 단편선은 기타 대신 우쿨렐레를 메고 가 그걸 쳤다.

54만 원짜리 젬베를 외상으로 산 병주는 멍구가 기증한 젬베를 들고 나가 쳤다. 멍구는 병주 젬베를 들고 나가 쳤고, 젤리는 비너스밴드의 기타리스트가 기증한 기타를 들고 나가 쳤다. 물론 피켓만 들고 나가 꼿꼿이 서 있다가 돌아오는 유형도 있었다. 섭서비, 알사탕, 순신애, 이화영, 조은이, 영희는 묵묵히 서 있다 돌아오는 1인 시위자였다. 어쨌든 나는 드럼을 쳤다.

드나드는 사람이 많은 곳은 물 소비도 많은 법이다. 거의 날마다 출퇴근길에 순신애 씨가 물을 얼려왔지만 언제나 모자랐다. 적어도 일주일에 두 차례는 슈퍼에서 물을 사다 날랐다. 물은 2리터짜리 열두 통을 사서 카트에 싣고 오는 식이었다. 그날은 슈퍼에도 물이 바닥났다. 한 통에 550원 하는 샘물이 네 통밖에 없었다. 별수 없이 다른 상표의 물을 두 통 더 사서 카트에 담아왔다. 아이스박스에 물을 넣는데 아라와 미나가, 오잉 에비앙을 사오셨네, 하고 기겁을 했다. 에비앙? 그게 뭐냐고 묻자 프랑스산 생수라고 했다. 그제서 영수증을 꺼내봤다. 한 통에 2,500원 하는 에비앙이 맞았다. 눈 뜨고 물만 날랐지 상표도 안 보고, 영수증도 안 보고 도대체 뭘 본 거야. 졸리나가 전철련 집회 끝나고 돌아오기 전에 에비앙부터 빨리 마셔버리자고 했다. 어쨌든 그날 밤도 드럼을 쳤다.

지난 4월, 100일 잔치 때 왔던 마쓰모토 하지메는 10월에 다시 두리반에 온다고 했다. G20 서울 정상회의 준비가 한창일 때였다. 김포공항에 도착한 마쓰모토 하지메는 공항 밖으로 나와 보지도 못하고 본국으로 추방당했다. K-pop을 능가하는 그의 인기 탓이다. 그가 언론의 스포트라이트를 받을 건 분명하다. 그렇게 되면 G20 서울 정상회의는 그냥 죽 쑤는 거였다. 마쓰모토 하지메의 인기에 대해선 물론 과장이 섞였다. 그러나 G20에 대한 정부의 경제효과 운운에 비하면 그냥 조족지혈일 뿐이다.

정부는 G20 개최로 인해 21조 원에 이르는 무형의 경제효과가 있다고 날마다 핏발을 세웠다. 한국무역협회는 열 술 더 떠 450조 원에 이르는 경제효과가 있다고 떠벌렸다. 정부도 그건 조선 개가 다 웃을, 말도 안 되는 뻥이라고 본 모양이었다. 그냥 21조 원에 달하는 무형의 경제효과만 있다고 떠들어댔다.

G20 준비로 공무원들은 연일 삼성동 일대를 돌아다니며 바닥의 껌 딱지를 떼어냈다. 100개의 껌 딱지를 떼어내야 임무 완수로 평가받기에 껌 딱지 하나를 두고 넷이 싸우는 경우도 있었다. 어떤 공무원은 평생 씹은 껌보다 더 많은 양을 하루 종일 씹었다 뱉었고, 흙을 발라 수집 봉투에 넣었다. 노점상들은 강남 근처에 얼씬도 못했다.

나는 조선일보에서 내준 UH-60 블랙호크 헬기를 타고 마쓰모토 하지메를 맞으러 갔다가 그냥 회항해야 했다. 다행히 마쓰모토 하지메와 동행한 펑크로커노동조합밴드 멤버들은 입국할 수 있었다. 밴드 멤버들이라도 블랙호크에 태울 생각이었지만 안타깝게도 정원 초과였다. 그들에게 공항버스를 타고 홍대입구역에서 내리면 박다함과 밤섬해적단이 기다리고 있을 거라고 말해주었다.

성균관대 김태동 교수는 "G20은 향후 7~8년이면 20개 나라 모두 한 차례씩 개최할 터인데 우리나라는 창피할 정도로 유난을 떤다"고 불만을 토해냈다. 우리보다 5개월 먼저 G20을 개최한 캐나다는 한 술 더 떴다. 폴라리스 연구소 토니 클라크 소장은, "경제효과가 발생한다는 증거는 본 적이 없다. 즉각적인 증거라면 호텔 손님이 좀 늘었다는 거였고, 예전보다 쇼핑 손님도 좀 늘어났다는 것", 그 정도일 뿐이라고 했다. 그러니 정부가 말하는 21조 경제효과는 뻥이었다. 내가 조선일보에서 내준 블랙호크 헬기를 타고 마쓰모토 하지메를 마중 나갔다는 얘기보다 20조 배가 넘는 뻥이었다. 어쨌든 그날 밤도 드럼을 쳤다.

마쓰모토 하지메가 추방당한 다음 날은 토요일이었다. '가난뱅이 다 모여!'라는 슬로건 아래 '사막의 우물 두리반' 공연이 열렸다. 열흘 전부터 웹자보를 통해 홍보해온 탓인지 못 보던 펑크족들이 쉴 새 없이 두리반 현관을 열었다. 그들 중 몇은 북아메리카 모히칸 인디언처럼 닭 벼슬 같은 머리를 하고 있었다. 옷은 징 박힌 가죽 재킷에 체인이 늘어져 있는 가죽 바지를 입고 있었다. 신발은 끝이 뾰족한 윙클 피커였다. 웬걸! 약속이라도 했는지 반쯤 마신 소주도 한 병씩 들고 있었다. 결코 예사롭지 않을 공연이었다.

라인업은 밤섬해적단, 파렴치악단, 반란, 비셔스너드, 서교그룹사운드, 그리고 일본 밴드인 펑크로커노동조합으로 짜여졌다. 펑크록 공연이 늘 그렇듯 스네어 드럼 피 몇 장 찢어지는 것 각오하고, 술병 날아다니는 것 각오하면서 즐겨야 한다고 누군가 말했다. 2006년 여름인가, 스래시 메탈Thrash Metal의 최고인 메탈리카Metallica 밴드의 서울 공연을 본 기억이 있어서 나는 각오를 하기는 했다. 그런데도 막상 공연이 시작되자 불안이 엄습했다. 다행히 술병이 날아다니지는 않았다. 대신 너나없이 연신 맥주를 뿜어댔다. 반란이 공연할 때는 누군가 연막탄을 터뜨려 컥컥켁켁크억 소리에다 코 푸는 소리까지 겹쳤다. 그런데도 공연은 계속되었다. 서교그룹사운드는 한일 간 자존심 대결이라도 하겠다는 듯 탈진을 목표로 공연하는 것처럼 보였다. 서교그룹사운드의 보컬이 "윌 오브 데스!"를 외치자 관객들은 기다렸다는 듯이 원을 만들어 아까보다 더 악을 썼고 더 미쳤다. 사고라도 날까 봐 불안한 나는 100여 명의 관객 속에서 유일하게 즐기지 못하는 자가 되었다. 펑크로커노동조합의 공연이 끝났을 때는 아쉬움보다 안도의 숨이 길게 흘러나왔다.

사고는 있었다. 닭 벼슬 머리를 한 모히칸족 두 명이 반란의 공연 때 옥상에 올라간 거였다. 그들은 태양광 패널을 미끄럼틀로 삼아 놀다가 공기한테 걸려서 끌려 내려왔다. 전선을 허리에 감고 놀았는지 전선도 뽑혀 있었다. 태양광은 고장 나 있었다. 공연이 끝나고 경유발전기를 껐을 때는 2층 배터리로 알전구를 밝혀야 했다. 이놈의 모히칸족들! 한숨이 쉬 흘러나왔다. 그날 밤에도 드럼을 쳤다.

10월로 넘어간 뒤부터는 아침저녁으로 으스스해졌다. 모기는 비실비실해져 힘을 못 썼다. 아침에 끓인 찌개는 저녁까지 이상이 없었다. 사다놓은 생수는 시원해졌고 줄어드는 속도도 더뎠다. 다행한 일이었다. 하지만 찬물로 머리를 감을 때마다 머릿속이 얼얼했다.

둘째 주 반상회에선 다시 그 얘기가 나왔다. 도전을 하자는 거였다. 전기장판이라도 켜놓아야 겨울을 날 거 아니냐고 카즈가 말했다. 전철련 연대 다니고 둘째 놈 산을 학교 보내느라 두리반에 별로 없는 졸리나도 동조했다. 미안한 마음 때문인 것으로 보였다. 선뜻한 침낭 속으로 기어들 때면 전기장판이 그리운 건 사실이었다. 카트에 말통을 싣고 경유를 사러갈 때마다 속이 뒤집히는 것도 사실이었다. 그러나 도전은 안 될 말이었다. 건설사의 목구멍에, 관성에 젖어 사는 한전의 목구멍에, 언젠가는 잊힐 거라고 믿는 마포구청의 목구멍에 두리반은 늘 걸려 있어야 하는 곳이었다.

  1, 2층은 연탄난로, 3층은 지난겨울에 썼던 석유난로를 피우기로 했다. 연탄은 한 장에 570원이었다. 두리반 지하에 천 장을 들여놓기로 했다. 연탄가스 때문에 죽다 살아난 경험이 있어서 걱정은 되었다. 난로를 장만할 때 가스배출기를 들었다 놨다를 오랫동안 반복했다. 전력 소모가 10와트에 불과하다는 설명서를 보고서도 꽤 오랫동안 망설이다가 기어이 집어 들었다. 상식적으로는 알전구 하나를 끄면 배출기 하나를 돌릴 수 있다는 답이었다. 그러나 실전은 달랐다. 순간전력소모에서 가스배출기는 알전구와는 비교도 안 됐다. 25.3이었던 배터리 전압이 볼 것도 없이 뚝뚝 떨어지더니 이내 삐삐소리를 냈다. 안 되는 건 결국 안 되는 거였다. 바닥에서 벽돌 한 장 높이만큼 난로를 올려서 설치하는 것, 연통을 최대한 밖으로 길게 빼는 것, 되도록 잘 마른 연탄을 때는 것, 그게 고전적인 연탄가스 예방법이었다.

  연탄은 10월 27일부터 피웠다. 난로는 3구에 아홉 장이 들어가는 큰 것이었다. 연탄을 처음 피운 날, 그날도 드럼을 쳤다.

  계속 드럼을 쳤다. 물론 나만 치는 건 아니었다. 대원군도 시도 때도 없이 드럼을 쳤다. 학교를 휴학한 밤섬해적단 드러머 권용만도 날마다 두 시간씩 드럼을 쳤다. 성현이도 드럼을 쳤고, 웅태도 드럼을 쳤다. 어느 날 권용만을 선생으로 모시자는 제안이 있었다. 권용만은 받아들였다. 뿐만 아니라 집에서 연습용 패드를 갖고 왔다. 미니드럼 세트도 갖고 와 한낮의 두리반을 드럼교실로 만들었다. 아름다운 제자들인 우리는 용만 선생의 말씀에 따라 폐타이어 두 개를 구해왔다. 3층에 올려다 놓고 메트로놈metronome에 맞춰 스틱으로 타이어를 두드렸다. 용만 선생은 손목의 힘을 빼라고 나한테만 쉴 새 없이 잔소리를 늘어놓았다. 분명 손목의 힘을 뺀 것 같은데도 용만 선생은, 손목의 힘을 빼시라니까요, 하고 답답해 미치려고 했다. 박자 쪼개기 연습을 할 때는 더욱 심했다. 나는 왼손잡이여서 잠시 딴생각만 하면 여지없이 왼손부터 들어갔다. "오른손부터 들어가셔야죠!" 용만 선생은 나만 노려보고 있었다. 나는 날이 갈수록 처졌다. 나의 도반들은 저 멀리 가고 있었다. 심지어 한 달 뒤에 편입한 조은이조차 나를 압도하고 있었다. 1등은 단연 대원군이었다. 2등은 웅태였고, 성현이나 조은이는 아직 멀었다. 나는 안 되는 모양이었다. 그래도 드럼을 쳤다.

  밴드를 결성하던 날도 드럼을 쳤다. 어깨 힘으로 치든, 박자를 쪼갤 때 왼손부터 들어가든 중요한 건 실전이었다. 메트로놈에 맞춰 딱딱딱딱 치고 있자니 환장하던 차에 실전은 위대한 전진이었다. 그리하여 먼저 된 자가 나중 되고, 나중 된 자가 먼저 된다는 말씀을 나의 도반들에게 증명해 보였다.
  두리반대책위원들을 중심으로 결성된 우리 밴드는 한동안 이름을 갖고 고민했다. 비틀즈에 흠뻑 빠져들었던 청소년 시절이 있었으니 비틀즈가 버린 이름을 따서 크리케츠Crickets, 귀뚜라미라고 할까, 비틀즈의 첫 공연장이었던 카스바클럽을 따서 카스바밴드라고 할까, 많이 망설였다. 기왕이면 두리반 젊은 벗들과 어울릴 수 있는 이름이 좋겠다고 생각했다. 단편선을 패러디한 장편선밴드는 어떨까? 밤섬해적단을 연상시키는 여의도공격대는 어떨까? 404밴드에서 착안한 이명박의 747밴드는? 청주에서 올라온 돌격대밴드에서 끄집어낸 수비대밴드? 최종적으로는 아름이가 보컬로 있는 '적적해서 그런지'를 패러디한 '섭섭해서 그런지'로 결정했다.

'섭섭해서 그런지'의 멤버는 워낙 화려했다.

보컬 정경섭, 퍼스트 기타 섭서비, 세컨드 기타 윤성일, 베이스 조약골, 드럼 남편 철거민

12월 24일 두리반 농성 1주년 때 3층에서 데뷔한 섭섭해서 그런지는 조약골 빼놓고는 음악적으로 문외한들이었다. 그러니 뚜렷한 지향 장르도 없었지만, 젊은 벗들과 어울릴 수 있고, 두리반만 알릴 수 있다면 겁 없이 나섰다. 이듬해인 2011년 봄에는 진보대합창 초청으로 용산철도웨딩홀에서 원정 공연을 했다. 뒤이어 제2회 '51+ 두리반' 축제 때는 뒷마당 무대에서 오프닝 공연을 했다. 2011년 5월 18일, 종로 보신각 앞에서 열린 '민주노총문화제' 때는 무려 2,000명 앞에서 공연을 했다. 잊을 수 없는 공연이었다. 긴장한 탓인지 윤성일은 코드를 잊어버렸고, 조약골은 입모양으로 코드를 불러주면서 공연했다. 나는 수시로 박자가 빨라져 조약골이 고개를 끄덕일 때마다 천천히, 천천히를 외치면서 드럼을 쳤다. 그런데도 그해 6월, 다수의 국회의원들과 500여 명의 진보대합창 회원들이 모인 국회의원회관에서 또다시 공연했다. 부활의 〈lonely night〉을 불렀고, 록 버전으로 〈인터내셔널가〉를 불렀다. 불행히 그날 이정희는 안 왔다. 유시민과 이루어질 수 없는 사랑을 나누고 있었다는 건 나중에 알았다. 그날, 공연을 끝내고 두리반으로 돌아온 뒤에도 다시 드럼을 쳤다.

'섭섭해서 그런지' 는

보컬 정경섭, 퍼스트 기타 섭서비, 세컨드 기타 윤성일,

베이스 조약골, 드럼 남편 철거민으로 이뤄졌다.

두리반을 알릴 수 있다면 어디든 달려갔다.

제2회 '51+ 두리반' 에서 오프닝 공연을 하고 있다.

비상이 걸렸다

우리가 그 정보를 어떻게 입수했는지는 밝힐 수 없다.

그 정보를 입수한 뒤 두리반 사람들은 아연 긴장했다. 안 그래도 건설사는 근래 며칠 동안 측량을 한답시고 두리반 뒷마당 쪽에서 서성거렸다. 나와 젊은 벗들이 몰려가 할 것은 하되 하지 말 것은 하지 않는 게 도리라고 말했다. 그런데도 계속 측량을 하겠다면 인건비를 많이 들여야 할 거라고 소리 질렀다.

그런 소소하지만 치열한 다툼이 있은 뒤 11월 1일을 맞았다. 11월 2일 아침에 건설사가 사람을 보낼 거라는 것을 우리는 미리 알고 있었다. 두리반 뒷마당 한쪽에 있는 한옥 건물 아리랑을 철거하기 위해 펜스를 치겠다는 거였다. 5톤 트럭을 동원해 두리반을 들어낼 때처럼, 삼복염천에 전기를 끊을 때처럼, 결국 폭력을 통해 두리반 사태를 끝장내겠다는 의도였다. 두리반은 그걸 막아야 했다.

초저녁부터 우리는 두 명씩 조를 짜서 두리반 일대의 이면도로를 살폈다. 혹시 주차돼 있는 관광버스가 있는지를 살폈다. 건장한 용역들로 보이는 자들이 서성거리고 있는지도 살폈다. 새벽 2시까지 우리는 돌아가면서 계속 주변을 돌아봤다. 그때까지만 해도 이상한 조짐은 보이지 않았다.

드디어 11월 2일 새벽이었다. 5시 40분쯤 카즈와 함께 옥상에 올랐다. 급격히 길어진 밤은 아직 미명을 뿌리고 있었다. 바람이 세서 오리털파카라도 입을 걸 그랬다는 후회가 금방 밀려왔다. 우리는 보안등 빛에 의지해 조흥카센터 쪽 이면도로와 홍익지구대 뒤편을 주시했다. 밤을 새운 대원군이 이면도로를 살피고 있는 게 보였다. 그 뒤로 십여 미터쯤 떨어져서 병주와 아즈가 뒤따르고 있었다. 또 그 뒤로 피코테

라와 치타도 보였다. 멍구밴드의 베이시스트 모글리도 보였다.
　서서히 동이 터 오르고 있었다. 단편선이 올라와 뭐 발견한 게 있느냐고 물었다. 카즈가 고개를 흔들었다. 그때였다. 내 휴대폰이 울렸다. 졸리나의 전화였다.
　"돌아서서 건너편 홍익오피스텔 옆 3층 건물을 봐!"
　세상에! 도로 건너편 모든인력센터가 들어 있는 3층 건물 옥상에서 다섯 명이 우리를 주시하고 있었다. 그들은 우리가 손가락으로 가리키자 옥상을 빠져나갔다. 그동안 카즈와 내 뒤통수를 쳐다보고 있었던 거였다. 우리는 엉뚱하게도 반대편 조흥카센터와 홍익지구대 쪽만 보고 있었다는 얘기다.
　우리는 1층에 모여 미리 준비한 대로 행동에 옮겼다. 다만 건설사가 아직 사람을 보내지 않았으니 밖으로 나가지는 말자고 했다. 우리는 옥상으로 향했다. 35명쯤 되는 두리반 사람들은 저마다 소리 나는 것들을 들고 옥상으로 올랐다. 탬버린, 삽, 빗자루, 젬베, 인도불교에서 쓰는 좌종, 냄비와 숟가락, 기타, 우쿨렐레, 드럼세트를 분해해 심벌, 하이햇, 스네어, 베이스, 복태의 아코디언까지 모두 들고 올랐다. 우리는 모든인력센터를 보고 모여섰다. 그들은 건물 옥상 대신 모든인력센터의 창문을 살짝 열어놓고 우리를 주시하고 있었다. 메가폰을 든 윤성일이 구호를 선창하면 우리는 구호를 따라 외쳤다. 뒤이어 악기(?)를 때려 부술 듯 두드렸다. 대로변을 걷는 사람들이 일제히 소리의 진원지를 찾아 두리번거리는 게 보였다. 우리는 더 세게 구호를 외쳤고, 더 세게 악기를 치거나 흔들었다. 이윽고 모든인력센터가 들어 있는 3층 건물 밖으로 검은 옷을 입은 자들이 하나둘씩 빠져나가는 게 보였다. 시간은 어느새 7시를 넘기고 있었다. 우리는 소음시위를 멈췄다.

두 사람만 남기고 모두 1층으로 향했다. 검은 옷을 입은 자들이 두리반 뒷마당으로 온다면 이제부터는 몸으로 막을 계획이었다. 옥상에 남겨둔 이들의 연락을 7시 반까지 기다렸다. 그때쯤 졸리나는 들통에다 김치를 썰어 넣고 라면을 끓이기 시작했다. 40인분 김치라면이 나올 즈음 옥상에 남겨둔 두 명도 불렀다. 8시가 다 됐으니 아마도 오늘 펜스작업은 포기한 것으로 보였다. 그러나 그건 진행형이었다. 오늘이 아니어도 내일이 있을 거고, 모레가 있을 거였다. 덕분에 두리반 사람들은 한동안 잊고 지냈던 규찰을 아침저녁으로 다시 서게 되었다.

장기

아침저녁으로 1, 2층 연탄을 갈았다. 불문을 열어놓으면 한 번에 여섯 장씩, 열두 장을 갈아 넣을 때도 있었다. 연탄이 붙으면 칼로 떼어내는 것도 일이었다. 덕분에 1, 2, 3층 청소까지 끝내고 나면 아침은 늘 어중간한 시간에 먹게 됐다.

아침저녁으로 일거리 하나를 더 던져줬지만 난로는 분명 정을 돌게 했다. 11월 중순부터는 어느 누구도 난롯가를 못 떠났다. 밥을 먹을 때도, 맥주를 마실 때도, 작은 모임을 가질 때도, 국제영어모임과 3층강좌를 할 때도 난롯가에 모였다. 밥 먹을 때는 찌개냄비를 난로 위에 올려놓고 떠먹는 게 좋았다. 고구마나 방망이 떡을 구워먹는 것도 좋았다. 커피믹스를 즐기는 나로서는 난로 위에 올려둔 들통의 물이 언제나 끓고 있는 게 특히 좋았다.

그 난롯가에서 두리반 사람들은 종종 장기를 뒀다. 장기판은 조약골이 사다놓은 것으로, 두리반에 사람 발길을 모으기 위해서였다. 장기는 여러 명이 즐겼다. 처음엔 카즈가 열심히 파트너를 구했다. 류수사한테 이기고, 대원군한테 이기더니 기고만장하여 나한테도 덤벼들었다.

"장기 두실 줄 아세요?"

"알지."

"그럼 한 판 두실래요?"

그리하여 한 판 두게 되었다. 카즈는 아버지한테 배운 장기라며 겁 없이 덤볐다. 바둑은 좋아해도 장기엔 별 취미가 없었지만, 카즈의 코를 납작하게 해주고 싶었다. 카즈의 실력을 몰라 처음엔 신중하게 뒀다. 몇 수 두고 나자 가볍게 둬도 괜찮은 상대라는 걸 알았다. 내가 이겼다. 카즈는 자신의 아버지 같은 실력자라면서 한 판 더 두자고 보챘다. 두 번째 판은 일반적 포진법이 아닌 면상포진법으로 받았다. 궁宮 앞에 상象을 세워두고, 포包로 상대 진을 넘나들며 묵사발 내는 포진법이었다. 하지만 그건 내가 잘 모르는 포진법이었다. 상대 실력에 맞춰 내 실력을 낮출 때나 쓰는 포진법이다. 그런데도 내가 이겼다. 카즈는 나한테 더 이상 덤비지 않았다.

장기는 날이 갈수록 인기 폭발이었다. 대원군이 공기랑 붙고, 베토벤이 류수사랑 붙고, 류수사가 조약골이랑 붙고, 조은이가 공기랑 붙고, 가이하가 카즈랑 붙고, 황보살이 정동민이랑 붙었다. 심지어 수능시험 끝난 뒤로 새앙쥐 풀 광주리 드나들 듯 두리반에 드나들기 시작한 둘째 놈 산도 붙었다. 산은 성공회대 사회학부에 합격했다.

두리반 장기 챔피언은 정 감독이었다. 고교 시절에 프로장기 선수로 나갈까 고민할 정도였다니 보통 실력이 아니었다. 그런가 하면 하루가 다르게 실력이 느는 건 류수사와 공기였다. 류수사는 어느새 카즈를 능가하는 실력자가 되었다. 공기는 승부욕이 강했다. 산이랑 뒀다가 졌을 때는 국수 가락 뽑듯 눈물을 뽑기도 했다.

 어느 날 소심한 정 감독이 소심한 나한테 말을 빙빙 돌려 한 판 둘 수 있겠느냐고 의사타진을 해왔다. 안개에 싸인 내 실력을 확인하고 싶은 거였다. 나는 계속 안개에 싸이고 싶었다. 원고 쓸 게 있다고 미뤘다. 그렇게 두어 번인가 거절한 뒤 정 감독이랑 붙게 됐다. 정 감독한테 피를 본 수많은 무리가 마치 세기의 대결을 구경하듯 장기판 주위로 몰려들었다. 그날은 일산 덕이철대위에 연대 갔다 온 졸리나도 있었다. 졸리나는 태연한 척했지만 수시로 장기판을 들여다봤다. 나는 나도 잘 모르는 면상포진법으로 맞섰다. 한때 프로선수를 꿈꿨다는 정 감독한테 일반 포진법으로 맞서서 깨지느니 멋대로 둬보겠다는 심사였다.

 과연 정 감독은 빈틈이 없었다. 나는 마馬로 틈을 만들고 포를 앞세워 적진을 넘나들기 시작했다. 정 감독이 보기엔 좌충우돌이었다. 무리 없이 대응하는 것 같더니 적진에 있던 내 포가 정 감독의 궁을 넘어 마를 먹어치우자 그때부터 급격히 무너졌다. 푸하하하, 나의 승리였다. 정 감독이 한 판 더 두자고 했다. 나는 심혈을 기울였더니 머리가 아파서 오늘은 못 두겠다고 뒤로 뺐다.

 일주일쯤 지났을 때 여전히 바쁘냐고 정 감독이 물었다.

 "아, 글쎄 바빠. 왜 이렇게 바쁜지 몰라."

 나는 정 감독의 속을 바작바작 태웠다. 정 감독은 정말 바작바작 타는 모양이었다. 일주일동안 면상포진법에 대해 공부도 했는데……, 하면서 말끝을 흐리는 것만 봐도 알 수 있었다. 프로선수를 꿈꿨던 자로서 자존심이 상할 대로 상한 모양이었다. 아무래도 재기전을 열어줘야지 그냥 넘어가선 안 될 일이었다.

마침내 흐릿한 알전구 아래서 정 감독과 재대결을 펼쳤다. 다시 면상포진법으로 맞섰다. 정 감독은 원앙마포진법으로 나왔다. 앞 마가 뛰면 뒤쪽 마가 지켜주는 포진법이었다. 두 마의 관계가 금슬 좋은 원앙 같다고 해서 붙여진 이름이다.

확실히 지난번보다 빽빽했다. 틈이 없었다. 틈을 내느라 졸﹡을 밀었더니 정 감독의 앞 마가 홀랑 잡수셨다. 내 마로 정 감독의 앞 마를 먹자 뒤편 마가 내 마를 또 홀랑 잡수셨다. 균열이 생기자 그때부터 속수무책이었다. 실수를 기다리느니 깨끗이 던지는 게 나았다. 나는 던졌다. 그 뒤로도 몇 차례 더 뒀지만 둘 때마다 졌다. 첫 판을 이겼던 건 장님 문고리 잡은 격이었다.

겨우내 젊은 벗들은 틈만 나면 장기를 뒀다. 류수사와 정 감독도 예외는 아니었다. 그들은 종종 내기 장기도 뒀다. 소라과자 내기, 핫도그 내기, 순대 3,000원어치 내기, 심지어 양념통닭 내기를 한 적도 있었다. 물론 맞장기가 아니라 정 감독이 상을 하나 떼고 두는 접장기였다. 그런데도 승리는 언제나 정 감독 몫이었다. 그리하여 류수사의 장기 실력은 하루가 다르게 늘었다. 노력한 만큼 발전하는 법이니까.

그들이 왔다

12월이 되었다. 철거업체 사장이라는 자한테서 몇 차례 전화가 왔다. 건설사로부터 전권을 위임받았다, 원하는 게 뭐냐, 빨리 끝내버리자, 속히 답을 달라, 그런 내용이었다. 두리반을 정리하기 위해 새로운 철거업체가 등장한 모양이었다. 나는 전화하지 않았다. 사장은 또 전화했고, 또 전화했다. 나는 또 안 했고, 또 안 했다.

그러자 그가 왔다. 1, 2, 3층 아침 청소를 끝내고 2층 화장실에서 찬물을 끼얹을 때였다. 냉수마찰이 정신을 맑게 하고 추위도 덜 타게 한다고 해서 기껏 물을 끼얹긴 했는데, 이빨이 딱딱 부딪쳤다. 12월 16일 목요일 아침 영하 13도에 냉수마찰은 엄청난 미친 짓이었다. 다시는 이따위 무모한 짓을 하지 않겠다고 다짐하면서 수건으로 몸을 닦았다. 그때에 1층에 있던 병주의 목소리가 들려왔다.

"빨리 나와보실래요? 조폭들이 왔어요."

조폭? 나는 농담하는 줄 알았다. 그러나 농담할 병주가 아니었다. 금방 내려가겠다고 답하고, 금방 내려갔다. 살벌했다. 네 명이었는데, 건장한 중년들이었다. 네 명 모두 양복으로 죽죽 뽑아 입었다.

그들이 그렇게 올 거라고는 상상도 안했다. 그들이 그렇게 온 적이 단 한 번도 없었기 때문이다. 그들은 언제나 용역들을 앞세워 폭력으로 일관했다. 철거민들은 늘 그렇게 얻어맞고 깨져왔다. 법은, 모든 강자는 옳다, 강자에게 저항하면 신세 조진다는 것을 확인시켜줄 뿐이었다.

이 자들이 직접 왔다는 건 무얼 의미할까. 간을 보고 나서 치겠다는 걸까. 아니면 칠 거라는 공포감으로 지레 박박 기도록 만들겠다는 걸까. 뒷구멍에서 이 자들의 한마디에 합의서 꾸미고, 이 자들의 한마디에 도장 찍으라는 것, 아마도 그런 목적일까. 난 뭘 어떻게 해야 할지 몰라 물끄러미 그자들을 바라보았다.

사장이란 자가 명함을 내밀더니 입을 열었다. 굳이 사람을 이렇게 찾아오게 만드냐, 어쨌든 빨리 끝내자, 그렇게 말했다. 나는 긴장한 목소리로 빨리 끝내는 건 나도 원하는 바다, 그런데 당신들을 보낸 데가 어디냐, 모#건설사냐, 아니면 바지사장이 만든 유령회사냐, 하고 물었다. 사장은 그건 알 필요 없다고 하면서 목적만 이루면 되는 거 아니냐, 얼마를 원하느냐, 그렇게 물었다. 나는 그런 물음이라면 작년 이맘 때 5톤 트럭 두 대를 끌고 와 두리반 집기를 들어내기 전에 물었어야 하는 거라고 반박했다. 한 집안을 쑥대밭으로 만들어놓고 할 얘기는 결코 아니라고 덧붙였다. 사장은 버럭 화를 내면서 그럼 뭘 얘기해야 되는 거냐고 열이 나서 노려봤다.

뒤늦게 카메라를 들고 내려온 류수사가 그 장면을 촬영하려고 했던 모양이다. 사장 뒤에 있던 카키색 양복이 찍지 말라고 손을 저었다. 류수사는, 내 집에 들어온 자를 찍는 건데 뭐가 잘못이냐고 따졌다. 덕분에 한 번 더 강력한 제지를 받았다. 류수사는 카메라를 내려놓았다. 그때쯤 쉴 새 없이 현관문이 열리기 시작했다. 병주가 올린 트위터를 보고 채 30분이 안 돼 인근에 있는 30여 명의 두리반 사람들이 모여든 거였다.

사장은 더 강한 목소리로 말했다. 기한은 12월 30일까지다, 그때까지 해결하자, 만약 그게 안 된다면 우리 방식대로 하겠다고 엄포를 놨다. 나는 두리반대책위원들과 상의하겠다고 말했다. 사장은 다시 목소리를 높이며, 대책원지 뭔지는 인정 안 한다, 당사자랑만 얘기한다, 결국 그게 안 되면 우리 방식대로 하겠다고 거듭 엄포를 놨다. 그때쯤엔 나도 제법 말끝을 세울 정도가 되어, 그럼 당신네 방식대로 해라, 두리반은 두리반 방식대로 하겠다고 맞섰다. 사장은 발끈해서 두리반 방식이 뭐냐고 물었다. 나는 곧 알게 될 거라고 얼버무렸다. 그들은 더 이상 말할 필요를 못 느꼈는지 기한을 명심하라는 말을 남기고 물러갔다.

두리반 사람들은 저녁에 다시 모였다. 어떻게 할 것인가? 방향을 정해야 할 중요한 자리였으나 우리는 별로 긴장감 없이 떠들었다. 대원군이 슬쩍 나한테 '두리반 방식'이 뭐냐고 물었다. 나는 씩 웃었다.

"뭐예요? 뭔데, 웃기만 해요? 얘기해보세요!"

"네가 두리반 방식을 모르다니! 난 정말 미친다 미쳐!"

"뭔데요?"

나는 두리반 방식에 대해 말해주었다.

두리반은 늘 숨기지 않고 공개적이었다. 바지사장이 전화하고 공문이란 걸 보냈을 때도 뒷구멍으로 만나는 대신 두리반상회를 통해서 처리했다. 힘은 공개적일 때 나온다. 내가 너를 믿고 숨기는 게 없을 때, 너도 나를 믿고 힘이 돼주는 법이다. 그게 인지상정이다. 의리보다 불안이 앞서고, 명분보다 실익을 탐할 때 뒷구멍 타협이라도 찾게 된다. 하지만 어두운 곳에서 몰래 하는 협상은 비굴해질 수밖에 없다. 원래 자본이나 권력이나 주먹은 어두운 곳에서 힘을 발휘하니까. 낭떠러지에 매달린 철거민이나 해고노동자들은 밝은 곳이라야 힘이 세진다. 연대는 밝은 곳에서 이루어지니까.

하물며 12월 말까지 해결되지 않는다면 자기네 방식대로 하겠다고 철거업체는 엄포를 놓지 않았던가. 그저 속만 태운다면 나미의 '빙글빙글' 처럼 공포에 질려 빙글빙글 돌아버릴 게 뻔하다. 전기가 끊겼을 때처럼, 국가인권위에 쫓아갔을 때처럼 공개적으로 대처해야 한다.

두리반상회에선 철거업체의 협박을 기자회견을 통해 천하에 알리기로 했다. 시인 황규관은 한국작가회의 자유실천위 이름으로 성명서를 준비하겠다고 했다. 카즈는 철거업체의 과거 전력을 모조리 채집하기로 했다. 철거업체의 협박에 맞서 글로써 싸우겠다는 얘기였다. 한편으론 민노당 마포구 당원인 최용에게 천막을 부탁하기로 했다. 만에 하나 폭력사태가 일어난다면 천막을 치고 맞서겠다는 각오였다.

또 다른 두리반 방식은 끊임없이 뭔가를 만들어 노는 것이다. 두리

농성을 시작한 지 1년이 돼가던 2010년 12월,

철거업체가 찾아왔다.

사장을 따라 들어온 이사와 부장들은

사방을 둘러보았다.

그들이 돌아가고 난 뒤

실력자가 'CCTV 작동 안함'을 써 붙였다.

부정은 가장 강한 긍정이 된다.

반은 늘 무언가를 만들었다. 아둔한 내가 만든 건 없었다. 함께하는 젊은 벗들이 늘 만들었다. 나는 만들어진 게 잘 굴러가도록 뒷바라지만 했다. 이번에도 젊은 벗들은 기자회견을 12월 24일에 갖자고 했다. 12월 24일은 두리반 농성 1주년이 되는 날이기도 하다. 저녁에는 1주년 기념잔치도 열자고 했다. 잔치 때 오프닝 공연으로 '섭섭해서 그런지'가 나서라고 한 것도 괭이와 조약골, 젤리의 머리에서 나왔다. 물론 '섭섭해서 그런지'의 공연 얘기가 나왔을 때 음악적 성취도를 따지는 머머스룸의 정동민은 피식피식 웃었다. 그 외에는 박수를 치면서 웃었다. 단편선은 데굴데굴 굴렀다. 아홉번째밴드의 보컬 한성이는 단편선의 주머니에서 떨어진 동전을 주워 조용히 소라과자를 사왔다.

두리반상회의 결정은 신속한 추진력을 발휘했다. 우리는 다음 날부터 준비에 들어갔다.

그들이 다시 왔다

12월 28일, 그날은 좀 이른 방문이었다. 나는 아직 3층 청소를 하고 있었다. 누군가 부르는 소리에 1층으로 내려갔을 때는 걸레질한 바닥의 물기가 채 마르지 않은 상태였다. 사장은 안 오고 카키색 양복을 입었던 이사와 그를 호위하는 두 명만이 와 있었다. 이사는, 우리가 뭘 그리 엄포를 놨느냐고 하면서 웃었다. 기자회견 뒤에 나온 기사를 본 모양이었다. 지난번과는 판이하게 달랐다.

그는 연탄난로 위에 올려둔 들통을 보면서 커피를 한 잔 마실 수 있겠느냐고 물었다. 나는 종이컵에 커피믹스를 넣고 들통 뚜껑을 열었다. 불을 간 지 얼마 안 돼 물은 좀 식었으나 여전히 뜨거웠다. 커피에

물을 붓고 저은 뒤 건넸다. 뒤에 있는 두 명에게도 마실 거냐고 물었다. 이사는 뒤늦게 생각났는지 그들에게 차에 가서 기다리라고 말했다. 그들이 나가자마자 2층에 있던 단편선이 내려왔다. 나도 품을 좀 잡을 수 있게 되었다. 오늘은 두리반 식구들을 안 부르는 게 좋겠다고 했다. 단편선은 그래도 될까 싶은 표정을 지으면서도 알겠다고 답했다.

이사는 두리반대책위원들과 얘기를 나누고 싶다고 말했다. 지난번에 비하면 놀라운 반전이었다. 조만간 날짜를 잡았으면 좋겠다, 장소는 두리반에서 가까운 서교호텔 정도면 무난하지 않겠느냐고 물었다. 두리반 사태를 끝낼 수 있는 희망적 제안이었다. 그러나 건설사가 빠진 상태라면 받아들일 수 없는 제안이었다. 나는 말했다. 내 아내를 길바닥으로 패대기쳤던 자들을 용서할 수 없다, 그건 함께 살아가는 인간이 해서는 안 될 일이었다, 아내를 원래의 자리로 돌려보내기 위해 나는 퇴직했고 오늘까지 전기 끊긴 두리반을 지켰다, 그러니 건설사 놈들을 만나야 한다, 그게 인과법칙이다, 굳이 당신네들을 만날 이유가 있겠는가.

"그래서 우리랑 먼저 만나야 되는 겁니다. 길을 닦아놔야 건설사와 마주 앉을 기회도 오는 겁니다. 이대로는 평행선만 긋습니다."

이사는 노련한 사람이었다. 얼굴색, 목소리 톤조차 변하지 않았다.

나는 이사의 말을 받아들였다. 그는 새해 1월 초에 다시 연락할 테니 그때까지 약속 날짜와 시간, 장소를 확정해달라고 말했다. 나는 알겠다고 답했다.

두리반대책위원들은 그날 오후에 모였다.

김성섭(섭서비, 성미산주민대책위)

김은영 목사(한국교회인권센터 사무국장)

김종수 목사(촛불을 켜는 그리스도인들 집행위원장)

윤성일(민주노동당 마포구위원장)

정경섭(진보신당 마포구당원협의회 위원장)

최헌국 목사(예수살기 총무)

황규관(한국작가회의 자유실천위원회 부위원장)

　대책위원들에게 브리핑을 하듯 이사가 찾아온 얘기를 해줬다. 다들 만나야 한다고 답했다. 김종수 목사는 두리반을 재오픈해 생계를 꾸려나갈 수 있어야 한다는 원칙에 변함이 없느냐고 물었다. 졸리나는 여부가 있겠느냐고 답했다. 윤성일은 첫 만남부터 밀고 당기기야 하겠냐만 이참에 우리의 요구안도 구체화시켜놓자고 했다. 이를 위해 은평구 '두꺼비하우징'의 이주원 사무국장을 만나 조언을 듣자고 덧붙였다. 이주원과는 내일 당장 두리반에서 만나기로 약속까지 잡았다.

　날짜와 장소로 넘어가자 김은영 목사가 입을 열었다. 장소는 공신력 있는 공간에서 하는 게 좋겠다, 두리반에선 좀 멀지만 종로5가 기독교회관의 NCC_{기독교교회협의회} 회의실이 어떠냐고 의견을 냈다. 아무도 반대하지 않았다. 날짜와 시간은 다시 한 번 조율하기로 했다.

　저녁식사를 마치고 대책위원들과 헤어지고 나자, 두리반 다큐멘터리 촬영을 하는 류수사와 정 감독이 기분이 어떠냐고 물었다. 물론 카메라를 들이댄 상태였다. 두리반에서 일어난 수많은 사건 중 하나일 뿐이라고 짤막하게 받았다. 그러나 속내는 엄청 불안했다. 밀고 당기는 과정이 좋을 리 없었다. 그건 낯선 길이었다. 돌부리에 채일 수도 있고, 뱀에 물릴 수도 있고, 회오리바람에 날려갈 수도 있다. 무사히 도착했을 때만 그런 길도 있었네, 하면서 그 길은 사회적 함의에 포함된다.

그러나 다음 날 만난 두꺼비하우징의 이주원 사무국장은 단호했다. 지금까지 우리나라의 재개발은 '투기'였다, 기존의 생명들이 보다 나은 환경에서 살 수 있도록 배려하는 개발이 아니었다, 개발지역으로 선정되면 가차 없다, 더 많은 이익을 내기 위해 깡패들을 풀지언정 살고 있는 사람들의 목소리는 무참히 짓밟았다, 한 탕에 목숨 걸고 아내와 딸까지 팔아넘기는 노름꾼과 뭐가 다른가, 노름꾼에게 아내와 딸의 절규는 들리지 않는다, 팔려 간 아내가 어떤 모욕을 당할지, 팔려 간 딸이 어떤 한을 품을지는 도대체 관심이 없다, 오직 한 탕뿐이다, 17년 동안이나 아내와 딸의 목소리에 귀 기울였던 일본의 롯폰기 힐스*처럼 우리의 개발방식과 의식도 바뀌어야 한다, 두리반이 홍대 앞에 다시 문을 연다는 것, 노름꾼 세상에서 그것만큼 설레는 일이 또 어디 있겠는가, 대책위원들과 구체적으로 돌아보라, 이 일대 권리금 시세도 확

---

* 롯폰기 힐스Roppongi Hills는 도쿄 중심가에 세워진 33,000평에 이르는 복합문화공간이다. 재개발의 성공사례가 된 롯폰기 힐스를 벤치마킹하느라 우리나라 건설사는 해마다 그곳을 찾는다. 그러나 롯폰기 힐스는 재개발과정에서 피눈물이 없었던 곳으로 더욱 유명하다. 재개발지역의 토지와 건물을 매입할 때 모리 회장은 17년 동안이나 기존의 생명들과 대화를 나눴다. 그들에게 새로운 삶의 터전을 마련해주는 조건으로 설득하고 이해를 구한 끝에 오늘의 롯폰기 힐스를 개장할 수 있었다. 모리 회장의 인내는 한탕을 목적으로 하는 노름꾼의 머리로는 상상할 수 없는 일이었다. 우리나라 건설사는 롯폰기 힐스의 초일류 디자인 감각만 돌아볼 뿐이다.

인하고 보증금 시세도 확인하고 평균 인테리어비용도 확인하고 새로 장만해야 될 집기의 가격도 확인하라, 다시 문을 연 두리반에서 칼국수를 먹는다면 눈물이라도 쏟을 것 같다.

협상

그러니 말 달리자. 흰 눈이 쌓인 처녀지에 발자국을 찍어라.
  회오리바람이 일지라도, 눈보라에 더뎌질지라도
  끝내 말 달리자. 우리의 족적을 남기자.
  어두운 지하, 빈 맥주 캔이 쌓여 있는 클럽 '드럭'에서 4인조 밴드 크라잉넛은 노래를 불렀다. 그들의 노래가 지상에 오르기까지 그들은 계속 말 달렸다. 그들의 노래 〈말 달리자〉는 대중의 노래가 되었고 뒤에 오는 이들에게 발자국을 남겼다.

> 닥쳐 닥쳐 닥쳐 닥치고 내 말 들어
> 우리는 달려야 해
> 바보가 될 순 없어 말 달리자
> 말 달리자 말 달리자 말 달리자
> 이러다가 늙는 거지 그 땔 위해 말해야 해
> 모든 것은 막혀 있어 우리에겐 힘이 없지
> 닥쳐
> 사랑은 어려운 거야 복잡하고 예쁜 거지
> 잊으려면 잊혀질까 상처받기 쉬운 거야
> 닥쳐

닥쳐 닥쳐 닥쳐 닥치고 내 말 들어
우리는 달려야 해 거짓에 싸워야 해
말 달리자 말 달리자 말 달리자

우리의 뒤에는 무엇이 있는가. 아무것도 없다. 또다시 우리의 뒤에는 무엇이 있는가. 준비를 끝낸 대오가 진격신호를 기다리고 있다. 무엇이 두리반의 민얼굴인가. 아무것도 없는 건가, 진격신호를 기다리고 있는 대오인가, 그건 모르겠다. 그냥 말 달리자. 2011년 1월 7일, 우리는 말 달렸다. 농성을 시작한 지 379일, 전기가 끊긴 지는 171일째, 우리는 말 달렸다.

종로5가에 도착한 대책위원들은 NCC 회의실로 말 달렸다. 서로의 인사는 무척 짧았다. 본론으로 들어가자 사장은 또다시 돈 얘기를 꺼냈다. 최헌국 목사는 우리가 원하는 건 두리반이다, 다른 어떤 이야기도 우리를 움직이게 할 수 없다고 했다. 그러니 그게 얼마냐고 사장은 다시 물었다. 윤성일은 그렇게 알고 싶으면 당신네들과 우리가 상가 시세를 알아보면 될 거 아니냐고 반문했다. 사장은 고개를 갸우뚱거렸고 우리는 그들과 헤어졌다.

두리반으로 돌아온 뒤 나와 섭서비는 주변 상가를 돌아보았다. 특급, A급, B급, C급 지역으로 정하고 상가 시세를 파악했다. 엄두가 안 나는 액수였다. 특급은 말할 것도 없고 A급 상권이 2~3억이었다. 기존의 두리반과 비슷한 B급 상권도 1억 원 이상이었다. 두리반이 강해야만 그나마 B급 상권에라도 문을 열 수 있을 거였다. 두리반상회에서 우리는 상황보고를 하고 종착역까지 말 달리기로 했다.

우리는 지치지 않고 말 달렸다. '화요다큐상영회'를 이끌어온 문신부는 '인디다큐페스티발'의 마지막 행사를 두리반으로 끌어왔다. '리스투더씨티'의 박은선은 두리반에서 '도시영화제'를 열었다. 뿐만 아니라 '수유너머N' 식구들과 생명을 주제로 한 강연도 열었다. '1월11일' 동인이 이끌어온 '불킨낭독회'는 서정성에 바탕한 전위적 시낭송 사이에 두리반의 현재를 알리는 순서도 넣었다. IVF한국기독학생회 행사를 두리반으로 끌어들인 코드셋밴드는 막개발의 폐해를 누구보다 강하게 알렸다. 코드셋의 대표곡인 〈뉴타운〉은 하나의 실례였다. 인권재단 '사람'의 상임이사 박래군은 두리반에서 수시로 번개모임을 가졌다. 젊은 벗들은 두 번째 '51+ 두리반' 기획에 들어갔다. 두리반은 계속 말 달렸다.

하지만 두 번째, 세 번째 협상 테이블에서도 사장은 완강했다. 두리반대책위도 완강했다. 상대의 비위를 맞추는 협상 대신 상대를 압박하는 협상을 계속하기 위해선 긴장이 필연이다. 그 어떤 불상사에 대비해 나는 더욱 강하게 두리반을 지켜야 한다는 의지를 보여줘야 한다고 믿었다. 나는 최용에게 부탁해놓은 천막 대신 컨테이너를 찾았다. 기륭전자 노조가 농성할 때 쓰던 컨테이너를 수소문했다. 시인 송경동은 그 컨테이너가 포천에 가 있는데 두리반 뒷마당으로 끌어오기는 힘든 상황이라고 말했다. 다행히 '리스투더씨티'의 박은선이 조계사에 있는 컨테이너를 보내겠다고 했다. 4대강사업 저지를 위해 홍보관으로 사용 중인 컨테이너였다. 지율스님이 시주금으로 장만한 거였다. 그것은 2011년 4월에 두리반 뒷마당으로 왔다. 두리반은 더욱 강하게 말 달렸다.

드디어 사장은 두리반대책위의 주장을 받아들여 홍대 앞 상가 시세를 알아보기로 했다. 그는 카키색 양복을 입었던 이사와 부장을 보냈다. 두리반대책위는 윤성일과 섭서비를 내세웠다. 네 사람은 홍대 앞 상가시세를 B급 위주로 둘러보았다.

　4월 마지막 주 NCC 회의실에서 협상을 재개했을 때 사장은 단도직입적으로 나왔다. B급 상권에 두리반이 오픈하면 되는 거냐, 다른 군더더기는 없는 거냐고 물었다. 대책위원들은 그렇다고 답했다. 다만 협상조인식에는 반드시 건설사 대표가 나와 조인해야 함을 조건으로 내세웠다. 그때부터 합의문 조정안이 지루하게 오갔다. 두리반대책위는 초안을 잡은 뒤 민주노총 송영섭 변호사에게 법률 자문을 구했다. 또 인권재단 '사람'의 상임대표 박래군을 통해 김칠준 변호사에게도 자문을 구했다. 말 달려온 두리반은 뒷사람에게 발자국을 남기느라 합의문도 공개하기로 했다. 그것은 비공개로 이뤄진 사당동 정금마을의 협상을 보고 막연히 품었던 희망사항이 이루어진 거였다.

· ·

합 의 서

(주)○○건설사 대표이사 ○○○[이하 '갑'이라 함]과 ○○○['두리반' 사업등록명의자, 이하 '을'이라 함]은 아래와 같이 합의하고 이를 성실히 이행하기로 한다.

아 래

제1조 목적

마포구 동교동 ○○번지 일대 '갑'이 추진 중인 사업부지 내(이하 '사업부지') ○○번지 상 명도관련 '갑', '을'의 합의를 위한 필요사항을 정하기 위하여 본 합의서를 체결한다.

제2조 이주대책

1. '갑'은 '을'이 ○○번지에서 운영했던 상가인 '두리반'이 기존상권과 유사한 수준의 장소에서 영업을 재개할 수 있도록 합의하고, 이를 위해 '갑'은 '두리반' 영업을 재개하는 데 드는 비용을 '을'에게 배상한다.

2. 배상금은 본 합의서 체결시 50%, 명도완료시(합의서 체결 뒤 30일 이내) 50%를 각각 '을'에게 지급한다.

3. '갑'은 사업부지 내 ○○번지 '을'이 점유기간 내 사용한 기초에너지(수도요금 등) 관련 사용료, 과태료, 벌금 등을 대납한다.

제3조 민·형사상 분쟁의 처리

1. '갑'과 '을'은 본 사업 추진관련 발생한 기존 고소고발 건에 대해 전면 취하하기로 한다. '갑'과 '을'은 '고소취소장' '형사처벌 불원동의서' 등 고소 취하를 위한 제반 서류를 작성하여 본 합의서 체결 이후 일주일 이내 법원 등에 제출하기로 한다.

2. '갑'과 '갑'의 협력업체들, '을'과 '을'의 관련자들은 본 사업과 관련하여 상호간에 발생했거나 발생할 수 있는 일체의 민·형사상 청구를 포기한다. 이 같은 합의에도 불구하고 '갑'의 협력업체들이 '을'에 대해 민·형사상 문제를 제기할 경우 발생할 수 있는 '을'의 불이익에 대해 '갑'이 책임지고, '을'의 관련자들이 '갑'에 대해 민·형사상 문제를 제기할 경우 발생할 수 있는 '갑'의 불이익에 대해 '을'이 책임진다.

제4조 위약벌 조항

1. '을'은 본 합의서 체결 뒤 30일 내에 사업부지 및 ○○번지에서 '을'의 관련인 및 집기비품(잔여 불용 집기비품 제외)을 포함하여 명도완료하지 않을 경우 배상금 수령액의 두 배의 금액을 '갑'에게 지급한다. 이의 보증을 위해 두리반대책위 공동집행위원장의 보증 확약서를 제공한다.

2. 제3조 합의 내용이 이행되지 않아 발생한 피해와 보상을 위해 '갑'과 '을'은 상호간 위약금으로 1회당 1천만 원씩 요구할 수 있으며 요구시 즉시 지급한다.

제5조 기타

'을'은 명도완료시 잔존하는 어떠한 집기 물품에 대한 보상 및 소유권을 요구 및 주장하지 않기로 한다.

2011년 6월 8일

'갑' 주소 : 서울특별시 ○○구 ○동 ○○빌딩

상호 : (주)○○건설사

대표 : ○○○ (인)

'을' 성명 : 졸리나 (인)

주소 : 서울특별시 ○○구 ○○동

참관인

마포구청 도시계획과장 :   (인)

마포경찰서 정보과장 :   (인)

두리반대책위원회 :

두리반 협상 타결은 농성을 시작한 지 531일,

전기가 끊긴 지 324일 만에 이뤄졌다.

돌아보면 참담했다.

돌아보면 한없이 고마웠다.

돌아보면 가없이 그립다.

돌아보면 실성하지 않고서야 견딜 수 없는 나날이었다.

날짜 판 아래 그림은 대원군의 어머니가 그린 성화다.

합의문 조인식

2011년 6월 8일 수요일, 두리반 화장실 앞에는 줄이 늘어섰다. 긴 줄이었다. 류수사가 들어가 볼일 보고 머리통 면도하고 세수를 끝내고 나올 때까지 대원군은 네 번 투덜거렸다. "빨리 좀 나와! 끊고 나와! 닦는 건 나와서 해! 아, 존나 짜증나!" 대원군이 들어가면 지난여름 입었던 태진아 남방을 다시 입기 시작한 단편선이 물고 늘어졌다. "오줌만 누자. 터져버릴 것 같아. 아, 존나 빡쳐!" 나는 아래위층을 오르내리며, 출발한다, 정말 출발한다, 그 소리를 열 번도 넘게 반복하고 있는 중이었다. 같은 시각에 같은 목적지를 향해 가니 어쩔 수 없는 병목현상이었다.

드디어 우리는 홍대입구역에서 271번 버스를 탔다. 농성을 시작한 지는 531일째였다. 전기가 끊긴 지는 324일째였다. 목적지는 마포구청 의원회의실, 시간은 오전 11시였다.

두리반 사람들은 10시 40분쯤 합의문 조인식장에 도착했다. 그날 처음 만난 건설사 대표가 내게 악수를 청했다. 얼떨결에 악수한 뒤 졸리나였다면 아마 안 했을 거라는 생각을 했다. 시간이 임박해지자 건설사 대표, 철거업체 사장, 졸리나가 의원회의실 앞쪽에 자리했다. 왼쪽은 참관인 몫으로 마포경찰서 정보과장과 마포구청 도시계획과장의 자리였다. 정보과장은 그때까지도 도착하지 않고 있었다. 오른쪽은 두리반대책위원들의 자리였다. 나는 두리반 사람들과 객석에 앉았다. 10시 50분을 넘고 있었다.

대책위 자리에 앉아 있던 정경섭이 자리에서 일어났다. 정경섭은 휴대폰을 귀에 대고 조인식장을 빠져나갔다. 곧 다시 들어와 행사 진행을 맡은 섭서비한테 가더니 귓속말로 뭔가 중얼거렸다. 섭서비는 마이크에 대고, 정보과장이 바쁜 일이 생겨 부득이 불참한답니다, 하지만 11시 정각에 예정대로 조인식을 시작하겠습니다, 라고 말했다. 나는 그게 무슨 문제인가 싶어 무심히 넘어갔다. 그런데 졸리나는 달랐다. 그 자리에서 발딱 일어났다. 조인식은 사전 약속대로 이뤄져야 한다, 정보과장이 불참을 통보했다, 그렇다면 나도 이 조인식을 인정할 수 없다고 불방망이를 던졌다.

그제야 나는 사태의 심각성을 깨달았다. 오늘 서명 안 하면 어느 천년에 다시 하나? 전기 없이 36°C를 넘나드는 두리반에서 다시 여름을 나자는 건가? 이젠 정말 폭력에 노출되는 거고, 그렇다면 그 모욕을 무슨 수로 견뎌낸단 말인가? 나는 걷잡을 수 없이 아뜩해져 무엇을 어떻게 해야 할지 갈피를 잡을 수 없었다. 두 참관인의 출석을 책임지기로 했던 정경섭도 진땀을 흘리고 있었다. 그는 로비로 나간 졸리나를 붙잡고 온몸으로 설득하는 중이었다. 그러나 그건 따따부따 안기주 씨의 막내 따님을 몰라서 하는 헛수고였다. 아니 아니 아니다. 2009년 12월 24일, 5톤 트럭 두 대를 앞세운 용역 30여 명에게 입고 있는 옷 외에는 모든 걸 빼앗긴 자의 씻을 수 없는 분노를 몰라서 하는 헛수고다. 모든 집기를 들어낸 뒤 마지막으로 용역들은 졸리나를 단짝 들어 길바닥에 패대기쳤다. 두리반에는 곧장 펜스가 쳐졌다. 불과 두어 시간 전만 해도 생계터전이었던 두리반이 회색 철판으로 막힐 때 오는 절망감을 누군들 알겠는가. 무기력한 남편은, 울지 마, 울지 마, 그런 잡소리나 늘어놓았다. 그러니 세계와의 절대적 단절감을 누군들 알겠는가. 졸리나는 그때 죽었다고 했다. 그러니 오늘 조인식이 깨진들 눈 하나 꿈쩍하겠는가.

다급해진 건 나였다. 나는 내 뒤에 앉아 있던 작가회의 대변인 고영

직을 찾았다. 그는 어느새 새버렸다. 청사 밖으로 뛰어나가 그를 찾았다. 고영직은 나무 그늘 아래서 담배를 빨고 있었다.

"큰일 났다. 정보과장이 몽니를 부린다. 못 오겠대. 나의 그녀는 조인식 파토 내겠다고 난리다. 정말 그러고도 남는다."

고영직은 그 즉시 휴대폰을 들고 작가회의로 연락했다. 마포경찰서장 직통전화를 딴 뒤 곧장 전화했다.

작가회의 대변인이다, 두리반 협상조인식에 참관인 자격으로 신임 정보과장이 오기로 했는데 불과 10분 남겨두고 약속을 깼다, 무슨 이유냐, 만약 조인식이 깨지면 향후 모든 책임은 마포경찰서가 져야 할 것이다, 작가회의는 이를 분명히 해둔다, 그리고는 전화를 팍 끊었다.

5분쯤 지났을 때 정보과장이 출발했다는 연락이 왔다. 나는 가슴을 쓸어내렸다.

조인식은 무사히 끝났다. 두리반 사람들은 청사 앞으로 나가 예정된 기자회견을 가졌다. 7개월 된 아들을 업고 온 한받은 소감을 전하면서 울먹였다. 최헌국 목사는 벌써부터 두리반 재오픈이 기다려진다고 말했다. 졸리나 때문에 십 년 감수한 나는, 머릿속에 그리운 얼굴들이 가득해서 말을 이을 수 없다고 울먹였다.

주사파가 아닌 농담파 카메라맨 박정근은 단체사진을 찍을 테니 한자리에 모이라고 떠들었다. 토리는 있는 그대로 찍는 반면, 박정근은 연출을 요했다.

"자자, 웃기 싫어도 웃어요! 웃는 낯에 침 뱉으랴! 자 왼쪽 권용만, 오른쪽 김숫캇, 침 날아갑니다."

찰칵! 찰칵!

영상 63도, 대한민국은 사막이다.

두리반은 그 사막에 우물을 다시 파게 됐다.

연대는 시혜가 아닌 어우러짐,

연대는 차가운 이성이 아닌 뜨거운 교감,

연대는 뒷구멍이 아닌 당당한 의리,

그리하여 연대는 거대한 힘!

계속되는 두리반

나는 비틀즈의 링고 스타가 되어 마지막 드럼을 쳤다. 섭섭해서 그런지의 고별공연이었다. 젤리는 〈매력만점 철거농성장〉을 불렀다. 명구밴드의 고별공연이었다. 장성건은 〈우리들의 밤은 당신들의 낮보다 존나 아름답다〉를 불렀다. 밤섬해적단의 고별공연이었다. 단편선은 〈빙빙빙〉을 불렀다. 고별공연이었다. 쏭은 〈회전초밥 식음기〉를 불렀다. 쏭의 빅밴드 고별공연이었다. 만만수는 〈깜짝 놀랄 거야〉를 불렀다. 무키무키만만수의 고별공연이었다. 대원군은 젬베를 쳤고, 괭이는 〈강물을 살린다더니〉를 불렀다. 며칠 후면 내 생일의 고별공연이었다. 야마가타 트윅스터는 〈돈만 아는 저질〉을 불렀다. 한받의 고별공연이었다.

우리는 서로 끌어안았다. 병주는 "미안해요, 미안해요" 하면서 울었다. 공기는 "나도요, 나도요" 하면서 울었다. 괭이는 두리반의 간달프 졸리나를 끌어안고 울었다.

파노라마처럼 펼쳐졌다가 지나가는 것들!
떨리거나 열 받거나 웃거나 울었던 그 엄청난 날들!
내 앞으로는 쉴 새 없이 물이 흘렀다. 푸른 물이었다.

짐을 싼다. 훗날 두리반의 권리를 위한 투쟁이 이러했음을 남기기 위해 번호를 달며 짐을 싼다. 벽에 붙은 시인 박일환의 『한겨레신문』 기고문을 떼어내 번호를 단다. '하늘지붕음악회'의 포스터를 떼어내 번호를 단다. '화요다큐상영회'의 영화포스터를 떼어내 번호를 단다. '두리반문학포럼'의 현수막을 떼어내 번호를 단다. '불킨낭독회'의 포스터를 떼어내 번호를 단다. '칼국수음악회'의 포스터를 떼어내 번호를 단다. '사막의 우물 두리반'의 포스터를 떼어내 번호를 단다. 『경향신문』 '573인 선언'과 '111인 작가선언'을 떼어내 번호를 단다. 두리반소식지, 단전사태 호외지에도 번호를 단다. 농성자금 때문에 허덕일까봐 두리반상회에서 만들어준 두리반 채권에도 번호를 단다. 시인 박영근 5주기 추모자료집에도 번호를 단다. '51+ 두리반' 대형 포스터를 떼어내 거기에도 번호를 단다.

그리고 함께해준 이들을 적어놓은 대자보를 떼어내 번호를 단다.

예루살렘의 야드바셈Yad Vashem박물관은 게토와 아우슈비츠에서 죽어간 유태인들의 추모관이다. 박물관 전면의 경구는 다음과 같다.

망각은 포로가 되고 기억은 구원의 빛이 된다.

잊지 않는다는 것은 권리를 위한 투쟁이 계속돼야 한다는 것.
잊지 않는다는 것은 프로메테우스가 되어 불을 나눈다는 것.

2011년 12월 1일, 두리반은 마포구 서교동 370-5번지에서 다시 문을 열었다.

함께해준 이들과 닷새 동안 잔치를 연 뒤 영업을 재개했다.

다시 문을 연 두리반.

건설사가 철거업체를 보낸
2010년 12월부터
두리반에선 옥외방송이
시작됐다.
방송이 끝나면 조약골은
두리반 카페에 올렸다.

"더 많은 두리반을
위하여"라는 슬로건 아래
두리반 3층에서 마지막
토론회가 열렸다.
두리반의 투쟁방식,
협상과정, 협상문을 두고
두 시간 동안 토론회가
진행됐다.

회색 펜스에 옷을 입혔다. 만화가 소복이는 여름날 하염없이
땀을 흘렸다.

두리반 골목은 겨우내
연탄재가 쌓였다.

고별공연은 2011년 6월 29일에 있었다.

명동3구역 철거민들이 걸어준 두리반 승리 축하 현수막이 보인다.

두리반 사람들은 곧장 명동3구역으로 향했다. 명동3구역은 개판이었다.

용역들이 어찌나 설쳐대는지 드럼이 망가졌고, 기타가 망가졌고, 앰프가 망가졌다.

두리반 젊은 벗들은 얻어터졌다. 유채림도 얻어터졌다.

농성 초기, 만화가 유승하의 〈두리반의 봄〉이 일간지에 실렸다.

타령소녀 병주의 그림.

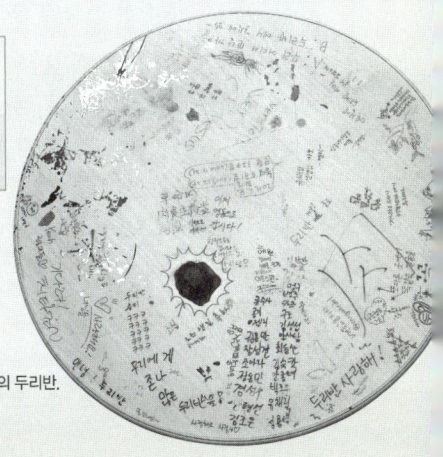

두리반의 두리반.

(후기)

인천 만석동과 북성동에서 쫓겨난 공원촌 사람들은 내가 고향을 떠날 때까지도 그곳을 뜨지 못했다. 그들은 우리 동네 뒤편에 다닥다닥 이어 붙인 판잣집에서 끝내 일어서지 못했다. 내가 중학을 졸업하고 고교에 들어갈 때였던 1976년, 공원촌 친구들은 단 두 명만이 나처럼 고교에 들어갔다. 나머지는 진학을 포기했다. 국가가 대책 없이 쫓아낸 철거민들은 가난을 대물림한 거였다. 살기 위해 발버둥치는 자들을 국가가 시퍼런 가난의 물속으로 처넣다니! 무서운 일이었다.

  2009년 12월 24일 두리반도 그 물속에 있었다. 하지만 두리반은 기어 나왔다.

  『매력만점 철거농성장』에 들어갈 사진을 고르다가 나는 뒤로 벌렁 자빠졌다. 두리반 농성에 함께했던 이들의 얼굴이 정히 낯설어서였다. 열 명 중 한 명의 얼굴이나 기억할 수 있을까. 수많은 이들이 두리반 농성에 힘을 보탰기에 나의 기억회로가 감당하지 못한 거였다. 이를 어쩐다! 에잇, 돌대가리! 난 머리를 쿵쿵 찧었다. 두리반에 불을 가져다

준 그 어마어마한 프로메테우스들에게 인사는커녕 고마움도 전할 수 없다니! 이래선 죄가 많다. 멀리 부산에서, 완도에서, 전주에서, 인천에서 응원해준 분들은 또 어쩌란 말인가.

두리반과 함께해준 모든 분께 이 자리를 통해 다시금 깊숙이 고개 숙여 고마움을 전한다.

『매력만점 철거농성장』은 밍구밴드의 노랫말에서 땄다. 보컬인 젤리는 제자題字까지 써주었다. 속표지에 들어 있는 작은 그림들은 병주가 그렸다. 편집디자인을 한 투쟁기획실, 출간 일정을 앞당겨 밀어붙여준 실천문학사 식구들, 모두 고맙다.

2012년 11월
다시 문을 연 두리반에서
유채림 고백

매력만점 철거농성장
유채림 펑크록(錄)

2012년 10월 30일 1판 1쇄 찍음
2012년 11월 05일 1판 1쇄 펴냄

지은이	유채림
펴낸이	손택수
사진	박김형준
편집	이상현, 이호석, 임아진
디자인	보임디자인(주)
관리·영업	김태일, 이용희, 김가영

펴낸곳	(주)실천문학
등록	10-1221호(1995.10.26.)
주소	우121-839, 서울시 마포구 서교동 478-3 동궁빌딩 501호
전화	322-2161~5
팩스	322-2166
홈페이지	www.silcheon.com

ⓒ 유채림, 2012
ISBN 978-89-392-0688-5 03810

이 책 내용의 전부 또는 일부를 재사용하려면
반드시 저작권자와 실천문학사 양측의 동의를 받아야 합니다.